YIFA ZHIGUO
SHIYEZHONG DE
KEJI YU FALÜ

中国科学院大学科技与法律研究中心 组织编写

闫文军◎主编

依法治国
视野中的
科技与法律

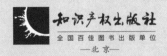

知识产权出版社
全国百佳图书出版单位
—北京—

图书在版编目（CIP）数据

依法治国视野中的科技与法律/闫文军主编；中国科学院大学科技与法律研究中心组织编写. —北京：知识产权出版社，2020.5

ISBN 978 - 7 - 5130 - 6850 - 5

Ⅰ.①依… Ⅱ.①闫… ②中… Ⅲ.①科学技术管理法规—研究—中国

Ⅳ.①D922.174

中国版本图书馆 CIP 数据核字（2020）第 050103 号

责任编辑：龚 卫 吴 烁　　　　　责任印制：刘译文

封面设计：智兴设计室·段维东

依法治国视野中的科技与法律

中国科学院大学科技与法律研究中心　组织编写

闫文军　主编

出版发行：知识产权出版社有限责任公司	网　　址：http://www.ipph.cn		
电　　话：010 - 82004826	http://www.laichushu.com		
社　　址：北京市海淀区气象路 50 号院	邮　　编：100081		
责编电话：010 - 82000860 转 8120	责编邮箱：gongwei@cnipr.com		
发行电话：010 - 82000860 转 8101	发行传真：010 - 82000893		
印　　刷：三河市国英印务有限公司	经　　销：各大网上书店、新华书店及相关专业书店		
开　　本：720mm×1000mm　1/16	印　　张：20.25		
版　　次：2020 年 5 月第 1 版	印　　次：2020 年 5 月第 1 次印刷		
字　　数：321 千字	定　　价：100.00 元		

ISBN 978 -7 -5130 -6850 -5

序　言

加强科技与法治融合，推动社会公平正义

科技与法律是现代文明的两大成就，科技进步与法治建设是推动社会公平正义、发展进步的两个轮子，科教兴国与依法治国是我国现代化建设的两大基本国策。二者相互关联、相互支撑，有着密不可分的关系。法律中包含的科技元素或相关专业知识越来越多，新科技应用给法治建设带来的挑战越来越多，科技及创新的发展需要的法制保障越来越多。然而长期以来，我国法律界和科技界无论在观念层面、制度层面还是器物层面都存在隔膜，迫切需要加强融合，共同推进依法治国这一基本方略的实施，为社会主义法治建设做出贡献。

一、科学技术可以在依法治国中发挥重要作用

全面推进依法治国基本方略的新方针为"科学立法，严格执法，公正司法，全民守法"，科学技术在其中可以发挥重要作用。

1. 科学技术进步对立法产生广泛而深刻的影响

科学技术是立法环节客观性的重要支撑。现代法理学认为，立法应当具有民主性、程序性、合宪性和科学性四个基本属性。立法的科学性，就是能够使立法具有客观性与合理性的所有事实和要素。随着科学技术浸入人们的日常生活，现代立法活动受制于该法律所依据的专业科技知识，技术规则在现代法律构成中所占的比重越来越大。同时，随着法制建设的不断完善，约束性法律的数字化、指标化和标准化也日渐增多。法律中涉及的监管标准、客观指标与数据的合理性、客观性和可靠性就需要科学技术

知识给予基本的支撑。

科学技术进步直接拓展了新的立法领域，导致了新法律的出现。近年涉及大量科技专业知识的立法日渐增多：《食品安全法》《大气污染防治法》《种子法》《促进科技成果转化法》《网络安全法》《国防交通法》《测绘法》《中医药法》《电力法》《节约能源法》《矿山安全法》《深海海底区域资源勘探开发法》《水污染防治法》《粮食法》《原子能法》等。科学技术的发展还影响着传统法律的内容，使某些法律内容或原理等发生了改变，如计算机技术尤其是网络技术的出现和发展改变了著作权法的内容，现代医学的进步改变了对"婚生子女"的界定。

科学技术发展促使法律规范内容日趋科学化。如我国《婚姻法》关于婚姻缔结的规定，《刑法》关于精神病人刑事责任的规定。在法律规范中已经出现大量技术性规范和术语，如《信息网络传播权条例》中的"信息存储空间""搜索""链接""网络传输效率""屏蔽"等。

科学技术进步提高了立法的效率。计算机和其他先进科技手段在立法领域的广泛应用，使得立法预测、立法规划、法律草案拟订、法律议案表决、法规清理、法规汇编、法典编纂更加便利；也使得法律信息反馈中资料搜集、数据统计、材料加工、文字处理等技术操作性工作更加高效。

科学技术进步促进了立法的民主化。科技的发展，为自由、民主、正义等宪法价值创造了物质基础。互联网等当代信息技术的应用推动了民主政治进步和社会治理的深刻变革。

2. 科学技术进步提高了执法的效率和严肃性

提高了执法的效率。计算机以及网络技术的普及，使得各执法机关逐步走向办公自动化，同时也为执法机关提供了便捷的执法手段，使行政机关的办事效率得以迅速提高，省却了大量的人力、物力和财力。

增加了执法的透明度和可信度。科学技术的应用使执法过程更加公开化、合理化、法治化，增加了执法的透明度，减少了人为因素（自由裁量权）的权重。同时，也为普通民众提供了可靠的咨询方式。

推进了执法系统科学化。科技的发展使得各执法部门联系更加紧密；信息的共享及获得资料的迅速使得国家管理体系趋于网络化，管理手段也更加严谨而科学；由此科技也成为国家管理体系正规化、秩序化、科学化的主要推动力。科技发展还使各种刑罚执行方式发生了变革，如处决罪犯

已开始使用注射方法，以高压电椅代替枪决、绞刑等，由此推动多种刑罚执行方式向人道主义的方向发展。

3. 科学技术进步为司法的公平正义提供有力支撑

以事实为依据，以法律为准绳，公开透明，高效率低成本，这是对司法公正的基本要求。

信息化建设推进了司法的公开公正。近年来，最高人民法院以促进审判体系和审判能力现代化为目标，大力推进信息化建设，打造移动互联、跨界融合、深度融合、透明便民、安全可靠的信息化系统，努力建设全业务网上办理、全流程依法公开、全方位智能服务的智慧法院，将大数据、云计算、人工智能等新技术广泛应用于司法审判，既推进了司法的公平正义，也大大提高了效率，保证了廉洁司法，获得了人民群众的高度认同。

科学证据在司法环节具有越来越重要的分量。化学、生命科学、心理学、病理学、毒理学、法医学（DNA 测序、年龄鉴定、测谎仪、毒理分析、精神鉴定等）；甚至大数据分析、统计学、经济学都已成为现代司法环节必不可少的保障手段和重要工具。

在事实认定方面，借用现代科学技术手段进行司法鉴定是司法工作的有力手段，如亲子鉴定、法医鉴定、毒物鉴定、测谎鉴定等；同时诸如银行的电视摄像监控系统、飞机的黑匣子以及公路交通中的电子警察等科技装置、仪器、工具也日益成为证明实施某种违法行为的技术"证人"，在庭审中得以采信。

在法律推理方面，从古代的"神明裁判"，发展到运用机械物理破案，再发展到今天运用人工智能、知识工程、专家系统、电子计算机等代行司法思考，协助判案，充分体现了科学技术对法律推理的促进作用。

4. 科学技术进步提升全民守法意识

知法是守法的前提。党和政府历来重视普法工作，在社会发展的不同阶段，党中央和国务院都制定了重要决策和颁布了一系列文件，推动普法工作的开展。

技术发展促进了普法方式多样化。传统的普法方式主要依托宣传册、展板、橱窗等媒介，偶尔也借助电视、广播、报纸等媒介，然而数字技术、互联网技术、移动通信技术的发展使得门户网站、搜索、论坛、BLOG、SNS、微博乃至微信都成为普法宣传的渠道，普法宣传的不同阶段

与信息技术及互联网阶段性特点相吻合。

技术发展强化了公民意识。移动互联网解决了用户接收信息入口的均等化，使得不同阶层、区域的用户平等享有信息权利。新媒体彻底改变了公民诉求表达不畅以及公共事件参与匮乏的窘境，并推动了公民意识的觉醒与公民行动的理性。

有效监督是守法的保证。科技进步使得法律监督的手段和方法更加先进、范围更加广泛，例如道路交通管理中摄像技术的广泛应用，使得违法者的行为更容易被暴露和监控，违法的风险随之增大，进而提升社会民众整体的守法水平。科技进步使得法律监督机关能够更加高效地完成繁重的法律监督任务，增加了其权威性和可靠性。现代传媒技术使大众对执法和司法机关的活动能够产生切实的监督，使得执法和司法活动更加公正、透明。

二、科学技术进步需要法律规制与保障

科技创新不断给法治建设带来新的挑战。科技进步带来的新的产品或生产生活方式不断给法律规范提出新的对象和挑战。例如，频发的电信诈骗事件，使人们意识到现代信息、通信技术、大数据给个人隐私带来的挑战；根据药物基因组学开发个性化药物与现行新药临床程序的冲突，新药使用产生的法律风险在病患、医师与药厂之间的责任归属等；网络谣言辨识、基因编辑伦理、前沿科技领域的知识产权认定等。通常漫长的立法或修法周期滞后于现代科技的创新步伐，社会快速发展产生的大量新问题、新冲突需要法治创新给予系统的解决。

科技发展需要法律规制。科学技术是一柄双刃剑，在带来人类社会财富增长和文明程度提高的同时，也会带来惨痛的灾难和损失，对社会伦理和人类文明产生深刻的挑战，迫切需要法律的规制。例如，遗传工程和其他技术的研究可以研制独特的、无法预知的病原体，类似的生物技术有可能被别有用心的犯罪分子用来操纵生命过程，甚至用来影响人类的行为。再如随着当代信息技术发展，信息安全成为突出的问题，包括暴力、色情、敌对信息以及垃圾信息，特别是个人信息隐私保护，利用信息技术违法犯罪等都需要规制。由于科技自身独有的社会活动属性，涉及一些特殊

的监管问题，包括实验室安全、科研不端行为、"两用"（dual use）科技成果的管控等。更重要的是，以信息技术和生物技术为代表的新技术同20世纪90年代以前的像登月、航天、核能技术等，有本质上的区别，以前的技术多是集中系统性的技术，主要是对经济发展、国家安全有影响。但是新技术本质上是分散分布式的，特别是这类技术涉及人体本身，当芯片进入大脑，各种人工器官移植进体内，生殖技术也发生了根本性的变革，人还是"人"吗？在意识到这些挑战后，整个社会对科学技术如何被采用以及科技发展引起的风险和危害日益关注。由此，对科技治理和社会治理都提出一种全新的挑战，迫切需要法律予以规制和保障。

三、大力加强科技与法治的融合

综上所述，当代科学技术的发展已经广泛地扩散到人类生活之中，影响了依法治国的进程。在这种情况下，公众期望我们的治理机制能够在应对科技日益增加的影响方面发挥作用。当代治理和规制更加多样化，对科技水平的要求也日渐提升。国家法制建设的有关部门在应对现代社会日益增加的复杂性、高度的技术性特征、迅捷的变化和发展的不确定方面存在的困难日益增多，尤其是面临变革性的技术和知识发展时更是如此。因此，迫切需要加强科技与法治的融合。

从我国现实看，由于多种原因，法律界与科技界之尚存在隔膜：法律界对科学技术的进展及应用了解不够，科技界对法律及其对科技的需求也不太知晓，在融合机制方面更存在缺失。例如，科技界对立法环节的参与尚有较大空间，我国的科学听证制度仍属空白。

总之，科学技术发展与法治建设之间存在复杂的关联和相互影响。为推动科技与法律的融合，中国科学院大学公管学院在中国科学院学部的支持下从2016年开始组织相关研究，取得了一些积极的进展。一是初步集结了一支队伍，成立了中国科学院大学科技与法律研究中心、中国科学院学部科技与法治研究支撑中心。二是通过香山会议等一系列会议，邀请著名的法学专家和科学家、院士共同参与，加强了科技界与法律界的交流合作。三是提出相关建议，例如，"关于加强科技界建制化参与，推进科学立法的建议""推进我国科技伦理体系建设刻不容缓""关于加强信息技术领域立法的建议""关于加强生物技术领域立法的建议""关于推进司法信息化的建议",以及修改《科技进步法》有关条文的建议等。这些建议获得中央领导和有关方面重视,一些法律和规制正在形成。四是发表了一批学术文章,并将课题研究成果进一步系统化,形成了《依法治国视野中的科技与法律》一书。此书的出版希望能够引起法律界、科技界等多方面学者、同仁对科技与法律的重视和关注,大家一起努力,共同推进科技与法律的良性互动和有机融合,促进科技进步和社会的公平正义。

方新

中国科学院大学科技与法律研究中心主任

第十、十一、十二届全国人大常委

原中国科学院党组副书记

2019 年 11 月

前　言

科技与法治是现代文明的"车之双轮，鸟之两翼"。这一论断已经被提出多年，但科技与法律关系的研究，很长时间并没有成为关注的热点。科技界与法律界的交流和合作，也未形成稳定畅通的渠道和机制。近年来，科学技术突飞猛进，特别是信息技术和生物技术的成果，不仅给人们带来生活的便利，也给法制建设提供了有力工具。但与此同时，科技发展可能带来的技术滥用、伦理崩溃等风险，也越来越引起人们的担忧。党的十八大以来，党中央对全面依法治国高度重视。党的十八届四中全会做出了全面推进依法治国的顶层设计。党的十九大对新时代全面推进依法治国提出了新任务，描绘了到2035年基本建成法治国家、法治政府、法治社会的宏伟蓝图。在全面推进依法治国的过程中，科技的作用越来越明显，而科技发展的法律规制也越来越迫切。在上述形势下，科技与法律的关系受到越来越多的关注。特别是法律界向科技界寻求依法治国的科技支撑，而科技界向法律界寻求科技发展的法律保障，科技与法治的融合出现了新的特点。科技与法律的关系需要从理论上研究，科技界、法律界遇到的问题需要在实践中解决。在全面推进依法治国的时代背景下，笔者围绕科技与法律的关系，进行了理论探索和实务问题分析，从而形成本书。

本书是在中国科学院学部咨询项目"依法治国中科学技术发挥的作用和相关制度研究"课题的基础上完成的。在项目立项之初和研究过程中，课题组召开了知名法律专家和科学家参加的开题论证会、项目进展报告会和专家研讨会，各专家对本项目的研究方向、研究内容和研究方法提出了宝贵的意见。在此基础上，课题组组织召开了第612次香山科学会议，这是香山科学会议首次探讨"科技与法治"的专题。会议聘请了方新研究员、郭雷研究员、张文显教授担任执行主席，40多位专家学者围绕着科技与法律的认知及互动关系、服务于法治的科学与技术、服务于科技发展的法律等相关中心议题进行了深入讨论。在项目研究过程中，课题组进行了广泛的调研活动。例如，到最高人民法院信息中心调研，了解司法信息化建设现状以及司法信息化建设中的科技需求和发展思路；到阿里巴巴集团调研，了解互联网企业科技创新的现状以及对法律制度的需求。基于课题研究的成果，课题组起草了向国家有关部门提交的咨询报告，如"关于加强科技界建制化参与，推进科学立法的建议""关于加强信息技术领域立法的建议""关于加强生物技术领域立法的建议""关于推进司法信息化的建议"以及修改《科技进步法》有关条文的建议等，获得中央领导和有关方面重视。

本书分四个部分，共十八章。第一部分是第一至三章，主要探讨科技与法律关系的理论。在分析科技与法律关系的基础上，对科技与法治的融合、科技法学的发展提出建议。第二部分是第四至八章，主要分析如何发挥科技在依法治国中的作用。在从宏观上分析全面依法治国的任务和对科技的需求的基础上，分别从立法、执法、司法和守法四个方面，对科技在依法治国中的作用进行了研究。第三部分是第九至十三章，主要研究如何对科技发展进行法律规制。在介绍规制科技发展的必要性和路径的基础上，分别针对基础研究、信息技术、生物技术、人工智能发展中的法律保障和规制问题进行了研究。第四部分是第十四至十八章，主要研究如何对科技创新进行法律保护。在概括介绍科技创新保护法律制度的基础上，分别针对生物遗传资源、知识产权客体、生物技术成果、人工智能生成物的法律保护问题进行了研究。

本书主要由中国科学院大学科技与法律研究中心的专家撰稿。各章的具体撰写分工为：第一章、第二章由唐素琴撰写，第三章、第八章、第十章由李玲娟撰写，第四章由闫文军撰写，第五章、第九章由罗先觉撰写，第六章、第十一章、第十五章由张艳撰写，第七章由尹锋林撰写，第十二章由唐素琴、闫文军撰写，第十三章、第十四章由刘朝撰写，第十六章由尹锋林、李野撰写，第十七章由闫文军、王媛媛撰写，第十八章由尹锋林、赵旖鑫、阎涵、麦迪娜·吐尔地撰写。

本书的完成，离不开中国科学院学部对研究项目的资助，最高人民法院信息中心和阿里巴巴集团对课题调研给予了大力支持。在此，向中国科学院学部、最高人民法院信息中心、阿里巴巴集团表示感谢！

　　郭雷院士和方新研究员作为本项目的负责人，自始至终指导和参与项目的完成，主持了有关论证会、研讨会和调研活动。方新研究员多次召集课题组就研究内容进行讨论，对课题研究给予了悉心指导，对本书的写作给予了极大支持，并亲自为本书作序。在此，向方新研究员、郭雷院士表示感谢！

　　在项目完成过程中，很多专家提出了宝贵的意见。按参与的先后，主要有：全国人大常委、法律委员会副主任委员、中国工程院院士丛斌，全国人大常委、内务司法委员会副主任委员何晔晖，全国人大常委、原法律委员会副主任委员郎胜，全国人大代表、中国工程院院士曲久辉，国务院参事、中国科学院大学教授石勇，全国人大常委、原最高人民法院副院长苏泽林，全国政协委员、中国科学院院士、中国科学院水生所所长、北京大学教授赵进东，中国法学会原副会长兼秘书长周成奎，中国公证协会会长、司法部原副部长郝赤勇，全国政协委员黄尔梅，全国人大代表、原北京市高级人民法院院长慕平，全国人大代表、北京天达共和律师事务所主任、前北京律师协会会长李大进，中国科学院副秘书长周琪院士，中国法学会副会长张文显教授，中国科学院微电子所所长叶甜春研究员，中国社科院法学所副所长周汉华研究员，最高人民法院信息中心许建峰主任，科技部战略研究院林新研究员，复旦大学王国豫教授，上海市人民检察院政治部副主任安文录检察官，科大讯飞赵志伟工程师，数联铭品公司宋开发工程师，阿里巴巴集团李倩女士、纪润博先生等。在此，向各位专家表示感谢！

　　中国科学院学部工作局陈光副研究员一方面从项目管理的角度给予了指导，另一方面又从课题研究和本书编写的角度贡献了智慧。中国科学院科技战略研究院樊春良研究员、温珂研究员参与了项目的研究，也对本书的编写提出了宝贵的意见。中国科学院大学科技与法律研究中心的同事罗先觉、唐素琴、张艳、刘朝、尹锋林、李玲娟等积极参与了书稿撰写。在此，向各位同仁表示感谢！

　　本书既有对科技与法律关系的理论研究，也有对科技在法治中作用、法律对科技的规制和保障等实务问题的探讨，适合于学习和研究科技法律的专家学者和学生阅读，可以作为立法、执法和司法等法律从业人员的参考书，也可以作为关注法律问题的科技人员的资料。当然，由于时间和水平所限，本书的研究还不够深入，错误之处在所难免。欢迎各位专家批评指正。同时，笔者也希望借助此书加强与科技界、法律界同仁的交流与沟通，为推动全面依法治国贡献自己的一分力量。

闫文军

2019 年 11 月

目　录

第一章　科技与法律的关系 ·················· 1

一、科技与法律的起源及含义 ··············· 1

二、科技与法律的相互影响 ·············· 6

三、科技与法律的关系 ··············· 13

第二章　科技与法治融合的思考 ·············· 17

一、科技与法治融合的现状和特点 ············· 17

二、科技与法治融合的思考视角 ············· 20

三、科技与法律融合的案例分析——美国《清洁水法》中

技术因素的影响及启示 ··············· 24

四、加强我国科技与法治融合的若干建议 ············· 33

第三章　现代科技法学需要思考的几个问题 ·········· 37

一、现代科技发展导致法律规则体系解构 ·········· 37

二、现代科技应用有效促进法治文明进步 ·········· 43

三、科技是把"双刃剑"，需要法律规制 ·········· 47

第四章　科学技术在全面依法治国中的作用 ·········· 51

一、全面依法治国对科技的需求 ············· 51

二、科技发展对全面依法治国的支撑 ········· 56

三、在全面依法治国中发挥科技的作用 ········· 64

第五章　科学立法与科技 ··············· 66

一、科学立法之科学性的概念辨析 ············· 66

二、从科技视角看我国当前保障立法科学性方面存在的主要问题 ··· 70

三、西方发达国家议会解决立法中科技问题的机制和模式 ……… 73

四、提高我国立法科学性的建议 ………………………… 85

第六章　严格执法与科技 ……………………………… 88

一、我国高新科技行政执法应用之现状 ……………… 88

二、高新科技发展为我国行政执法走向规范化、
高效化提供了机遇 ………………………………… 91

三、当下我国高新技术行政执法应用面临的风险与挑战 ……… 95

四、新科技语境下推进严格执法的建议 ……………… 98

第七章　公正司法与科技 ……………………………… 104

一、司法科技在公正司法中的重要作用 ……………… 104

二、固定事实的司法技术 ……………………………… 106

三、认定事实的司法技术 ……………………………… 109

四、适用法律的司法技术 ……………………………… 113

五、司法办公技术 ……………………………………… 116

第八章　全民守法与科技——以普法为视角 ………… 121

一、全民守法与普法 …………………………………… 121

二、普法工作面临的新形势、新机遇 ………………… 121

三、我国现行普法工作体系分析 ……………………… 126

四、科技发展促进普法宣传工作的变革 ……………… 129

五、结语 ………………………………………………… 134

第九章　规制科技发展的必要性及路径 ……………… 136

一、规制科技发展的必要性 …………………………… 136

二、规制路径的演变：从公共规制到混合规制 ……… 140

三、科技发展的综合性规制路径探讨 ………………… 146

四、关于我国科技发展规制路径的建议 ……………… 149

第十章　我国基础研究面临的挑战及法律保障 ……… 152

一、新时期国际上基础研究的趋势与经验借鉴 ……… 152

二、新形势下我国战略导向基础研究面临的挑战 …… 156

　　三、加强基础研究的法律政策建议 ······························· 159

第十一章　信息技术发展的法律规制 ······················· 165
　　一、信息技术发展对我国提出的挑战 ···························· 165
　　二、我国信息技术立法的现状及反思 ···························· 168
　　三、信息技术立法的国际经验与中国道路选择 ················· 179

第十二章　生物技术发展的法律规制 ······················· 188
　　一、生物技术及其发展 ··· 188
　　二、生物技术发展带来的伦理及安全问题 ······················ 194
　　三、国外生物技术的法律规制 ··································· 201
　　四、我国生物技术领域立法现状及立法建议 ··················· 208

第十三章　人工智能的法律规制 ··························· 216
　　一、人工智能法律规制的几点基础性认识 ······················ 216
　　二、各国及国际组织关于人工智能法律规制的主要探索 ········· 218
　　三、从自动驾驶看我国自动驾驶法律规制的个性和难点 ········· 221

第十四章　科技创新法律保护制度 ························· 231
　　一、科技创新的法律保护 ······································· 231
　　二、案例和调研：新技术新业态创新成果的知识产权保护需求 ······ 235

第十五章　生物遗传资源的法律保护 ······················· 241
　　一、生物遗传资源及其法律保护之缘起 ························· 241
　　二、我国现行遗传资源立法的梳理与反思 ······················ 245
　　三、推进我国生物遗传资源综合性立法体系建设 ··············· 247

第十六章　新科技革命下的知识产权保护客体 ··············· 251
　　一、知识产权保护客体发展变化的历史脉络 ····················· 251
　　二、未来科技发展趋势 ··· 253
　　三、新科技革命的主要特征 ····································· 257
　　四、知识产权保护客体未来发展变化趋势 ······················ 259

第十七章　生物技术成果的知识产权保护 ·········· 268

一、主要国家或地区生物技术成果专利保护概况 ·········· 268

二、基因的专利保护——从 Myriad 案谈起 ·········· 271

三、人胚胎干细胞的专利保护 ·········· 282

第十八章　人工智能生成物的法律保护 ·········· 296

一、人工智能数据的法律保护 ·········· 296

二、人工智能作品的法律保护 ·········· 302

三、人工智能辅助发明的法律保护 ·········· 304

第一章

科技与法律的关系

一、科技与法律的起源及含义

（一）科技的起源及含义

科技在人类文明史上始终占有不可替代的位置，在科技创新竞争激烈的今天尤其如此。

1. 科技的起源

现代意义的"科学"和"技术"均非中国本土概念。① "科学"（science）一词源于中世纪的拉丁文 *scientia*。17 世纪，法国率先使用"科学"一词。"科学"在西方被普遍理解为"知识"。东方各国在翻译"科学"一词时五花八门，中国儒家通常使用"格物致知"来表示"科学"。一直到 19 世纪后半叶，中国和日本才确定了"科学"的汉文译名。② "五四"运动前后，现代"科学"伴随着"民主"进入国人视野并得到广泛宣传。1912 年时任"中华民国"教育总长的蔡元培下令全国取消"格致科"改为科学。1915 年，美国康乃尔大学的中国留学生任鸿隽等人创办了

---

① 当前我国大众习惯将"科学"和"技术"统称为"科技"。在我国历史上，科学和技术曾长期分离。梁启超、严复等都曾经对学与术进行了明确的区分。基于科学和技术的差异，法律在对待科学和技术上的态度也是截然不同的，直接反映在政策、制度设计以及评价标准的落实方面。为确切起见，本章对科学和技术的起源和含义分别进行了介绍。但本书为论述方便，如无特别指出，对科学和技术并没有进行区分。

② 樊洪业. 从"格致"到"科学"［J］. 自然辩证法通讯，1988（3）：45－46.

影响深远的杂志《科学》。"格致"逐渐退出历史舞台,"科学"成为 science 的定译。当前"科学"一词被广泛使用,其使用范围远远超出科学领域,波及意识形态、政治思想领域以及教育、文化等各个方面,乃至于成为人们判定事物优劣的一项核心标准,"科学精神"成为人类理性的最高境界。

"技术"(technology or technique)一词出自希腊文"工艺、技能"(techne)与"词、讲话"(logos)的组合,意思是对造型艺术和应用技术进行论述。① 古希腊人认为技术源于神,相信技术中包含着某种神性的力量,也相信技术是神赐予人类的禀赋。② 古代的技术不包含对科学知识的运用,在技术存续的很长时间里,科学还未产生。③ 技术起源的考察涉及史前考古学、人类学、技术史、技术哲学等相关学科领域的重大基础性问题,是一个长期困扰人类理智的朴素而神秘的问题。④ 从一定意义上说,人类的历史就是一部技术发展的历史。⑤

现代科技虽然发源于西方,但这并不意味着中华民族五千年文明发展与科技无缘。如果将时间拉回到中世纪,当时中国和阿拉伯国家的技术发展程度完全可以同欧洲国家并驾齐驱。从盛唐(7 世纪)到明末(17 世纪)一千多年时间里,中国独特的科技体系得以逐步完善和发展,构成这一体系的农、医、天、算四大学科以及陶瓷、丝织和建筑三大技术,是古代中国人聪明智慧的结晶。造纸、印刷术、火药和指南针这四大发明,经阿拉伯人传入欧洲后,对近代科学的诞生起了重要的推动作用。⑥

2. 科技的含义

(1)科学的含义。对科学含义的认知是一个很复杂的问题。因为现代科学传入中国时特殊的历史背景,当时国人理解的科学包括如下三个含义:第一,它是分科性的;第二,它首先是指自然科学;第三,它一定能

---

① 阳东辉. 科技创新市场的国家干预法律机制 [M]. 北京:法律出版社,2014:9.
② 韩明珍. 技术的神性起源与本质 [J]. 消费导刊,2009(21):230.
③ 杨丽娟. 论科技法初始形态的产生及演化 [J]. 科技与法律,2007(6):13.
④ 王伯鲁. 技术起源问题探幽 [J]. 北京理工大学学报(社会科学版),2000(8):44.
⑤ 徐祥运. 论拉普关于技术的历史起源与发展前提的思想 [J]. 自然辩证法研究,1994 (2):52.
⑥ 纳忠. 中世纪中国与阿拉伯的友好关系 [J]. 历史教学,1979(1):44.

够转化为技术力量从而提升军事技术。① 第三点含义不仅表现出在西方思想以及国运炎炎的影响下，我们希望通过科学强国的愿望，也一定程度上形成了我们误读科学的原因。实际上，科学绝不是技术的附庸，而有其独特的价值。英国著名的物理学家 J. D. 贝尔纳在《历史上的科学》中写道："科学史的研究表明，科学的本质是不能用定义一劳永逸地固定下来的。科学是一种描述的过程，是一种人类活动，这一活动又和人类的种种其他活动相联系，并且不断地和他们相互作用。"② 科学不仅仅是人类改造世界的手段，同时也是人类最高追求"真、善、美"的一种载体，对科学的追求就是对自由的追求。科学的基本结构有三个层次，即基础科学、技术科学和工程科学。③ 英国人卡尔·皮尔逊（Karl Pearson）认为科学的社会功能和价值包括至少如下四方面：为公民提供有效的训练；对许多重要的社会问题施加影响；为实际生活增添了舒适；给审美判断以持久的愉悦。这些功能和价值构成了科学被社会承认和支持的理由。同时，他在《科学的规范》中着重论述了科学在证据评价、事实分类和消除个人偏见问题中的作用。通过大量灌输科学的心智、习惯而鼓励科学并传播科学知识，这将培养出效率更高的公民，从而将增进社会的稳定性。他特别强调，与获取知识相比，受到科学方法训练的心智是第一位的事情。④

（2）技术的含义。一般认为，技术就是为了完成某种特定目标而协作的方法、手段和规则的完整体系。⑤ 技术被广义理解为人类谋求生存与发展的手段，其外延相当广泛，遍及人类活动的各个领域，医术、战术、武术、美术、魔术、养生术、权术等都可看作是存在于社会生活不同领域的具体技术形态。⑥ 技术是主体智慧的结晶与外化。"结晶"属于观念形态的智能技术，是技术的本源；"外化"属于实物形态的物化技术，是结晶的派生物，结晶和外化统一于技术活动过程之中，构成了现实的技术形态。与科学相比，技术更多地体现了人的主体性，人类与技术的博弈命运从技术诞生之日就已经注定。一方面，技术拓展了人的活动空间。另一方面，

---

① 吴国盛. 现代中国人的"科学"概念及其由来［J］. 人民论坛，2012（1）：128.

② J. D. 贝尔纳. 历史上的科学［M］. 北京：科学出版社，1981：468.

③ 王续琨. 自然科学的学科层次及其相互关系［J］. 科学技术与辩证法，2002（1）：58.

④ 李醒民. 科学的社会功能和价值——卡尔·皮尔逊如是说［J］. 科学导报，2000（1）：13.

⑤ 聂馥玲. 技术本质研究综述［J］. 内蒙古社会科学，2003（5）：78.

⑥ 王伯鲁. 技术起源问题探幽［J］. 北京理工大学学报（社会科学版），2000（8）：44－45.

它也必然会遮蔽和遗忘了更多的可能性，使丰富的可能性单一化。技术的产生是为了补救缺失、满足人的需求。技术化过程必然改变和影响人的天性和自然的本性，从而导致人、技术、社会、自然间的一系列矛盾冲突。技术既可能为人类带来福祉，也能为人类带来灾难，因此希腊思想始终对技术保持了一种适度的警觉。① 人们为了解决技术上的冲突，努力去发展新技术，而新技术又带来新的问题。文明社会的发展就是在这样一个怪圈中不断演进。②

综上，科学和技术具有多种形态、多种品格、多种价值功能。除了物质生产力的价值功能之外，在一定意义上，它还是一种实践活动、一种知识系统、一种文化类型、一种认知方式和一种社会建制。③

（二）法律的起源及含义

1. 法律的起源

法律的起源是一个十分复杂的问题。"法律起源于奴隶社会"，这似乎是长期以来的"定论"。④ 各国法律的起源，既有其一般规律性，又有其特殊性。⑤ 马克思主义经典理论认为："每种生产形式都产生出它所特有的法权关系、统治形式等"⑥，即法律是与它所产生的那种生产关系相联系、相依存的，这是各国法律起源的共同规律。中国古代法律的产生是和氏族战争紧密地联系在一起的，这种战争加速了国家的产生，因而也就促进和加速了由氏族法权向法律过渡的进程。国家为了缓和阶级对立和冲突，需要用法律把各种有利于统治阶级的秩序固定下来，使它成为人人都必须遵守的行为规则。⑦ 科技与法律分属于生产力和生产关系，法律的出现应该迟

---

① 韩明珍. 技术的神性起源与本质 [J]. 消费导刊, 2009（21）: 230.

② 赵建军. 技术悲观主义的价值功能 [J]. 东北大学学报（社会科学版）, 2002（4）: 79.

③ 马来平. 科技与社会引论 [M]. 北京: 人民出版社, 2001: 87.

④ 倪正茂. 论法律的起源 [J]. 社会科学, 1981（1）: 76.

⑤ 乔伟. 论中国法律起源的途径及其特点 [J]. 山东大学学报（哲学社会科学版）, 1991（3）: 83.

⑥ 马克思, 恩格斯. 马克思恩格斯全集: 第46卷上册 [M]. 北京: 人民出版社, 1979: 25.

⑦ 乔伟. 论中国法律起源的途径及其特点 [J]. 山东大学学报（哲学社会科学版）, 1991（3）: 90 – 92.

于科技，其作用于科技领域的目的是发挥鼓励或者规制科技的作用。

2. 法律的含义

法律是统治阶级制定或认可，反映统治阶级的国家意志，运用国家强制力保障实施的行为规范，包括宪法、法律（就狭义而言）、法令、行政法规、条例、规章、判例、习惯法等各种成文法和不成文法。① 法律和法治不是一个概念。法律主要是指静态层面的制度，是一种行为规范；法治更多强调的是"法律治国"（rule of law），即社会由法律而非"人"来治理，属于动态地运用法律治理国家的过程。现代意义的法治不是中国本土的概念，最早关于"法治"的论述出自古希腊哲学家亚里士多德。他认为，"法治应包含两重意义——已成立的法律获得普遍的服从，大家所服从的法律又应该本身是制定得良好的法律。"法治是让法律成为治理国家最权威的手段，是迫使政府守法的手段。法治至少意味着有完善的法律制度，对法律制度的服从以及对政府权力的制约。现代意义的法治原则不仅要对制止行政权的滥用提供保障，而且要使政府能有效地维护法律秩序，借以保证人们具有充分的社会和经济生活条件。法治社会的两大内容分别是人权和民主，法治的核心是约束公权和保障私权。②

法律要被人们自觉运用、自觉遵守，必须要使其主体深切感受到法律是以表达自身需求为前提的，即必须使人们具有法律"是人民自由的圣经"的价值感为前提。③ 我国法律发展经历了法律的工具主义、虚无主义、功利主义、至上主义四个阶段，把法律从工具、制度变成治国的理念经历了一个并不顺畅的过程。当前，我国已经形成了以宪法为统帅的中国特色社会主义法律体系，确立了"科学立法、严格执法、公正司法、全民守法"的法治方针，国家和社会生活各方面总体上实现了有法可依。科技领域的立法不仅在数量上不断增加，在体系化方面也不断加强。

---

① 李肃，潘跃新. 法与法律的概念应该严格区分——从马克思、恩格斯法学思想的演变看法与法律概念的内涵［J］. 法学研究，1987（1）：30.
② 崔自力. 从人治走向法治——新中国法治建设中法治理念的变迁［J］. 改革与开放，2009（6）：8.
③ 谢晖. 价值法律化与法律价值化［J］. 法律科学，1993（4）：3-8.

二、科技与法律的相互影响

科技与法律（法治）是人类文明的双翼，科技发展和法治昌明和谐共存的状态决定了人类文明的程度。

（一）科技对法律的影响

科技对法律的影响是全面而深刻的，体现在立法、执法、司法、守法和法律监督的各个方面，科技已经成为法治发展不可替代的重要手段。

1. 科技发展对立法的影响

（1）科技发展拓展了法的调整范围。

科技发展直接拓展了新的立法领域，互联网、转基因、太空站等催生了信息网络立法、生物技术立法以及外层空间的立法。科技发展对一些传统的法律领域提出了一系列新的问题，并动摇了法律的稳定性，如网络技术发展。贺卫方在论述网络与法律的关系时说："法学是人类古老的学问，网络是当代新奇的发明。……网络技术给法学及法律发展提供了前人无法想象的空间，同时也给传统法律理论和法律规范提出了此起彼伏的难题。法律人在新空间里解决新问题，将使老学问焕发新青春……。"①

（2）科技发展更新了传统法律的内容。

科技改变了传统法律的内容，新的法律概念、新的归责原则以及新的审判方式不断出现。信息技术和生物技术的出现和迅速发展，使得原有的法律必须迅速调整以适应科技发展的需要，如伴随互联网出现了"信息网络传播权""云计算""大数据"等概念。法律规范中出现大量技术性规范和术语，如《信息网络传播权保护条例》中的"信息存储空间""搜索""链接""网络传输效率"以及"屏蔽"等。在特殊侵权领域，"无过错原则"替代了"过错原则"。在线审判和互联网法院已经成为一种新的审判方式而被逐渐运用。

———————————

① 张平. 网络法律评论：第 9 卷［M］. 北京：北京大学出版社，2008：封底.

（3）提高了立法的效率。

计算机和其他先进科技手段在立法领域的广泛应用，加快了立法预测、立法规划、法律草案拟订、法律议案表决、法规清理、法规汇编、法典编纂的步伐。同时，信息技术使得法律信息资料搜集、数据统计、材料加工、文字处理、意见征集等技术操作性工作可以快速准确提出相关数据，大大丰富了立法决策者的视野，提高了立法的效率。

（4）促进了立法的民主化。

科技的发展，为自由、民主、正义等宪法价值创造了物质基础。尽管我们目前还不能进行直接选举，但是选民对候选人的了解途径大大增加，提升了间接选举的质量。互联网的应用，特别是手机功能的开发，使得每一个手机拥有者都可以成为一个媒体发布者，公民监督能力大大提升，对民主政治的推进有积极作用。通过互联网参与立法、网络问政等都是公民行使民主权利的手段。

不可忽略的是，科技对立法的积极影响尚需要通过加强立法过程中的科技论证、立法快速反映科技发展并及时做出规制、保障科技界建制化参与立法等得到落实。

2. 科技发展对执法的影响

（1）提高了执法效率，降低了执法成本。

互联网使得信息共享成为可能，这也是执法效率提高的保障。随着互联网和大数据的普及，为执法机关提供了便捷的执法手段，提高了办事效率。例如，随着科技的发展，现代户籍管理中大量采用了计算机和网络技术，由此管理的效率也大大提高，节省了大量的人力、物力和财力，网上办公不仅提高了效率而且提升了绿色环保水平。

（2）增加了执法的透明度，提升了政府的公信力。

随着科技的不断发展，新技术在行政执法中的广泛应用，为执法机关提供高效、智能、规范、便捷的社会公共服务奠定了物质基础。办公自动化以及互联网的发展不仅提高了执法机关的执法效率，而且也增加了执法机关执法的开放性，使执法技术更加公开化、合理化、法治化，增加了执法的透明度。减少了行政执法中不规范、暗箱操作等人为因素的影响，防止侵犯人民群众的合法权益事项的发生。同时，也为普通民众提供了便捷可信的咨询方式，提升了执法机关的公信力，如政务公开、网上咨询和网上办公以及酒精检测手段等。

（3）促使执法系统科学化，提升了执法机关的威慑力。

高科技的发展使得各执法部门联系更加紧密，信息的共享及快捷的资料获得渠道使得国家管理体系趋于网络化，管理手段也更加严谨而科学。科技正逐渐使国家管理体系朝着正规化、秩序化、科学化方向发展。例如，个人（企业）信用征集系统的使用，大大提高了执法的威慑力。

3. 科技发展对司法的影响

（1）在认定事实方面提供有力技术手段。

借用现代科技手段进行司法鉴定是司法工作的有力手段，如亲子鉴定、法医鉴定、毒物鉴定、测谎鉴定等。同时诸如银行的电视摄像监控系统、飞机的黑匣子以及公路交通中的电子警察等科技装置、仪器、工具也日益作为证明实施某种违法行为的技术证人。DNA 等生物技术证据的广泛运用，在庭审中得以采信的比例越来越大。

（2）在法律推理方面的促进作用。

从古代的神明裁判，发展到运用机械物理破案，再发展到今天运用人工智能、知识工程、专家系统、电子计算机等代行司法思考，协助判案，这都充分说明了科技对法律推理的促进作用。在西方，近年来为了达到司法过程判定的准确性，大量运用现代科技成果，甚至出现了计算机法官和计算机律师。

（3）促使刑罚执行方式发生变革。

科技的发展不仅提高了执行的效率和透明度，而且还使各种执行方式发生了变革，如处决罪犯的方法已开始用注射死刑、高压电椅代替枪决、绞刑等，这也促进了刑罚的人性化和文明化，使各国刑罚执行方式向人道主义的方向发展。

（4）对法律从业人员提出了更高的要求。

科技的发展使大量的技术性、科学性名词术语被带进法律领域，这也对法律职业者的知识结构、职员结构提出了新的要求。例如，随着现代庭审中大量科技证据和数据公式的广泛运用，就迫切要求法律职业者自身既懂法律又懂科技。

4. 科技发展对守法的影响

"法网恢恢，疏而不漏。""天网"工程的实施，对公民守法自律起到特别重要的作用。现代科技的发展使得法律监督的手段和方法更加先进、范围更加广泛，违法者的行为就更容易被暴露和侦破，违法的风险也随之增大，社会民众整体的守法水平也得到了很大的提升。同时，通过科技的带动、引领和规范，民众的守法逐渐从强制变为自觉行为，守法诚信成为一种习惯。依法治国的基础是提高全民的法律意识和法制观念，这不仅是一个普法的问题，也是守法的问题。科技对提高全民的法律意识和法制观念意义重大。

5. 科技发展对法律监督的影响

首先，现代科技使得法律监督机关能够更加高效地完成繁重的法律监督任务。例如，摄像技术在刑事侦讯中的使用，使得该活动更加合法、规范。其次，现代科技使法律监督机关的监督活动增加了其权威性和可靠性。最后，现代传媒技术使大众对执法和司法机关的活动能够产生切实的监督，使得执法和司法活动更加公正、透明。

（二）法律对科技的影响

1. 法律对科技的促进和保障作用

（1）法律对科技进步的协调与管理。

任何一个国家都是以法律形式保证科技发展在社会生活中的优先地位，这当然取决于科技对经济发展的重大贡献。一些国家制定了科技基本法，以立法确定科研经费在国民生产总值中的比例，鼓励和促进科技发展作为国家战略任务。科技促进经济发展的成效日渐显著。早在十年前，发达国家经济增长的80%以上来自科技进步，我国经济增长也有40%以上来自科技的贡献，科技创新已成为新经济发展的基础。[①] 为此，科技的发展

---

① 张家明. 发达国家在科技创新体系建设上的经验及启示［J］. 生产力研究，2011（5）：143.

要有相适应的法律来促进和保护。

（2）法律对科技进步规定了特殊调整手段。

规制是法律调整的重要手段，很多科技以外的法律常常采用惩戒手段对社会集体或者个体行为进行规范，如《刑法》《劳动法》以及《治安管理处罚法》等。但科技立法却更多的是运用奖励的方式，从而鼓励科学研究和发明创造。《著作权法》《科技进步法》《促进科技成果转化法》《国家科学技术奖励条例》等一系列法律法规，都是采用积极鼓励的措施推动科技发展和技术进步。同时为了鼓励科技探索，在《科技进步法》中专门规定了"宽容失败"的原则，对科学研究、探索未知是极大的促进。

（3）法律为科技创新提供了保护措施。

任何一项科研成果的诞生，都离不开人才、资金、设备、环境等因素的影响，法律为科技进步营造了安定的社会环境和保护措施，其中不仅仅涉及立法数量的增加，更需要执法和司法的公正效率。科技在为法律注入活力的同时，也需要法律的促进和保护。没有法律的支持与保护，任何一项科技的顺利诞生和普及都几乎是不可能的。

2. 法律对科技的限制和约束作用

科技是一把"双刃剑"。其一，它能带来无止境的财富和利益，使人类文明程度不断提高。科技的发展给人类带来了前所未有的福祉和便利。例如，信息技术的不断突破及迅速而广泛的应用，对经济发展、社会治理、人民健康、国家安全乃至全球治理等诸多方面产生了广泛而深刻的影响。英国哲学家罗素认为，科学提高了人类控制大自然的能力，因此据此认为可能会增加人类的快乐和富足。这种情形只能建立在理性的基础上，但事实上，人类总被激情和本能所约束。①

其二，科技也会给人类文明带来惨痛的灾难和损失。科技发展也催生了诸多能够给人类带来恐惧甚至是灾难性的负面效应。1965年美国理论物理学家理查德·费曼在《科学的价值》中生动地刻画了科技的双面作用："每个人都掌握着一把开启天堂之门的钥匙，这把钥匙也同样能打开地狱之门。"科技是一把"天堂和地狱的钥匙"。一方面，科技成果的合理应用

---

① 刘长秋. 生命科技法比较研究［M］. 北京：法律出版社，2012.

正在不断地造福于人类；另一方面，对科技成果的误用、非道德使用、甚至是反人类使用，又将引起不可逆转的灾难性后果。美国印第安纳大学政治学教授舒尔曼谈科技与人类命运的问题说到，"在现代文明的历史进程中始终存在着两股相反相成、此消彼长的强劲思潮，意识尊重科学—进步—发展这一现实取向的科学主义；而是追求精神—价值—意义这一永恒主题的人本主义。"如果一味追求科学主义而丧失人本主义，科技异化就在所难免了。①

当代，信息安全、网络安全、生物安全、环境安全等都已经成为人们关注的焦点，信息污染、基因污染、电磁波污染越来越成为当代的严重问题。因此，对科技发展的理性认识和有效规制，是技术快速发展中摆在全人类面前的共同问题。以司法鉴定中证据科技应用为例，一方面为了公正效率需要，人类在大力发展各类应用于司法鉴定或者执法中的科技，另一方面又要认识到，因为科技发展的有限性，在运用这些技术时必须保持清醒的认识，不被技术捕获，对技术本身和技术运用程序都需要规范化管理。通过建立技术鉴定准入管理办法，完善新科技进入司法鉴定领域的评价标准和程序，制定落后技术方法的淘汰、退出和限制机制以及科技专家和司法鉴定人的衔接机制等措施，科学有效地运用科技②，防止科技异化和泛滥。

3. 高度重视科技异化以及其治理

（1）科技异化的概念。

现象学之父胡塞尔说，在 19 世纪后半叶，现代人让自己的整个世界观受到实证科学的支配，并迷惑于实证科学所造就的"繁荣"。这意味着，现代人漫不经心地抹去了那些真正的对于人至关重要的问题。只见事实的科学造就了只见事实的人。③ 科技异化在表层上表现为环境的污染、人口的膨胀、物种的灭绝、能源危机、核恐怖毫不掩饰地呈现在人类面前；深

---

① 何士清，徐勋. 科技异化及其法律治理——基于以人为本的视角［M］. 北京：中国社会科学出版社，2010：57.

② 霍宪丹. 盛小列. 让科技为正义说话——建立中国司法鉴定行业科技支撑体系研究［M］. 北京：中国科学技术出版社，2013.

③ 同①.

层表现为道德滑坡、文化的堕落、物性的凸显和人性的沦丧等。科技异化产生科技不道德行为，加剧了违法犯罪现象，破坏了人赖以生存的生态环境。总之，科技异化是科技负面效应的集中体现，它使科技从服务人、造福人的工具变成控制人、奴役人的异己力量，导致科技以人为本的精神失落。美国蕾切尔·卡逊在《寂静的春天》描述道："鸟鸣的身影没有了，只有一片寂静笼罩着田野、树林和沼泽……。"① 芭芭拉·沃德和勒内·杜博斯在《只有一个地球》中说："人类生活的两个世界——他所继承的生物圈和他所创造的技术圈——也已失去平衡，……这未来的危机，人类任何时期所未曾遇到的更具有全球性、突然性、不可避免或困惑不可知性，而且这种危机将在我们孩子所生活的时代出现。"②

（2）科技异化的危害。

第一，科技异化导致人的主体性受到制约。如果以生物个性去适应技术装备的需要，思想和行为则会受制于科技产品。同时，如果任由对科技顶礼膜拜，由科技操纵人类，使科技成为统治社会和压抑民意的手段，那么人的自主性将大大受到制约。例如，对网络的依赖损害人的创造力，信息超载不仅浪费了大量时间，也损害了人们的生活品质。第二，科技异化导致人的行为失范，科技不道德行为加剧了违法犯罪现象出现。第三，生态危机虽然是人类过度盲目生产和消费造成的，但科技起到了推波助澜作用，科技的发展破坏了人赖以生存的生态环境。第四，科技异化严重威胁人类安全，如机器人对人类安全的威胁、科技恐怖主义、高科技战争等。

（3）科技异化的法律治理。

在科技哲学领域，对于科技异化的研究相对成熟。相比之下，法学方面对科技异化的研究则刚刚起步。就法学而言，对科技与法律关系的阐释往往停留在宏观层面，立足于科技的积极影响、聚焦于法律推动科技进步的功能，即使有一些法律移植科技负面作用的论述，也散布在法律作用于科技的阐释中。

科技法的使命就是对科技发展所引发的各种社会问题起到抑制和预防的作用。特别是对科技人员的行为约束，因为任何异化都是人为行为的结

---

① 蕾切尔·卡逊. 寂静的春天 ［M］. 吕瑞兰，李长生，译. 上海：上海译文出版社，2014.

② 何士清，徐勋. 科技异化及其法律治理——基于以人为本的视角 ［M］. 北京：中国社会科学出版社，2010.

果。如果我们不控制现代科技的负面效应，就有可能导致宪法自身价值的损害，宪法权利就有可能成为科技的"牺牲品"。科技异化的治理原则应该以人为本，以人为本是科技的价值和精神所在。科技异化的治理原则应是"以人为本"。但理解和运用"以人为本"时，需要把人类的生存价值作为终极关怀，合理地解决人与自然的关系，厘清现代"以人为本"原则与传统"人类中心主义"的本质区别，为了人类的整体利益和基本需要，实现以人为本价值观在解决人与自然矛盾中的现代转化。① 同时，还要避免将"以人为本"理解为"以自我为中心"。为了实现自我而将科技滥用、误用甚至将科技用于从事违法犯罪的工具。科技是因人产生的，人是科技主体。科技是因人产生的，人是科技的主体；科技是为人产生的，人是科技的目的；科技因人而发展，人是科技发展的动力。科技异化的治理方式包括道德治理、政策治理、技术治理和法律治理。其中，法律治理是根本的途径，而把握科技的人本精神是法律治理的主要原则。为此，需要注意以下三个方面：科技是并且只能是人的工具；科技既具有推动社会进步、改善人类生产生活、造福于人的正效应，也具有阻碍社会进步、破坏生态环境、危害人的生存和发展的消极性；科技活动是一项社会活动，受到其他因素的综合影响，如经济基础、政治制度、文化观念、民族传统、教育水平等。

三、科技与法律的关系

（一）科技与法律的辩证关系

科技和法律都是客观存在的。从共性上说，两者都与人的智力劳动成果有关。科技是个体智慧或者群体智慧的外现，是通过一定的制度保护或限制的存在。法律则是权力机构按照一定程序制定的行为规则。科技对法律是一种决定性力量，它促进法律的发展；法律对科技具有能动的作用，它保障科技进步，引导科技朝着可持续发展的目标发展。

---

① 徐春. 以人为本与人类中心主义辨析［J］. 北京大学学报（社会科学版），2014（6）：33.

1. 科技与法律的关系是经济基础和上层建筑的关系

从哲学维度看，科技属于经济基础，而法律则是典型的上层建筑。本书从宏观层面将科技与法律的关系归结为经济基础对上层建筑的影响。从这一点上说，其与经济对法律的影响并没有本质的差别。但是，科技毕竟是特殊的生产力，它以其独特的属性对社会产生特殊的作用，对法律的影响也是广泛的。科技和法律分属的学科不同也导致两者存在重大差异。第一，自然科学研究具有可还原性，但社会科学不能还原；第二，自然科学的研究对象不会改变，但社会科学的研究对象会变化；第三，自然科学的研究目的是寻找自然规律，相对独立；但是社会科学以追求事实和价值为目的，而且相互之间有影响、有联系。科技在法治进程中所起的作用随着科技的发展也在发生变化，现在简单用"工具"两个字已经不能概括科技对法律的影响，科技已经成为加快法治建设的催化剂。

随着科技的发展，大量的科技成果得以转化，高新技术日益渗透到生产、生活的各个领域。科技兴邦与依法治国密切配合，是科技与法律走向互动的现实基础。作为生产力层面渗透性因素的科技与作为上层建筑一部分的法律，两者构成了作用与反作用的辩证关系。科技与法律这两个泾渭分明的学科在当今社会中相互依存、互相支持。科技的日新月异使得法律这个大家族也越来越充满活力。以信息技术为例，电子计数器直接影响立法的进程，技术成果的保护催生了知识产权制度的产生，互联网技术发展极大提高了公民参与国家政治和民主监督的途径，手机的普及以及天网的使用提升了公民维权意识和守法意识。

科技广泛而深刻地影响着人类的生活方式和社会的组织结构。科技发展使得人们的思维方式、理念方式、生产方式、行为方式、工作方式发生深刻变化。概括起来，科技对法律的影响可以分为器物层、制度层和观念层三个方面，分别对应构成物质文明、制度文明和精神文明。①

2. 科技法学集中体现了科技与法律之间的促进和制约关系

正确处理科技与法律的关系需要加强科技与法律的理论研究。从国外

---

① 苏建，陈凡. 论技术控制的法律协同机制［J］. 东北大学学报（社会科学版），2007（6）：493.

科技法的产生和发展来看，20 世纪中期科学学研究的长足进展，使得发达国家认识到将国家根据科学学的研究成果，结合本国实际情况而采取的促进科研开发及其成果应用的方针政策和基本措施法律化，以保障本国先进生产力得以持续发展，具有非常重要的意义。这不仅催生了科技法这一法律现象，也产生了法学与科学学的交叉学科——科技法学。由此可见，科技法体现的国家意志也就是推动科技进步、发展先进生产力。

我国 2007 年 12 月修订的《科学技术进步法》第 1 条规定："为了促进科技进步，发挥科技第一生产力的作用，促进科技成果向现实生产力转化，根据宪法，制定本法。"我国《促进科技成果转化法》第 1 条规定："为了促进科技成果转化为现实生产力，规范科技成果转化活动，加速科技进步，推动经济建设和社会发展，制定本法。"这两部法律的立法宗旨清楚地宣示了国家制定这两部法律的意图是发展先进生产力。

早在 20 世纪 80 年代，科技法与经济法、环境法一起诞生。在我国法律体系中，与科技有关的法律也越来越丰富。本质上，科技法是法律与科技"联姻"的最直接的表现。从形式上看，科技法体系也在日趋完善，如具有"科技基本法"属性的《科学技术进步法》，涉及科技产出的《专利法》等知识产权类别的法律，促进科技成果运用的《促进科技成果转化法》及其配套规定，以及从提升国民科学素养的角度出发，制定的《科学技术普及法》等。目前已有的立法对加快科技发展、提升企业创新能力、提升民众科学素养起到了重要的作用。但是，对于科技迅猛发展后，法治的制定、执行、司法以及公众认知等角度，协调好科技与法治的融合是需要深度研究的问题。

（二）打通法律与科技之间的藩篱

科技与法律的关系中，究竟科技是法治完善的工具还是法律是科技发展的工具？科技发展的价值目标是：真善美的和谐统一，追求人类社会发展的自由和完善。法律追求的价值目标是：人类价值需求的最一般和权威的表达。但法律往往具有道德维度，是技术无法完全取代的。在这个意义上，法律与科技之间存在着永恒的矛盾。

1. 科技确定性无法转化为法律的精确性

波斯纳认为，"概要说来，如果科学确定性真的确立了，其方法和领域也仍然与法律的方法和领域非常不同，乃至科学的精确性无法转化为法律的精确性；而如果连科学的确定性都还没有确立，那么也就不可能用科学作为法律确定性的基础或模式。"① 因此，在法律领域运用科技时，必须注意两者之间的区别。同时，不能将科学绝对化，从而在法律运用中唯科学化。

2. 技术本身的有限性

苏力认为，"……现代科技的发展，使得司法制度可以有更多、更可靠并更有效率的手段来获得对案件的正确或基本正确的判断。……而且从技术的角度看，我们也可以理解任何时候司法处理案件的能力都必定是有限的，有许多时候甚至是'错误难免'的。技术在法律中的适用以及技术对法律制度的影响仍然会受到法律的限制。之所以如此，很重要的原因不是法律本身一定排斥这些科技，而恰恰是因为技术发展还相当不完备。"② 以科技证据③为例，科技证据有助于查明案件事实、实现程序公正、提高诉讼效率以及可以帮助公民维权取证等。但是，科技证据同样存在着潜在的错判风险、侵犯人权、违背伦理道德以及加剧控辩平等关系失衡等问题。

3. 建立科技界和法律界有效的沟通机制

如何将科技作为一种有效工具，通过合理的制度安排使其在立法、司法和执法中得到有效运用，从而使社会共享科技发展带来的积极成果？这需要建立一种科技界与法律界对话的机制（人员交流和成果运用的机制）；同时，由于科技可能对法治建设带来消极影响，所以对此也需要进行规制。这不仅体现在重视科学界在立法中的作用，同时体现在法治发展的各个环节中两个群体的沟通和融合。

---

① 理查德·A. 波斯纳. 法理学问题 [M]. 苏力, 译. 北京：中国政法大学出版社, 2002：85.
② 苏力. 法律与科技问题的法理学重构 [J]. 中国社会科学, 1999 (5)：65.
③ 科技证据包括法医类、法精神病学类、生物学类、物理学类、化学类、心理学类、社会科学类科技证据七种。

第二章

科技与法治融合的思考

科技与法律的互动关系已经呈现出了科技与法治之间交叉融合的态势。但是，科技发展的迅猛与法治的相对滞后性的矛盾越来越突出。一方面科技发展呈现自发性，无序性，另一方面如果立法者对科技发展的规制原则和方法缺乏认知，则难以从根本上制定出反映科技发展规律、有效引领科技发展的法律制度。如果这种矛盾和问题不能得到解决，那么社会发展的危机就会越来越大。科技与法治的亲疏决定了社会发展的有序化程度。因此，从理论上认识科技与法治融合的意义及原则并在实践中创设出科技与法治密切融合的实例，对促进科技法治融合发展具有重大意义。在科技全面渗透到社会生活的同时，涌现出越来越多的问题，科技与法治的融合问题日益受到重视，积极促进两者的有机融合是法律界和科技界的共同使命。探索科技与法治的融合，是在分析科技与法律相互关系的基础上，深入揭示科技与法治的互动、互补关系，实现科技与法治在深层次之间的相交相融。

一、科技与法治融合的现状和特点

（一）科技与法治融合的现状

1. 融合的含义

"融合"（fusion）是当今社会生活中应用非常普遍的概念。物理学对"融合"的解释是"熔成或如熔化那样融成一体"，心理学的解释是"不同个体或不同群体在一定的碰撞或接触之后，认知、情感或态度倾向融为一体"。直观地说,融合就是"你中有我,我只有你"。融合可能并不涉及分子层面,只是物态的一种变化形态。

2019 年度有 32.9 万多篇文章篇名中出现了"融合"。从学科分类中看,媒体与媒介学科使用最多,数量超过全部文献的 30%;其次网络数据学科相关文献占全部文献的 15% 左右。高频次使用的学者大都集中在自动化、医学、信息技术等领域。研究机构和基金资助主要集中在自然科学基金、原来的"863"和"973"计划等研究领域。近年来,"融合"一词在军民融合、民族融合、文化融合等领域频繁使用,随后在国家规范性文件中开始出现"融合"[①]。

2. 科技与法治融合的现状考察

科技与法治融合问题是法理学的研究范畴,但又不限于法理学。在法律和政策领域,随着国家经济体制改革和经济结构调整,"军民融合""一二三产业融合""科教融合""产教融合"等使用频率不断升高。关于法律和科技融合的实践也已经展开,如智慧法院、智慧检察院等,这表明科技与法治在器物层面已经开始融合。"加强数据资源整合,把现代化科技与执法司法工作融合起来,构建信息化管理监督体系,提高执法司法质量、效率。"[②]

3. 关于科技与法治融合的研究相对匮乏

当今,学界对科技与法治(或法律)的研究还没有给与足够的重视,在中国知网上篇名为"科技与法治(或法律)融合"的文献不多。这说明两个问题:一是科技与法治融合并没有普遍纳入人们的研究视野,特别是在法律界并未将该问题纳入关注的视野,需要在深层次研究两者的关系;二是科技与法治融合是否可行以及如何融合缺乏指导原则。此外,还需要结合"法治"动态观察科技与法律的融合,而不是科技与静态的法律的融合。因此,科技与法治是否可以融合、如何融合都是特别需要关注的问题,但首先要从法理层面解决两者是否可以融合的问题。

---

① 国务院办公厅 2010 年 6 月发布《关于印发第一批三网融合试点地区(城市)名单的通知》。

② 郑赫南. 全面推进大数据和检察工作深入融合 [EB/OL]. (2017 – 06 – 12). http://newspaper. jcrb. com/2017/20170613_002/20170613_002_1. htm.

　　科技与法治的融合是一个阻挡不住的趋势，促进两者的有机融合而不是机械融合是法律界和科技界共同的使命。尽管融合不可避免，但是必须清醒地认识到两者分处不同的领域，有不同的范畴，受制于不同因素的影响，因此必须厘清两者的关系。

（二）科技与法治融合的特点

1. 科技与法治的相互影响日趋突出，融合不可回避

　　在当代中国，科技创新和依法治国是两大时代主题。法律中包含的科技元素或相关专业知识越来越多，科技进步给法治建设带来的工具和挑战也越来越多，科技创新的发展需要法治的保障，法治的进步需要科技的支持。科技带来的新产品和新的生产生活方式已全面深入地影响着社会生活，不断给传统法律带来了新的问题和挑战。科技已经全面渗透到立法、执法、司法、守法以及法律监督的方方面面；科技发展也正在不断纳入法治规范的视野。但与科技迅猛发展相比，法律原本的滞后性特点因立法者对科技发展认识的局限，进一步延缓了法治的步伐。因此，密切关注科技发展进程并从理论上研究现代科技与法治的融合关系，推进两者的良性互动和有机融合成为不可回避的研究话题。

2. 科技与法治融合需要根据不同内容采取不同融合方式

　　如前所述，"科学"和"技术"有明显的区别。因此，在研究科技与法治融合时需要对两者进行必要的区分。事实上，科技与法治融合主要是指"技术"与"法治"的融合，而不是"科学"与"法治"的融合。法治对科学的影响以鼓励为主，但对技术鼓励的同时更强调规制，以防止技术的异化。①

　　对科学的监管方式和监管范围与技术有很大区别。当然，这并不是说科学要逃离法治的视野之外，但法治对科学的规制是有限的，因为科学的本性决定了要给它更多的"自由"。在强调加强基础研究以及修订《科学

---

　　① 何士清，徐勋. 科技异化及其法律治理——基于以人为本的视角［M］. 北京：中国社会科学出版社，2010：55.

技术进步法》的过程中，特别需要对纯科学的发展加以支持，鼓励"研究无禁区"。对技术而言，尽管高新技术给人类生活带来了前所未有的高效和便捷，但不能忽略的是，技术在其研制、开发、成果转化运用以及被不同技术主体整合的过程中，过分地挖掘了其经济价值，而忽略了其人文价值和生态价值，无视科研伦理，从而导致技术的异化，对人类文明发展带来危害。因此，法律特别是科技法的历史使命就是将从以往片面地鼓励、保护和引导技术的发展转向对技术发展施以必要的限制和制约。①

二、科技与法治融合的思考视角

科技与法治作为两种社会现象是客观存在的，对两者关系特别是融合状态的考察也存在多种视角，如下将分别从哲学、科技史和法理学视角展开分析。

（一）科技与法治融合的哲学视角

根据马克思主义哲学原理，科技和法律分属经济基础和上层建筑，科技与法律的传统关系是科技对法律具有决定性作用，法律对科技具有能动作用。现代社会的高度复杂性和紧密性，催生了经济基础和上层建筑之间新型的辩证关系。② 科技和法治是两个变动的子系统，科技与法治之间是一个作用与反作用的复杂系统，两者已经不是简单的谁决定谁的问题，而是互为因果的辩证关系问题。科学技术是第一生产力的论述明确了科学技术的哲学属性。作为生产力层面渗透性因素的科技与作为上层建筑一部分的法律，两者构成了作用与反作用的辩证关系。尽管科学技术是推动社会发展的第一生产力，但法律作为包含现代先进思想意识和科学管理方法的上层建筑，对社会实现全面进步以及构建和谐社会具有重要的引导和推动作用。从理论上讲，只有从根本上适应生产力发展要求的生产关系才是代价最小且合理的生产关系。这就意味着法律必须介入科技并使之与科技的关系尽可能协调和通顺，才是真正进步意义上的双赢。在社会化程度越来

① 杨丽娟. 科技法历史形态演化的哲学反思 [D]. 沈阳：东北大学，2006.
② 刘国章. 经济基础与上层建筑关系问题新探 [J]. 广西社会科学，2007 (9)：45-50.

越高的今天，法律肩负着沟通和协调不同社会组织之间利益平衡的功能，没有社会整体的利益平衡，一个社会就难以展现出其发展趋势。过分强调科学技术作为第一生产力的作用，而没有从法治或者人文立场对于科学技术的哲学和发展观等方面进行深入的思考，也会带来诸多的社会伦理问题。①

（二）科技与法治融合的科技史视角

在古代，由于科学技术发展缓慢，加之法律的调整范围的局限，二者的关系并没有引发关注和思考。古代技术的特征是不包含对科学知识的运用。在其存续的绝大部分时间里，科学根本还未产生。②

1. 科技发展的历史是人类社会发展的缩影

在远古时代，人类认识自然的能力有限，科技发展相对缓慢，人类赖以生存的环境以及所需物品主要来自大自然的馈赠，关注的是人和自然法则的关系。随着技术不断发展和应用，人们在技术活动中不断积累和总结的技术经验，将之固定下来成为口授相传的技术操作规则并要求人们遵守，这也许是技术与规范相融合的萌芽。例如，我国春秋战国时期的《考工记》记载的青铜冶炼配方和 30 项生产设计规范、制造工艺要求，宋代李诫的《营造法式》中就建筑材料和结构的规定，都是我国古代技术规范的体现。技术法规本质上是一种法律规范，是器物制作技术规范（技术标准）的法律化。③ 在欧洲中世纪，因为宗教法占据主导，与教义不符合的或者与圣经相违背的观念，被当时的教皇所不容，所以有人将其概括为"历史上法律长期与科技作对"④。随着科技的发展，特别是工业化进程的加快，人类生存所需的物品大到城市建设、小到毛发大都可以制造，科技在其中起到决定性作用。人类的欲望和自我膨胀也如脱缰野马一样难以控制，原子弹就是典型实例。科技广泛影响人的生存，让我们无法回避科技

---

① 刘兵，杨舰. 关于"智能化"与设计的若干哲学思考［EB/OL］.（2017 – 04 – 04）. http://www.360doc.com/content/17/0404/8125237-642819937.shtml.

② 杨丽娟. 论科技法初始形态的产生及演化［J］. 科技与法律，2007（6）：13.

③ 同②：16.

④ 徐达. 历史上法律长期与科技作对［J］. 学会，1989（1）：48.

的作用，也无法忽略对科技的属性的认知，更不能无视科技可能带来的负面影响。

2. 科技对社会生活的影响无孔不入

历史发展到今天，科技对社会生活的影响越来越广泛，从吃穿住行到生老病死无处不在。法律对科技进步和创新的激励以及对技术发展的规制也日益丰富，科技浪潮不断冲击着法律制度，科技触角也伸入到立法、执法、司法和守法各个环节。对科技和法律关系的思考以及法学研究方法等均需随着科技的迅速发展做出调整，系统论和控制论的引入大大丰富了法律的研究方法。对科技与法治的认识不能停留在二者的互动关系上，而是要深入到科技内部对其关键因素进行思考和必要的干预。法律可以确认科技优先发展的战略地位，可以保障参加国际科技经济的竞争与合作，可以拓展现代科技法律制度的范围，还可以组织、管理、协调现代科技活动及抑制和预防现代科技发展的负面影响。①

（三）科技与法治融合的法理学视角

法理学是关于法律基本原理的科学，旨在揭示法律运动中的重大关系、特点、原则和规律等。② 法理学是一盘大杂烩，它归纳了关于法律的种种普遍思考。如果法学领域中有"学问"，一定不能离开对一些有关法律的全面沉思。③

1. 法律与科技之间的关系一直是法理学所关注的主题

1984 年北京大学出版社出版的《法学基础理论》教科书第一次将"法律与科学技术"纳入法理学的视野。作者考察了科学和技术对法律制度、原则的各种构成性影响后认为，法律对科技的影响总体上与法律在规制社会生活的其他方面上的影响没有根本区别，科技重要并不因此就使得法律与科技的关系自然而然地成为一个法理学的问题。只有将法律与科技

---

① 韩丽纮. 论现代科技与法律的互动及对我国法律教育的思考［D］. 北京：首都师范大学，2003.

② 吴家如，刘享树. 法学繁荣与法理学的实践意义［J］. 法学，1988（1）：16－18.

③ J. W. 哈里斯，肖剑鸣. 何谓法理学［J］. 国外法学，1988（1）：29－30.

中那些真正具有法理学意义的维度提出来，并且系统地予以理论性的论述，才能成为法理学问题。① 一般认为，对法律与科技之关系的法理学理解存在三种模式，分别是管制模式、回应模式和重构模式。其中，管制模式和回应模式未能完整地呈现技术价值和法律价值之间相互作用的方式，而重构模式主张法律针对技术价值的不同面向而进行自我调整，在技术价值和法律价值世界的碰撞中进行重构，解决技术所引发的归责原理和规范建构问题。在重构模式之下，我们可以更好地理解技术中立的价值处境和法律意义。②

2. 当前我国法理学关于科技与法治的关系

目前法理学对科技与法律关系的阐释往往停留在宏观层面，立足于科技的积极影响、聚焦于法律推动科技进步的功能，即使有一些法律移植了科技负面作用的论述，也散布在法律作用于科技的阐释中。在苏力的文章中提到几点：其一，因果律的发现和运用。自然科学和社会科学研究认识了因果关系并加以运用，说明对因果律的科学探讨和研究结论对于法律制度变革具有深刻影响。其二，科学发现的因果关系并不能决定法律上的因果关系。如果科学自身还不是非常坚实，那么建筑在这个不坚实的基础之上的法律制度就有可能坍塌。其三，科学与法律之间的差异不仅是因为法律与科学是不同的社会实践领域，遵循的原则很不同；更重要的差异往往最终都可以归结到技术的限制。科学与法律之间的差异不仅是因为法律与科学是不同的社会实践领域，因此遵循的原则往往不同；更重要的是，如果认真追究起来，这种差异往往最终都可以归结到技术限制上。③

3. 深入研究科技与法治的融合是时代发展的必然

与我国法学学科的发展历程类似，20 世纪 80 年代前，按照苏联模式，将法学的基础理论称为"国家和法律理论"。这实质上是使法学与国家学或政治学合二为一，法学不称其为真正独立的学科。自 20 世纪 80 年代开

---

① 苏力. 法律与科技问题的法理学重构 [J]. 中国社会科学, 1999（5）：57–71.

② 郑玉双. 破解技术中立难题——法律与科技之关系的法理学再思 [J]. 华东政法大学学报, 2018（1）：85.

③ 同①：64.

始，法学的理论学科或基础课程的名称开始普遍改为"法学基础理论"（简称"法理学"）。这一改变主要是由两个客观条件造成的：一个是十一届三中全会做出了健全民主和法制的重大决策，从而为加强法学提供了必要性和可能性；另一个是当时恢复了政治学在社会科学中的地位从而进一步明确国家学说主要属于政治学研究的范围。① 科技与法治融合问题被重视也有两个客观条件：一是科技迅速发展引发的巨大社会变化，给传统法学带来了很多新问题。二是法治已经作为我国宪法明确规定的"治国方略"，关于科技领域的立法和政策研究越来越多且不断深化。对二者的互动关系和融合机制的研究成为避不开的话题。

此外，我们还需要注意以下问题。第一，从法的作用和功能的角度认识科技与法治的融合关系。第二，概括科技与法治的融合原则，既要使其具有高度，同时又不能忽略从科技发展实践中丰富法理学内容，使其对科技发展的具体方向有指导意义。既要关注科技发展的普遍规则，也要注意区分不同技术领域的差异。例如，信息技术和生物技术的规制原则就很不同，信息技术以鼓励快速发展为主，适当限制技术可能形成的垄断，而生物技术则事关人类生存和伦理道德，原则上应做到对其发展领域可控可知，对有争议的问题充分讨论。第三，科技迅速发展，准确把握法理学的创新标准而不被科技发展裹挟。

科技与法治融合是科技创新和依法治国背景下的必然趋势，也具有充分的理论根据。科技与法治的融合也是科技法学研究的使命。长期以来，科技与法治两张皮的状况很明显。科技与法治关系的融合是科技与法治发展的高级阶段。但是如何实现科技与法治有机融合，在基本理论、指导原则和具体操作中仍然有很多问题需要思考，很多荒地需要开拓。

三、科技与法律融合的案例分析——美国《清洁水法》中技术因素的影响及启示*

随着科技迅猛发展，科技给人类社会带来进步的同时，也引发了很多

---

① 沈宗灵. 论法理学的创新 [J]. 中外法学，1989（3）：1-8.

* 戴伟平，邓小刚，吴成志，等. 美国排污许可证制度200问 [M]. 北京：中国环境出版社，2016.

严重的危及人类生存的问题。随着人类生存空间的不断拓展，各种污染物不断产生和排放，环境污染的广度和深度不断扩大。党的十九大报告提出，着力建设资源节约型、环境友好型社会，实行最严格的生态环境保护制度，努力为人民创造良好的生产生活环境，实现中华民族的永续发展。采取何种措施能够缓解和治理严重的水污染？这不仅仅需要唤醒全体民众的环保意识，更需要寻找一切可采取的措施，努力恢复自然原貌。通过立法规范排污行为是一个重要的举措，在排污行为规范中，科技为环境治理提供标准、治理手段和执法监测指标，科技成为环境保护的重要手段和工具。科技与法律就是在这种相互作用中同生共长。如下将以美国《清洁水法》为例，考察美国《清洁水法》中科技因素的影响及作用。

（一）美国《清洁水法》的立法背景及其演变

美国《清洁水法》（Clean Water Act，CWA）的出台是美国严重的水污染催逼立法的结果。美国随着工业发展和城市扩大，工业、交通和生活污染物的排放呈增长趋势，特别是重化工业的发展和机动车的增加，预示了 20 世纪 50 年代后美国环境危机的爆发。1969 年俄亥俄州的凯霍加河着火事件将美国水污染程度推向了一个峰值。着火的原因是因为河流中漂浮着沿岸排放的油污，着火后，这条河以及其流入的伊利湖中的水生物都死了，连水蛭和蠕虫等低等生物都无法生存了。尽管美国 1948 年就通过了联邦水污染控制法，但在 1970 年第一个世界地球日举行时，美国依旧被水污染问题严重困扰——超过 90% 的污水处理厂仍然只采用简单过滤和沉淀的方式，处理污水的工厂不足工厂总数的 1/3。[①]

1970 年 2 月，美国尼克松总统发起一项创设联邦代理机构的举措，认为这样可以更加有效地使用浪费在地方层面的资助。1970 年 6 月，尼克松又发起了一个针对国家石油和有害物质意外事故的项目，这一项目为联邦制定 1970 年的水污染控制法案修正案提供了基础。同时尼克松呼吁联邦名义下的各部门表明对水污染治理的强硬立场，1970 年的 7 月，尼克松基于一项重组计划使其团队介入执行机构，并促成美国环境保护署（以下简称

---

① 詹姆斯·萨尔兹曼. 巴顿·汤普森. 美国环境法［M］. 徐卓然，胡慕云，译. 北京：北京大学出版社，2016：131.

"环保署")成立。1970 年 12 月，尼克松颁布了一项行政命令，由工程部和环保署联合颁布倾废法配套的倾废标准：倾废标准中废物排放许可证计划（Refuse Act Permit Program，RAPP）界定了对垃圾排放的协议。1971年 2 月，环保署颁布了新的规定，对工业污染者做出新的规制。为了实行相关的政策，环保署对 22 个企业处理污水的最先进技术进行了调查研究。1972 年国会颁布了《清洁水法》，终止了诸多对垃圾法案排污许可的争议。1972 年的《清洁水法》建立了针对美国环境的长期和弹性的目标。

实际上，美国水污染治理立法最早可以追溯到 1886 年颁布的《河流和港口法案》（The Rivers and Harbors Act），该法也是 1899 年《倾废法》（Refuse Act）的前身。随后，美国又分别在 1924 年颁布了《油污染法案》（Oil Pollution Act），直至 1948 年的《联邦水污染控制法》（Federal Water Pollution Control Act，FWPCA），该法经历了几次修改。1972 年《清洁水法》的正式名称是《联邦水污染控制法》，但因为《清洁水法》基本上重写了《联邦水污染控制法》，又因其治污效果明显，成为当之无愧的具有示范性的立法。它不仅确立了很高的水污染治理的国家目标，而且采取了排污许可证等特殊的治理措施。

（二）《清洁水法》的立法目标和核心内容

《清洁水法》是美国最全面的水污染控制的联邦法律，1972 年 10 月 18 日通过，现被编在美国法典（USC）第 33 编 26 章 1251 - 1387（共 137 个条款），联邦法规汇编（CFR40 编）是对《清洁水法》具体内容的落实。《清洁水法》首先确定了该法的国家目标和治理措施，然后通过第 3 章的"标准及标准的执行"和第 4 章的"许可事项"构建了其主要通过技术治理水污染的立法体系。因此，《清洁水法》又被称为是一部技术制导型的法案（technology - forcing statute）。

1. 国家目标和治理措施

《清洁水法》的最终目标是恢复和维护国家水域化学的、物理的、生物的完整性。中期目标是到 1983 年 7 月 1 日，实现关于保护鱼类、水生贝壳类以及野生动物繁殖、人类水上娱乐活动的中期水质目标；到 1985 年，消除通航水体排放污染物。需要说明的是，《清洁水法》至今也没有实现该法预定的目标，但参议员马斯基认为，一个"国家承诺"可促使政府采取必要的新式污染控制技术。① 为了实现这样的目标，该法规定了如下五个重要措施：（1）禁止达到有害数量污染物的排放；（2）联邦财政对公共污染处理厂的建设提供财政支持；（3）制定实施区域性废物管控规划；（4）努力发展水污染排放控制技术；（5）制定和实施非点源污染控制计划，实行点源和非点源双重控制。

2. 《清洁水法》的核心内容——排污许可证制度

《清洁水法》第3章有20个条文，具体规定了点源基于技术的排放限值；第4章有6个条文，第402条规定了国家污染物排放清除系统（the National Pollutant Discharge Elimination System，NPDES，即排污许可证制度），该制度是对排放限值的具体落实。这两章内容充分体现了技术制导下的法律内容以及具体落实措施，从内容到形式都体现了技术对于法律的重要作用。

国家污染物排放清除系统是美国独创，根据环境保护相关法律对企业污染物的排放行为做出规定，并通过许可证法律文书加以载明，这是环境质量改善的基础核心制度。该制度不仅在水污染治理中发挥作用，美国的大气污染、海洋倾废、固体废物管制中都有所体现。20世纪70年代以来，美国、德国、英国、加拿大、日本、澳大利亚等发达国家先后建立了排污许可证制度，并将其纳入国家法律体系。

排污许可证采用污染控制技术为基础的排放限值（技术标准）和水质标准相结合的管理方法，既是企事业单位的守法文书，也是环保部门的执法依据。通过排污许可证，整合废水、废气各项环保要求，明确企业守法边界，给企业明确稳定的污染排放管控要求和预期，也避免朝令夕改，以满足"一证式"管理需要。在减轻企业负担的同时也提升了法律的执行力，解决了企业环保守法失据问题。排污许可证制度是美国污水治理成功的核心经验，也是科技与法治融合的集中体现，该制度在美国《清洁水

---

① 詹姆斯·萨尔兹曼，巴顿·汤普森. 美国环境法［M］. 徐卓然，胡慕云，译. 北京：北京大学出版社，2016：134.

法》第402条有详细规定，共17个款。①

（三）《清洁水法》中的技术因素及其作用方式

1. 技术标准划定了守法行为的根本界限

《清洁水法》规定了两个基本标准，一个是第301条的排放限值标准，另一个是第302条的水质标准和最大日负荷总量计划（Total Maximum Daily Load，TMDL 计划）。以排放限值作为首要控制方式，在水体水域达不到基本水质要求时采取水质标准和最大日负荷总量计划。

（1）排放限值标准。

《清洁水法》对各类污染排放源排放污染物做出要求：不符合法律规定的排放都是违法的。合法的标准就是要遵守《清洁水法》以及美国环保署发布的《排放限值导则（ELGs）》，符合基于各类污染源特点而使用特定技术制定的可行性排放限值，并通过排污许可证制度得以落实和实施。

（2）水质标准和最大日负荷总量计划。

联邦环保署公布科学基准，各州基于具体水体用途及状况，确定本州水质标准并制定州水质管理规划。对已经污染的水域，规定特定时间特定污染物的最大日负荷总量计划，这是对限值排放的消减计划。超出最大日负荷点量计划核定限额排放的行为也是违法行为。

上述标准和要求规定在排污许可证上，因而排污许可证这一包含技术标准和管理程序于一体的文件也为企业守法提供了依据。美国排污许可证对建设项目的污染防治设施做了明确的要求，并对相关污染设施的设计、施工、投产以及操作过程中的各种管理手段做了详细的描述，对企业后续污染防治的合规性行为做了精细化的可核查说明。美国排污许可证是企业污染物排放合规操作规范，包含一般条款和特别条款。特别条款会对企业产出污水的各个细节需要遵循的法律法规、执行标准和控制技术进行规

---

① 《清洁水法》第402条规定：（1）签发污染物排放许可证；（2）州的许可证计划；（3）对州许可计划批准的暂停和撤销；州许可计划交回署长；（4）对署长的通知；（5）放弃通知要求；（6）点源名录；（7）有关污染物安全运输、处理、搬运、保管和装载等规定；（8）对违反点源许可证的处理；（9）未受限制的联邦执行；（10）公开资料；（11）遵守许可证；（12）对许可证要求的限制；（13）未要求的常规污染物附加预处理；（14）部分许可证计划；（15）反倒退；（16）市政和工业雨水的排放；（17）合流制污水溢流控制。

定，同时会对企业进行采样监测、设备维护、开停机等环节做出详细的操作说明。

2. 技术标准是控制水污染的主要方式

排污许可证针对不同的对象分为两类，一类是市政污染源，另一类是工业污染源，针对两类污染源采取了不同的排放标准。公共污水处理厂是一般许可证排放中最大的一类，采取二级处理标准或者等价于二级处理的标准。① 工业污染源—技术排放限值和水质双重标准，针对不同的污染源和污染物，美国环保署设定了四种技术并进一步制定了细化的排放限值规则，分别是：最佳现有实用控制技术（Best Practicable Control Technology，BPT）、常规污染物的最佳控制技术（Best Conventional Pollutant Control Technology，BCT）、最佳经济可获得技术（Best Available technology Economically Achievable，BAT）、新源实施标准（New Source Performance Standards，NSPS）。

3. 技术标准是检验法律实施效果的核心措施

判定排污者遵守法律法规的状况，对排污许可证监测和检查是一项行之有效的措施。监测和检查包括多项内容，其中执行状况检查涉及执行评估检查，执行采样检查，性能审查，执行生物监测的审查，有毒物质的取样检查，诊断性的检查，侦查性的检查，遵守预处理要求的检查，后续检查以及污泥、暴雨、污水管道和卫生管网的检查等。其中，不仅需要环保署将所有的排污许可证制度的相关数据都输入过程控制系统（CPS）系统并保持更新，更需要很多化学、生物技术配合实施。

4. 技术标准的确立便于法律的实施和监督

排污许可证制度实施初期，各州在标准制定方面进展缓慢，国会通过1977 年和 1987 年的修正案，要求美国环保署制定 126 个优先污染物的建议环境水质标准，作为各州的指南。这些标准的确立，部分根除了 1965 年《水质法》失败的根源，即州政府通常缺乏科学信息来确定与用途相对应

---

① 污水处理一般有三个级别：一级是机械处理；二级是生化处理；三级是深度处理。

的水质标准并落实到个体排污行为中。排污者常常用"科学不确定性"为借口逃避责任，声称其个体的污水排放并不是总体水污染的原因。标准的确立和实施为管理者提供了管理依据，也有助于执法水平的提高，环保署官员只需要检查工厂是否采取相应的技术就可以监督法律的执行情况。

5. 技术的最新发展是修法的重要原因之一

《清洁水法》第304条（c）（9）规定，水的质量准确反映最新的科学知识的发展并及时纳入立法，每隔五年更新水质标准。新的技术推动水质标准的更新，在立法中得到反映。随着新型水污染物质的出现，环境科学的进步，环境工程技术的发展，都会对既有的排污标准体系构成冲击，需要进行相应的更新。例如，1977年美国的《清洁水法》对1972年法案的两个主要修改之一是把传统污染物质与有毒物质进行了区分。1987年《清洁水法》修正案中创设了非点源管理项目，并配备了相应的资金保障实施等。

6. 技术制导下的法律催生了新技术的进步

《清洁水法》规定了排放合法与否的技术标准，其影响远远超出立法的影响。实践表明，《清洁水法》颁布后，由于技术限值的要求，促进了企业及行业的技术改造和升级，并带来很好的效果。《清洁水法》实施后，在美国，热电厂冷却系统技术[①]、综合水质监测控制和管理技术、数字营养标准和生物反应器堆填区等创新技术以及流域分析技术得以进步，这些技术进步反过来有助于提升水污染防治效果。技术进入法律—法律促进技术进步，由此形成了良性循环。

（四）美国《清洁水法》对我国水污染防治的启发

1. 我国水污染治理的法律制度

城市不断扩张、过度使用化肥农药以及各种工业废水和生活污水的肆意排放，使得中国的水资源状况急剧恶化，近半数的水资源受到严重污

---

① PEREDO - ALVAREZ V M, BELLAS A S, TRAINOR - GUITTON W J, et al. Mandate a Man to Fish? Technological advance in cooling systems at U. S. thermal electric plants ［J］. Water Resources Research，2016，52（2）：1418.

染。不断爆发的水污染事件只是我国水污染的冰山一角，我国水污染治理刻不容缓。

2015 年以来，我国在水污染防治方面已经制定、修订了《中华人民共和国水法》《水污染防治法》《水污染防治行动计划》（简称"水十条"）以及《控制污染物排放许可制实施方案》（以下简称"实施方案"）等法律制度，强调企业是环保主要责任主体，应重点推行新的排污许可制度。

我国控制污染物排放许可制可以追溯到 20 世纪 80 年代，但收效甚微。该制度在《水污染防治法》第 20 条、《大气污染防治法》第 19 条以及《环境保护法》第 45 条都有规定，《水污染防治法》和《大气污染防治法》均规定排污许可的具体办法和实施步骤由国务院规定。

2016 年底，国家相继发布了《实施方案》和《排污许可证管理暂行规定》，率先在火电和造纸行业推动实施排污许可制改革。《实施方案》的目标任务是到 2020 年，完成覆盖所有固定污染源的排污许可证核发工作，基本建立法规体系完备、技术体系科学、管理体系高效的排污许可制，对固定污染源实施全过程管理和多污染物协同控制，实现系统化、科学化、法治化、精细化、信息化的"一证式"管理。《实施方案》确定了按行业分步实现对固定污染源的全覆盖计划。2017 年环境保护部[1]分别发布了排污许可证申请与核发技术规范，并发布了一系列行业技术标准。重点控制行业要根据行业特点分别制定技术规范，已经被纳入环保部 2017 年排污许可管理的重点项目，技术规范也应该成为法律制度的重要组成部分。在立法的同时，国家开展较大规模的新排污许可证相关制度研究。[2] 当前还有如下技术问题需要解决：（1）解决科学、合理、可行的排污许可量和排放量核定与管理技术；（2）解决排污许可管理信息平台关键技术和大数据分析技术；（3）解决排污单位自行监测数据质量控制技术、核查监管技术。

---

[1]　2018 年 3 月，根据第十三届全国人民代表大会第一次会议批准的国务院机构改革方案，将环境保护部的职责整合，组建中华人民共和国生态环境部，不再保留环境保护部。

[2]　2016 年 6 月 23 日至 25 日，国家科技管理信息系统公布了 2016 年国家重点研发计划的评审结果，水资源高效开发利用、典型脆弱生态修复与保护研究、大气污染成因与控制技术研究、全球气候变化及应对、农业面源和重金属污染农田综合防治与修复技术研发、绿色建筑及建筑工业化 6 个领域共支持 222 个项目，总金额 42.65 亿元。

2. 美国《清洁水法》带给我们的几点启发

（1）努力研究、积累和更新相关技术。国家应该积极鼓励并资助相关技术研究并及时通过正当程序吸纳到法律之中。水污染的治理不是一蹴而就的，技术创新和应用纳入立法并严格执行都需要一个较漫长的过程。

（2）加大技术融入法律、法律与管理结合的研究。我国法律与管理制度融合的过程中，不仅技术不够精细，制度的综合性和可操作性也不够。在水污染治理中，美国通过许可证制度，让企业有一个明确的排污治污文件，不仅对企业比较方便操作易于执行，也有助于对相应管理机构的监管。将法律法规寓于个体排污企业的制度规范中，减轻了守法无据的困惑，减轻了企业的负担。

（3）强调企业责任与国家环境资助的结合，政府行为与公众监督结合。美国环保署强调，唯有让地方和民众积极参与，清洁水的承诺才会成为一股获得广泛支持并能够有所作为的长期力量。

（4）统一标准，集中管控。美国是联邦制国家，在水污染控制中采取了联邦政府集中管控，各州执行的权力分配体制。我国中央和地方的管理权限和管理体制的有效分配和协调是水污染治理的组织保障。

（5）经济发展和环境保护目标的次序选择。美国制定严格的环境目标，给政府压力。我国在经济发展和环境保护的抉择中必须分清主次，应该坚持将环境保护居于首位，将党的十九大"实行最严格的生态环境保护制度，形成绿色发展方式和生活方式"落到实处。

科技与法治的融合是一个必然发展的趋势。科技发展不仅需要法律对其进行直接的干预规制，法治发展也需要借助科技的作用完善和发展。二者就是这样在相互影响和作用中推动人类文明的发展。"科技与法律是人类文明的双翼"，技术规范正逐渐成为重要的法律渊源，随着科技的迅猛发展，科技在社会生活中发挥了越来越多的作用。现代化进程中法治的特点之一就是在立法中摄入更多的技术规范。技术规范已经成为法律的重要渊源，在科技法和环境法领域尤为明显。技术规范是法律制定的依据，也是法律有效实施重要保障措施。美国清洁水法的研究只是科技与法治融合的一个小缩影。本书对美国清洁水法的研究也只是一个开始。将科技纳入法治的正当程序以及构建科学的技术体系，是一个需要法律界和科技界共同努力的事业。

四、加强我国科技与法治融合的若干建议

（一）明确科技与法治融合的目标

正确认识科技与法治各自的价值目标和特点，是促进二者有机融合的前提。科技发展的价值目标是真善美的和谐统一，追求人类社会发展的自由和完善；法律追求的价值目标是人类价值需求的最一般和最权威的表达。从科技与法治各自的角度出发认识对方，都有不可克服的问题：于科技而言，法学群体容易以一种鸵鸟政策对待科学和技术，对待大量的经验性实证研究；于法学而言，法律具有道德维度，是科技特别是技术无法取代的。从这个意义上说，法律与科技之间存在一个永恒的矛盾。这也是我们设定科技与法治融合目标时必须清醒认识的客观事实。理想的融合目标是：科技为法治发展在器物层面、制度层面和观念等层面提供科学及时的支持；法治为科技特别是技术的健康发展提供恰当而全面的鼓励和必要的限制。

（二）重视在科技立法中发挥科学技术的作用

法律是成文的道德，道德是内心的法律。法律和道德都具有规范社会行为、调节社会关系、维护社会秩序的作用，在国家治理中都有其地位和功能，国家治理需要法律和道德协同发力。不像道德与法治在国家治理中的一致性，科技与法治之间存在多重张力。

坚持依法治国和科技兴国相结合，就要重视发挥科技的作用，提高全社会科学素养，使公众理解科学，加强法治建设，提高文明程度，为全面依法治国创造良好的环境。要在科技发展中体现法治要求，发挥科技对法治的滋养作用，努力使科技发展同社会主义法律规范相衔接、相协调、相促进。要在科技发展中突出法治内涵，注重培育人们的法律信仰、法治观念、规则意识，引导人们自觉履行法定义务、社会责任、家庭责任，营造全社会都讲法治、守法治的文化环境。要运用法治手段解决科技领域突出

问题。法律是道德的底线，也是道德的保障。要加强相关立法工作，明确对科研诚信行为的惩戒措施。对见利忘义、制假售假的违法行为，要加大执法力度，让败德违法者受到惩治、付出代价。要提高全民法治意识和科学素养。法律要发挥作用，首先全社会要信仰法律；科技要得到昌明，必须提高全体人民的科学素质。[①]

（三）区分立法和司法中科技与法治融合的不同措施

1. 在立法上的有批判审慎的态度

科技发展的哪些内容需要在立法中得以体现，体现了立法者对科技价值及作用的认知，并需要有批判的能力，并非科技发展所有成果都适合纳入立法予以保护。当今社会，人们追求的许多发展内容并非人类所必需而是通过科技手段与对资本增值的追求相结合所创造出来的新需求，但这些新需求却经常被无批判地当作人类固有的合理需求。长期以来，我们一直强调科学技术作为生产力，强调现代化的、数量化的、物质化的发展，并没有从人文的立场对于科学技术的哲学和发展观等方面进行深入的思考。这种缺乏人文立场的、基于对高新科学技术之崇拜的追求，既导致人们更愿意将许多并不真正属于"智能"范畴的产品贴上象征着高新技术的"智能化"标签，也会带来诸多的伦理问题，[②] 这是在思考科技立法时需要警惕的。

2. 在司法中发挥科技的作用

科学技术是司法公正的重要保障。长期以来，我国法律界和科技界无论在观念层面还是制度层面，都存在隔膜，迫切需要加强融合。[③]

证据是司法制度的核心。如何确保证据的科学性、客观性，其实包含很多科技问题。以司法鉴定为例，证据科学技术要求将应用于司法鉴定或者执法过程的科学技术变为受法律规制的技术。具体手段包括：技术鉴定

---

① 习近平：坚持依法治国和以德治国相结合［EB/OL］．［2019 - 06 - 10］．https：// news. qq. com/a/20161210/016157. htm.

② 刘兵，杨舰. 关于"智能化"与设计的若干哲学思考［J］. 装饰，2016（11）：33 - 36.

③ 谢文英. 科技界代表建议：科技与法治融合助力司法公正［N］. 检察日报，2017 - 3 - 12 (5).

准入管理办法；新技术进入司法鉴定领域的评价标准和程序；落后技术方法的淘汰、推出和限制机制；科技专家和司法鉴定人的衔接机制；技术规范及费用标准方法管理规则。因此，在司法中运用科学需要注意两个方面：一方面要重视科技手段的运用。另一方面还要保证其科学严谨性，防止因过度依赖不稳定的科技手段造成新的冤假错案。

信息化建设推进了司法的公开公正。近年来，最高人民法院以促进审判体系和审判能力现代化为目标，大力推进信息化建设，打造移动互联、跨界融合、深度融合、透明便民、安全可靠的信息化系统，努力建设全业务网上办理、全流程依法公开、全方位智能服务的智慧法院，将大数据、云计算、人工智能等新技术广泛用于司法审判，既推进了司法的公平正义，也大大提高了效率，保证了廉洁司法，获得了人民群众的高度认同。[①]

（四）研究科技与法治深度融合的实现路径

如前文所述，尽管科技与法治（法律）的融合在理论上是可行的，在实践中也越来越普遍，但二者的天然差别造就了科技与法治融合的难度。因此，要实现科技与法治的有机融合，在观念上、制度上以及具体措施上还需要做很多努力。

1. 在观念层面，强化科技与法治融合必要性的认识

要实现科技与法治有机融合，必须全面提高全民法治意识和科学素养，在科技界和法律界强化二者的融合意识。在法治建设中充分发挥科技对法治的滋养作用。同时，要在科技发展中注重培育科技人员的法律信仰、法治观念、规则意识，引导他们自觉履行法定义务和社会责任，主动运用法治手段解决科技领域的冲突问题。

2. 在制度层面，打造科技与法律融合的沟通平台

由于多种原因，当前我国法律界与科技界之间尚存在隔膜。科学界或科学家在法治建设中发出的声音尚有不足，法律界对科学技术的新进展不够熟悉，在融合机制方面存在缺失。例如，我国的科学听证制度仍属空

---

① 方新. 加强科技与法治融合，推动社会的公平正义 [J]. 全国人大，2017（32）：32.

白，在立法参与以及执法司法中对科技的运用存在诸多问题。因此，当前我国迫切需要搭建一个联系科技界和法律界的长效机制和研讨平台，推进科技与法治的良性互动和有机融合。2017 年底在香山饭店召开的"科学技术与现代法治建设"的学术讨论会是科技界和法律界交流很成功的实例。①

3. 在具体举措方面，首要任务是大力培养科技与法治的复合型人才

人才是各项事业成功的关键，加强科技与法治融合的关键是培养懂科技懂法律的人才，这样才能搭建科技与法治交流的顺畅通道。为此，在高等学校或者理工类研究生培养中，要大力加强科技法学的素质教育，提升科技人员法学素养，特别是与科技有关的法律知识的学习。法学授课教师需要更多关注不同技术领域的新进展以及可能遇到的新的法律问题，设计出更有针对性的课程。

科技与法治融合是科技创新和依法治国背景下的必然趋势，对科技与法治融合机制的研究是科技法学的使命。如何实现科技与法治有机融合，在基本理论、指导原则和具体路径中仍然有很多问题有待进一步思考。既要关注科技发展的普遍规则，也要注意区分不同技术领域的差异。

---

① 齐彬言. 香山科学会议第 612 次学术讨论会成功召开［EB/OL］.（2017 – 11 –24）［2019 – 06 –10］. https：//sppm. ucas. ac. cn/index. php/zh – CN/xyxw/1444 – 2017 – 11 – 24 – 02 – 01 – 51.

第三章

现代科技法学需要思考的几个问题

科技与法治是现代文明的"车之双轮，鸟之两翼"，科技与法治相辅相成，联系紧密。现代科技进入前所未有的高速发展时期，大数据、云计算、物联网、人工智能、生物和基因技术等正在重塑社会生活形态，也对科技治理和社会治理提出全新挑战。科技发展给法治文明带来新的活力，也带来了各种风险与治理难题，迫切需要法律予以规制和保障。深入研究科技与法治的复杂互动关系，促进两者融合发展是当今科技法学的重要议题。

一、现代科技发展导致法律规则体系解构

（一）现代科技拓展法律内容边界

1. 现代科技发展拓宽法律调整范围

现代科技发展催生新的法律内容，法律对社会关系的调整范围也相应扩大。现代科技的科学技术发展迅速，正深刻影响人类的思维方式、协作模式、生活形式和价值观念。以大数据、神经网络、机器学习、超级计算等为依凭的人工智能系统，以信息通信技术为基础的互联网空间，生物技术、物联网和区块链等新兴科技领域需要与之相适应的新的法律内容，并对新型社会关系和价值理念做出调整。当前，科技创新使法律调整的内容和范围扩展几乎是全方位的，从人与人的关系到人与机器、人与智能造物的关系，从实体空间到虚拟空间，从属人的伦理扩展到生命伦理，从单一对象到整个系统生态，从有形资产到无形资产等，法律内容体系正在发生

深刻的甚至可能是根本性的变革。①

2. 现代科技发展凸显科技法学价值

现代科技发展使科技法学成为法律体系中日益受到关注的部门。正是由于第一、二次科技革命时期先进科技成果涌现，对科技成果的创造、管理、使用和保护呼吁相关科技法律法规的出台，促使科技法学的作为重要的部门诞生。现在新一轮的科技革命正在酝酿，社会发展越来越依赖于科技创新，整个社会意识形态乃至生产生活状态正逐渐被技术形态渗透和塑造。鉴于科技发展是当今经济社会的关键性因素，科技法学的价值也因之更加凸显：其一，研究科技发展全新领域法律问题，确定权利和义务关系，及时为新领域新问题提供新的法律规范；其二，为科技创新立法提供引导和保障，对现代科技进行适当地规制，保证其处于正确的发展轨道；其三，作为科技实践活动调整的重要部门，也将对新型社会关系和社会价值观的协调继续发挥重要作用。

3. 现代科技发展推动法律规则创新

现代科技发展对现行法律体制、法律制度和法律文化带来巨大影响，推动法律规则体系不断创新，以适应日趋复杂化和多元化的现代社会。一方面，现代法律规则存在一定程度的"真空地带"，即对现代科技发展带来的行为规范、权利需求、责任承担等没有明确的规定，如人工智能造物和无人驾驶技术发展带来的事故责任认定问题、商业模式知识产权确定和保护问题等。另一方面，现行法律规则适用性存在不确定性。科技发展日新月异，而法律规则体系自我革新相对滞后，对新兴科技领域能否依据现行法律规则和制度予以规范仍然不确定，如大数据发展带来的数据权利和个人隐私数据保护问题、虚拟现实空间身份权益认定和保护问题。法律的规则体系需要社会的发展相适应，在现代科技的推动下，法律规则在不断解决自身问题与社会问题中实现更新和迭代。

---

① 魏浦雅，贺善侃. 论现代科技发展对法律的影响 [J]. 东华大学学报（社会科学版），2007，7（4）：351–355.

（二）现代科技重塑法律规则认知

1. 从规范性规则到认知性规则

法律规则是指具有一定逻辑和结构形式，并以规定权利义务和相应法律后果为内容的行为规范。在一定前提条件下，行为模式与法律后果间的因果关系构成传统法律规则体系的主要研究内容。法律规则一般被认为属于规范性的规则，随着现代科技尤其是互联网、人工智能技术的发展，这种认识逐渐被对法律的新认知系统所挑战和改变。一些学者提出"法律即代码"的命题，认为法律系统类似计算机的操作系统的 0 与 1 二值编码，基于合法或非法的二值代码建构，能够像人工智能一样自主运算、学习和决断。这种法律实证主义的观点，强调法律规则摆脱道德与伦理的束缚，完全代码化和算法化，而且随着大数据技术的支撑，可以基于充分的信息优势进行自主预测和学习。法律规则从惩罚性的被动规范，变成认知性的主动预测，对法律规则系统将是一种颠覆性解构。科技话语权和影响力升温，技术规则嵌入、技术方法应用、技术标准应用将会成为新时期法律规则创新的重要特征和趋势。

2. 从权威性规范到技术性解构

法律规则是由国家制定或认可的、由国家强制力保证实施的规范，具有权威性，技术性规则的嵌入使法律规则的权威性面临一定程度上的消解，法律规则体系也从相对稳定的结构向开放性的生态系统逐渐转型。一是技术性规则能够替代法律规则的部分功能。随着互联网、大数据、云计算和人工智能等技术的逐渐发展，这些技术不仅作为辅助性手段推动法律的信息化和智能化，而且使技术代码式规则嵌入法律系统中，如智能机器人通过内置禁止某些行动的指令，使其不能做出某些行为，预先防止了违法或犯罪行为。技术规则嵌入决策和行为系统，使一部分法律规则被代码或算法代替，"代码即法律""代码师即立法者"的景象成为未来可能的图景，法律规则体系的稳定结构将受到冲击。二是技术性规则提供更智能开放的解决方案。法律规则的存在明确了社会预期，减少了判断所需的大量信息，从而降低了信息成本，同时也预设了其相对稳定的结构。新科技发展了信息的高效化、规模化、智能化处理能力，使法律制度、规则、案例和数据研究及快速智能化成为新的方案。科技规则切入法律决策使法律规则体系更加开放成为可能趋势。

3. 从普遍性规则到个体化契约

法律规则是在一定范围内具有普遍适用性的规则，但是随着智能技术深度嵌入法律系统，法律代码化加速法律规则的自我创生系统建立，使规则日益个体化。这种规则的个体化可能发生在任何法律部门。例如，即使是商业领域，在参与者签订合同的时候，各方的信息与履行合同的具体要求纳入预设程序中，人工智能直接排除违法违约活动的开展，智能程序强制内化到各方的工作流程中。立法者到执法者的角色被技术力量所取代，技术性预设因果关系甚至影响了法律的因果关系，法律规则的创生也可能演化为多元化、个体化的契约。与此同时，技术性规则超越地区和文化限制，处于相互连接的全球网络结构中，使法律规则愈加全球化，将会进一步推进全方位多元化国际合作。

（三）现代科技重新定义权利义务

1. 新兴的权利内容不断出现

现代科技发展深刻影响社会各个方面，新科技不仅带来新兴权利内容，也在一定程度上赋予传统权利以新的权能。第一，随着以大数据、云计算和互联网技术的发展，信息权利和信息财产权正在成为日益关注的焦点。信息权利既包括个人信息权利，也包括公共空间信息权利、国家信息主权等，其中，个人隐私和信息的"被遗忘权""数据正义"等新权利概念被提出来。而在互联网空间中的新兴财产利益和权利需要进一步规范。第二，随着生物技术、医学技术和生命科学的发展，对于"何为生命""何种意义上构成真正的人格"等伦理问题反思也更加深入，"生命伦理权""人格权"等权利概念被进一步探讨和深化。第三，随着人工智能技术的发展，智能造物的"著作权"等问题更加受到重视，而一些基本的权利如"人身权利""安全权利"正在被赋予新的权能，"数字化人格权利"、网络安全与技术风险限制等问题被纳入重点讨论范围。①

2. 责任归结与认定发生变化

首先，科学发展对责任归结与认定的影响在于科学化的"责任—归罪"因果关系被构建出来。对行为的因果关系认识，无疑违法犯罪的责任归结与认定产生重大影响，在法律实践活动中，由于受到具体的时间、成本、技术手段等各项因素的限制，加上对社会影响与社会关系因素的考量，使得科技因素并不会成为确认因果的唯一关键要素。现代科学技术通过大数据处理、自动化运算、智能化决策等高效手段，使"责任—归罪"因果关系建构的科学化模式建立，这种模式会随科技发展在更大范围内占据主导地位。其次，科学发展特别是生物技术、人工智能技术的发展使责任主体的认定面临难题。一些基因工程改造的生命体、具有自主感知与决策能力的人工智能，在法律意义上，在多大程度上独立责任主体资格和地位尚无法确定。同时，在人工智能侵权的法律责任认定上，"技术中立"原则被放弃，法律规制的重心发生转移。智能产品被侵权人非法使用、智能产品自身缺陷造成损害、智能产品自主学习与智能决策带来后果等情况需采取不同的认定，针对人工智能的生产者、开发者和使用者的责任都应进行更明确的规定。例如，智能交通和无人驾驶技术系统的出现，其责任认定更注重结果因素，规制的重心从驾驶者变为智能系统的开发者、生产者和维护者，智能产品的性能和安全性是监督的重点。

3. 权利义务关系的重新塑造

法律是"定分止争"的重要手段，厘清权利和义务、调节社会关系是其题中应有之义，现代科技的发展使权利和义务的内涵更加丰富、权利和义务的边界更加模糊、权利和义务关系更加复杂。第一，科技发展带来了新的语境、新的空间、新的场景、新的关系和新的形态，权利和义务需要根据环境的变化做出相应的调整，具体权利概念的内涵与外延将会进一步扩展。② 第二，科技发展加入了虚拟空间、机器、人工智能、基因改造等

---

① 李晟. 略论人工智能语境下的法律转型 [J]. 法学评论, 2018 (1): 98 - 108.

② 白利寅. 论科技进步与治理转型中的新兴（新型）权利——以相关研究的述评为视角 [J]. 东方法学, 2017 (4): 153 - 160.

新的变量，使人与人、人与物、物与物的关系发生了变化，社会的权责利需要再平衡，人的主体权利和公共责任需要再确认。第三，法院裁判正是建立在证据和规则的认知之上，现代科技的发展促进正义程序的合理设计和优化，更有利于明确权利义务，保障公平正义。[①]

（四）现代科技重构法律价值体系

1. 平衡发展效率与公平正义

法律制度是历史发展的产物，在特定的时代背景下，法律体系当然也会包含特定的价值取向。当前，创新和发展是时代的主流，促进科技创新和社会发展也是当前法律的重要价值目标。现代科技的影响已经深入融入生产生活的各个方面，技术理性甚至取代社会发展理性成为主导价值观，在社会取得快速发展的同时，也在一定程度上带来了"科技异化"，人自身的价值和全面发展受到忽视。同时，在科技发展的过程中，也带来了社会分化加剧、社会阶层固化、社会问题失序等问题。因此，新时代法律体系的构建更应该注重发展效率与保障公平正义的平衡，防止科技发展的逻辑取代人和社会发展的秩序，使社会发展更加持续、健康、稳定与和谐。

2. 强化公共安全与风险防控

现代科技发展带来了核武器、大数据、人工智能、互联网、物联网、基因工程等颠覆性的创造，全球正在新的技术条件下更加紧密地联系在一起，人类发展获得最大程度的繁荣，同时也使科技发展带来危机扩大，可能造成毁灭性的结果，引发普遍的担忧和讨论。新时代法律和核心价值追求之一就是公共安全，并将通过各项规则和制度安排实现这一目标。法律的主要任务不仅仅是"实践一种最高的善"，更要"防止一种最大的恶"，以保证社会发展和运行的基本秩序。

3. 聚焦信息权利与数据正义

科技发展使信息越来越成为一种重要的社会资源，对信息的掌握越来

---

① 赵丽莉. 技术变化语境下中国科技立法核心理念建构——以马克思技术观视角谈起［J］. 内蒙古科技与经济，2016，8（16）：9–12.

越成为商业利益的来源，而且社会数据化愈加严重，数据隐隐成为权力的另一种表达形式。一些学者提出"数据正义"的概念，指出互联网个人数据被记载、表达、模拟、处理和预测，使数据标签代替了人或物本身，并造成了在消费、求职乃至各个方面的数据歧视。制度化和系统化的数据歧视应引起社会警惕，信息时代数据资源的掌握是不平等，法律需要加强个人隐私和敏感数据保护，进一步确保个人的信息知情权和"被遗忘权"，保证信息安全和数据正义。

4. 注重人类福祉与伦理协调

现代科技发展带来了社会关系的重新反思和建构，同时需要明确促进人类福祉的方向，建立相应的伦理规范，以伦理规范为先导，为法律规则更新与调整提供基础。例如，人工智能发展带来人类伦理与机器伦理的协调问题[①]，目前尚不能确定人工智能究竟需要建立何种伦理，是否能够和需要为其建立人类伦理和法则等问题，因此，应首先确定人工智能发展与人的福祉不相违背的价值项，然后通过与伦理规范相协调，实现法律规则的更新与调整。[②]

二、现代科技应用有效促进法治文明进步

（一）促进科学立法，实现公平民主

1. 提高了立法的高效化

计算机和其他先进科技手段在立法领域的广泛应用，使得立法预测、立法规划、法律草案拟订、法律议案表决、法规清理、法规汇编、法典编纂乃至法律信息反馈中资料搜集、数据统计、材料加工、文字处理等技术操作性工作等得以做出统计并测算出相关数据。人工智能的到来，使收集、存储、处理和分析信息的成本大幅降低，能根据特定情形、特定地域

---

① 余成峰. 法律的"死亡"：人工智能时代的法律功能危机 [J]. 华东政法大学学报，2018（2）：5–20.

② 王绪琴. 科学技术哲学的伦理诉求与现代生机 [J]. 求索，2009（2）：114–116.

和特定对象，更精确地进行机器学习和行为预测，使规则制定更加精确化、自动化。[①]

2. 促进了立法的民主化

互联网等当代信息技术的应用推动了民主政治进步和社会治理的深刻变革，使立法程序、立法过程和立法评估更加民主化。一是推动立法相关制度、程序、结果及时公开，保证公众的知情权。二是建立了相应的民主化机制。建立立法项目向社会征集制度和立法联合论证机制，在立法审查环节，建立网上公开草案征求意见制度、举行立法听证和专家论证会，建立公众参与、民主协商制度。三是开展立法征求意见、调研和立法后评估制度，通过线上线下等各种手段有序拓展公众参与立法的渠道。

3. 推动了立法的科学化

科技发展催生了专业性、技术性立法，明确了专属立法权事项，促使了授权立法体制的形成。强化立法规划、立法咨询、立法论证、立法评估和立法听证等的技术支撑力量，使各项法律规范的内容的制定更加科学合理。促进更广泛有效的沟通和相关部门的对接，推动了立法流程化和系统化，提升立法质量。

（二）提升执法水平，推动效率优化

1. 提高了执法的效率

计算机以及网络技术的普及，使得各执法机关逐步走向办公自动化，同时也为执法机关提供了便捷的执法手段，使行政机关的办事效率得以迅速提高。随着智能技术在各个部门的逐渐应用，更进一步提升了执法的智能化与精细化。例如，智能交通监控和预警装备的使用，能够更加有效地实现复杂条件下高速公路事故的精准研判与风险干预，实现重特大事故的主动监测与防控。

[①] 方新. 加强科技与法治融合，推动社会的公平正义［J］. 中国人大，2017（19）：32-34.

2. 增加了执法透明度

科学技术的应用也增加了执法机关执法的开放性，使执法技术更加公开化、合理化、法治化，增加了执法的透明度，减少了人为因素（自由裁量权）的权重。同时，新技术的使用也更加普及，一般执法机关能够将执法行为、执法环节、执法措施等执法程序进行有效记录和规范运作，信息记录和公开使民众增加监督与咨询的可能路径。

3. 降低了执法的成本

科技的发展使得各执法部门联系更加紧密，信息的共享及获得资料的迅速，使得国家管理体系趋于网络化，管理手段也更加严谨而科学，由此科技也成为国家管理体系正规化、秩序化、科学化的主要推动力。例如，一些城市管理电子地图和大数据信息平台的建立，实现了相关信息的综合集成，降低了执法部门精准执法的与监督部门的管理成本，公众也能通过平台参与监督和志愿服务。

（三）加强司法公正，促进开放共享

1. 促进司法科学化

2017 年国务院印发的《新一代人工智能发展规划》中，提出建设"智慧法庭"的重要战略部署。智慧法庭将"建设集审判、人员、数据应用、司法公开和动态监控于一体数据平台，促进人工智能在证据收集、案例分析、法律文件阅读与分析中的应用，实现法院审判体系和审判能力智能化"。智慧法庭的建设一是实现法院内部数据的互联互通，充分释放数据能量；二是通过智能辅助技术大大提高了办案质量和效率；三是推动互联网条件下涉网案件的诉讼规则、证据规则和审理规则探索，提供新的司法保障。[①] 总之，科学技术的应用提升了司法效率与司法水平。

2. 提升司法透明度

法院智能化、信息化应用水平全方位提升，大大提高了司法透明度，

---

① 高一飞. 加强智慧法院建设，优化司法资源配置 ［J］. 中国审判，2017（4）：56 – 58.

维护了司法公正公开。截至 2016 年年底，全国各级法院公开审判流程信息超过 26 亿项，2018 年 2 月 12 日最高人民法院通过《关于人民法院通过互联网公开审判流程信息的规定》，按照统一标准、通过统一平台公开审判流程信息。随着法院各项信息化、公开化制度建立，群众参与诉讼更方便，更有利于保障诉讼权利和知情权，提高司法公信力。

3. 实现司法效能化

司法体制改革与现代科技应用融合，大数据、人工智能和信息化应用逐步改善司法生态和环境。科学技术在科学证据的收集和采用、司法鉴定、案例和法律文件阅读和分析、电子文书的起草和审校等领域的应用愈加广泛，建立了贯穿办案全流程、覆盖全类型案件的辅助办案系统，提升了司法效能，逐步形成新的秩序与模式。随着科技成果的大量应用，无疑会出现机器人法官、律师和中介，进一步改善司法服务水平。

（四）增强守法意识，加强有效监督

1. 加强法律有效监督

科技进步使得法律监督的手段和方法更加先进，范围更加广泛。例如，道路交通管理中摄像技术的广泛应用，使得违法者的行为更容易被暴露和监控，违法的风险随之增大，进而提升社会民众整体的守法水平。科技进步使得法律监督机关能够更加高效地完成繁重的法律监督任务，增加了其权威性和可靠性。现代传媒技术使大众对执法和司法机关的活动能够产生切实的监督，使得执法和司法活动更加公正、透明。

2. 推动普法教育宣传

现代科学技术推动普法宣传形式创新、普法教育手段优化、普法宣传教育活动广泛深入。现代信息和传播技术的发展，推动线上线下结合的普法目标群体精准识别，实现互动式精准普法宣传与整合传播，加强法治建设舆情的有效引导。同时，在线综合普法教育平台与普法实践工作的结合，进一步提升法治精神和法治文化，以及普法服务水平和实效。

3. 增强公民守法意识

互联网和新媒体技术增强了公众的政治参与意识与参与途经，保障公民的平等信息权利，培育公民的法治观念和权利意识。一些智能化技术的运用能够实现违法违规行为的精准预防和控制，促进公民意识的觉醒和自觉的守法行为。政府部门借助现代技术提升法制教育和法治实践宣传，引导和指导公民积极参与法治文明建设，增强公民守法意识。

三、科技是把"双刃剑"，需要法律规制

（一）科技发展带来新风险与挑战

1. 科技发展要防范系统风险

第一，系统性脆弱。现代科技建立了复杂庞大的信息系统、智能系统、生态系统、互联互通网络，各个系统具有开放性和广泛连接性，这些系统极易受到安全攻击和发生技术性崩塌，具有自身的脆弱性。而且，当科技发展与充满风险与不确定的金融市场、整个社会运行系统与管理系统相结合，本身可能带来全方位的系统性风险。

第二，技术性偏差。现代科技的发展使人类的各项信息随时被主动推荐、被动监视和间接收集，并通过大数据等手段整合，进行智能化决策与自动化处理。但是，这种处理带有数据性和程序性偏好，不一定都能够做出与人类价值目标相一致的判断与决策，而人类自身也面临行为和偏好的边缘化风险。

第三，连锁式反应。现代科技的力量将世界连接成为更加紧密的整体，系统与系统之间，系统内部之间的联系环环相扣，规模化、自动化、智能化技术逐渐被广泛应用，很可能一个小的技术问题和小概率事件，引发整个系统的连锁反应并导致整个大系统的崩溃。

第四，灾难性后果。目前为止，如核能技术、生物技术、信息技术、人工智能等新技术不断出现，科技力量在以自己的逻辑和方式进行演化，带来巨大经济效益的同时，也带来发展不确定性和风险，很可能产生毁灭性后果。

2. 科技发展要迎接全新挑战

第一，信息安全挑战。网络社会具有开放性、全球性、交互性、虚拟性等特征，一方面拓展了人们的政治、经济、文化等人权行使的空间，另一方面其具有的信息海量、把关人缺失、传播迅速的特性又为违法不良信息的传播开启了方便之门，容易给国家安全、公共秩序和个人权利造成威胁。

第二，网络生态保护。随着社会的发展，网络空间几乎成为人类新的生存空间和存在形态，网络安全、网络犯罪、网络权利、信息财产保护等问题很可能对网络环境和网络文化的塑造带来不良影响，进而对人类自身健康发展带来阻碍，需要加强网络空间的治理和网络生态保护。

第三，数据垄断问题。当前，一些网络运营商和组织对网络空间和特定数据具有垄断性优势，通过这种信息垄断可以任意筛选信息推动、生产恶意虚假信息、侵犯公众信息权利，谋取巨大的经济利益等，不仅个人的信息权利和自由被剥夺，而且对整个社会认知和行为产生深刻影响。

3. 科技发展要关注衍生问题

第一，新技术伦理。生物技术、大数据、物联网、人工智能等新技术发展使新技术伦理问题引发广泛的关注，需要重新确定人格权利，建立全新的价值文化和伦理规范。

第二，不平等加剧。一是经济不平等。科技发展带来生产能力的提升，机器代替人工劳动减少就业，使社会财富向少数人集中，引起资本不平等。二是数据不平等加强。一些机构和组织利用数据垄断优势，建立智能化数据化指标衡量体系，侵犯公众的信息权利，构建数据歧视和数据偏见，可能会导致系统性不公正风险加大。三是人工智能发展导致的不平等隐忧。人工智能开发者自身存在某种特定的种族或疾病歧视，而开发出可能存在歧视的算法和系统。四是法律规则调节具有滞后性，规则的缺失和不平等引发不合理投机，需加强制度化建设和科学化管理。①

---

① 吴汉东. 人工智能时代的制度安排与法律规制［J］. 法律科学（西北政法大学学报），2017，35（5）：128－136.

第三，人工智能犯罪。技术人员可以在任何时间、地点制造人工智能产品并投放到社会，人工智能犯罪更为隐蔽、容易和不易察觉，并引发巨大的社会危害，对人工智能的规制需要符合其自身特点与伦理，不仅要对人工智能进行规制，也要对人的智能进行某种程度的限制。

（二）科技发展迫切需要法律规制

1. 完善顶层设计与制度建设

科技发展是"双刃剑"，需要法律的规制，使其更有利于人与社会的持续发展。首先要加强顶层设计，制定科技与法治融合发展的战略规划，加强新科技领域发展的研究，明确战略目标与路径，凝聚共识完善相关法律法规。加强新科技领域制度化建设，完善预防机制、运行管理机制、风险评估机制、听证制度、问责机制、反馈机制、监督机制等，实现从事前事中事后的全方位治理，通过法律规范新技术生产者、消费者、开发者和使用者的相关行为。

2. 强化源头治理和立法规划

强化新科技发展专门性立法与规划，提前进行问题研判和风险预警，尽快将科学家纳入立法程序中，使其参与到立法年度规划和计划中来，加强科研机构与立法机关的沟通和联系，让立法者了解科技发展的水平和阶段，以及一些亟须的问题。建立科学立法委员会与听证制度，使法律人、程序员和相关专家等各方力量能够共同参与立法程序。加强新科技产品生产和技术规则者的规制，从源头上进行防范和治理。

3. 建立新科技伦理组织和规范

建立生物技术、人工智能等新科技领域伦理委员会或组织，加强相关领域伦理规范的探讨和研究，并推动一些伦理规则的制定和落实。[①] 强化科学家责任意识培养，制定合理有效的科学家行为规范和伦理规范，继续深化社会价值体系重塑和新文化氛围建设。

---

① 郑戈. 人工智能与法律的未来 [J]. 探索与争鸣, 2017 (10)：80 - 86.

4. 加强信息保护和网络空间治理

明确个人的信息权利和信息财产权利，保护个人隐私与信息安全，关注国家信息主权和信息安全。加强网络空间治理，推动数据垄断领域法律探索，保障公平正义。共同推进互联网生态和文化建设。推动网络空间治理与法律规制的国际协调与合作，促进信息交流与沟通，共同应对新技术发展问题。

5. 健全风险评估和反馈机制

健全相关风险评估制度，在技术转化环节引入风险评估，将技术风险评估纳入到立法环节和工作日程中，重点加强系统性技术风险评估和生态环境评估。健全评估反馈机制，不断改善新科技领域认知和相关制度和政策，减少科技创新发展障碍，也更加强法律规制与风险防控，推动法治信息公开，强化社会多元化监督机制，建立相应的问责制度。

（三）促进科技与法治的融合与发展

现代科技带来的问题是系统性和复合型的问题，在很大程度上具有"高、精、尖、细"等特点，科技发展未来也具有未知性和不确定性，其带来的公共安全与风险更是具有极大危险性和破坏力的，因此需要通过法律规制的手段使科技发展更有益于人类福祉，更有利于促进人的全面发展。同时，科技文明与法治文明也并非截然对立的极端，而是相辅相成的统一整体，两者不仅能够共存共生，而且能够相互促进，融合发展。科技与法治融合发展的关键在于，回归人类自身与人类社会的发展进程中，注重人与自然、社会乃至所有生态系统的和谐，兼顾公平正义与效率，处理好科技创新与法治文明建设的平衡。促进科技与法治融合发展，需要综合人类社会多领域的知识与技能，夯实政治、经济和社会道德基础，推动人类命运共同体构建，强化全球治理与建设广泛共识，持续提升人类认知水平和相关能力建设，建立相应的制度与文化生态系统。

第四章

科学技术在全面依法治国中的作用

党的十八届四中全会审议通过了《中共中央关于全面推进依法治国若干重大问题的决定》，提出了全面推进依法治国的总目标是建设中国特色社会主义法治体系，建设社会主义法治国家。从人治向法治的转变不仅仅是观念层面、文化层面的转变，更重要的是国家治理方式的转变和国家治理体系的重塑。科学技术的高速发展对依法治国提供了强有力的支持。我国推进全面依法治国，应当重视利用科学技术，发挥科学技术的作用。

一、全面依法治国对科技的需求

（一）全面依法治国的历史发展

依法治国方略的形成与发展经历了反复而漫长的探索。梳理依法治国方略的形成和发展过程，有助于理解各阶段的背景和任务、发展和突破、难题和困境，有助于科学技术在依法治国中作用的探讨。

中华人民共和国成立后，就开始了建设社会主义法治国家的历程。从1949年筹备建立中华人民共和国，到20世纪50年代中期，是中国社会主义法治的初创时期。《中国人民政治协商会议共同纲领》和1954年《中华人民共和国宪法》及其他一系列法律、法令，初步奠定了中国法治建设的基础。

党的十一届三中全会明确提出了发展社会主义民主、加强社会主义法制的任务。全会特别强调："为了保障人民民主，必须加强社会主义法制，使民主制度化、法律化，使这种制度和法律具有稳定性、连续性和极大的权威，做到有法可依，有法必依，执法必严，违法必究。"① 党的十一届三中全会以后，现行宪法及一大批基本法律陆续出台。1979 年，五届全国人大二次会议通过了修改宪法若干规定的决议，同时制定了全国人民代表大会和地方各级人民代表大会选举法、地方各级人民代表大会和地方各级人民政府组织法、人民法院组织法、人民检察院组织法、刑法、刑事诉讼法、中外合资经营企业法等 7 部法律。1982 年，五届全国人大五次会议通过了现行宪法。

1997 年 9 月，党的十五大明确提出"依法治国"，并将其确立为"党领导人民治理国家的基本方略"，同时将"依法治国，建设社会主义法治国家"确定为社会主义现代化的重要目标，并提出了"到 2010 年形成有中国特色社会主义法律体系"。1999 年 3 月，九届全国人大二次会议将"中华人民共和国实行依法治国，建设社会主义法治国家"载入宪法。

2002 年 11 月，党的十六大将"社会主义法制更加完备，依法治国基本方略得到全面落实，人民的政治、经济和文化权益得到切实尊重和保障"等纳入全面建设小康社会的目标。2007 年 10 月，党的十七大提出："全面落实依法治国基本方略，加快建设社会主义法治国家"。2011 年 3月 10 日，吴邦国宣布："党的十五大提出到 2010 年形成中国特色社会主义法律体系的立法工作目标如期完成。"

2012 年 11 月，党的十八大进一步确认"法治是治国理政的基本方式"，强调要"全面推进依法治国""完善中国特色社会主义法律体系""要更加注重发挥法治在国家治理和社会管理中的重要作用，维护国家法制统一、尊严、权威，保证人民依法享有广泛权利和自由"。同时将"依法治国基本方略全面落实，法治政府基本建成，司法公信力不断提高，人权得到切实尊重和保障"作为"新的要求"纳入"全面建成小康社会"的目标。党的十八大报告确立了新时期法治中国建设的基本要求。报告要求继续完善中国特色社会主义法律体系，加强重点领域立法，拓展人民有序参与立法途径。推进依法行政，做到严格规范公正文明执法。进一步深化司法体制改革，确保审判机关、检察机关依法公正独立行使审判权、检

---

① 中共中央文献研究室. 三中全会以来重要文献选编：上 [M]. 北京：人民出版社，1982：11.

察权。深入开展法治宣传教育，提高领导干部运用法治思维和法治方式深化改革、推动发展、化解矛盾、维护稳定的能力。党领导人民制定宪法和法律，党必须在宪法和法律范围内活动。任何组织或者个人都不得有超越宪法和法律的特权，绝不允许以言代法、以权压法、徇私枉法。2013 年，党的十八届三中全会通过了《中共中央关于全面深化改革若干重大问题的决定》，将推进法治中国建设列为全面深化改革的重要内容，提出建设法治中国，必须坚持依法治国、依法执政、依法行政共同推进，坚持法治国家、法治政府、法治社会一体建设。深化司法体制改革，加快建设公正高效权威的社会主义司法制度，维护人民权益，让人民群众在每一个司法案件中都感受到公平正义。

为贯彻落实党的十八大提出的"全面推进依法治国"战略部署，加快建设社会主义法治国家，党的十八届四中全会审议并通过了《中共中央关于全面推进依法治国若干重大问题的决定》，指出全面推进依法治国的总目标是建设中国特色社会主义法治体系，建设社会主义法治国家，即在党的领导下，坚持中国特色社会主义制度，贯彻中国特色社会主义法治理论，形成完备的法律规范体系、高效的法治实施体系、严密的法治监督体系、有力的法治保障体系，形成完善的党内法规体系，坚持依法治国、依法执政、依法行政共同推进，坚持法治国家、法治政府、法治社会一体建设，实现科学立法、严格执法、公正司法、全民守法，促进国家治理体系和治理能力现代化。

2017 年，在党的十九大报告中，习近平总书记在全面总结民主法治建设迈出的重大步伐和依法治国取得的历史性成就的基础上，深刻阐述了新时代中国特色社会主义思想的法治内涵，重申了全面依法治国是党领导人民治理国家的基本方式，明确把坚持全面依法治国作为新时代坚持和发展中国特色社会主义的基本方略之一，健全并完善了全面依法治国的工作布局，开启了全面依法治国的新征程，明确到 2035 年基本建成法治国家、法治政府、法治社会，掀开了中国特色社会主义法治强国梦的新篇章。

2018 年 3 月 11 日，十三届全国人大一次会议审议通过的《中华人民共和国宪法修正案》明确把全国人大法律委员会更名为"宪法和法律委员会"。2018 年 6 月 22 日，十三届全国人大常委会三次会议又通过了《关于全国人大宪法和法律委员会职责问题的决定》，规定了全国人大宪法和法律委员会具有保证宪法实施、加强宪法监督、进行宪法解释、推动合宪性审查和加强宪法教育等方面的职责。上述各项举措真正把党的十八届四中全会《中共中央关于全面推进依法治国若干重大问题的决定》所提出的"坚持依法治国首先要坚持依宪治国，坚持依法执政首先要坚持依宪执政"的要求落到了实处。2018 年 3 月 11 日十三届全国人大一次会议通过的《中华人民共和国宪法修正案》在宪法中增设了国家工作人员宪法宣誓制度。

可以看出，从党的十一届三中全会以来，我国法治建设不断完善，从最初通过宪法和法律关注公民基本权利，努力实现社会正义，到不断适应改革开放和社会主义现代化建设的要求，从制度上整体推进法治建设，对立法、执法、司法、守法、法治宣传教育等都提出了明确的行动纲领，对政府和社会公众的法律意识和法治素养提出了更高的制度期待，对与中国特色社会主义现代化两步走目标相适应的全面推进依法治国总目标进行了科学和富有成效的规划和设计。

（二）全面依法治国的基本内涵

1. 全面依法治国的总目标

全面推进依法治国，总目标是建设中国特色社会主义法治体系，建设社会主义法治国家。这就是，在中国共产党领导下，坚持中国特色社会主义制度，贯彻中国特色社会主义法治理论，形成完备的法律规范体系、高效的法治实施体系、严密的法治监督体系、有力的法治保障体系，形成完善的党内法规体系，坚持依法治国、依法执政、依法行政共同推进，坚持法治国家、法治政府、法治社会一体建设，实现科学立法、严格执法、公正司法、全民守法，促进国家治理体系和治理能力现代化。

2. 全面依法治国的主要内容

第一，立法，完善以宪法为核心的中国特色社会主义法律体系，加强宪法实施。建设中国特色社会主义法治体系，必须坚持立法先行，发挥立法的引领和推动作用，抓住提高立法质量这个关键。要恪守以民为本、立法为民理念，贯彻社会主义核心价值观，使每一项立法都符合宪法精神、反映人民意志、得到人民拥护。要把公正、公平、公开原则贯穿立法全过程，完善立法体制机制，坚持立改废释并举，增强法律法规的及时性、系统性、针对性、有效性。

第二，行政，深入推进依法行政，加快建设法治政府。各级政府必须坚持在党的领导下、在法治轨道上开展工作，创新执法体制，完善执法程序，推进综合执法，严格执法责任，建立权责统一、权威高效的依法行政体制，加快建设职能科学、权责法定、执法严明、公开公正、廉洁高效、守法诚信的法治政府。

第三，司法，保证公正司法，提高司法公信力。司法公正对社会公正具有重要引领作用，司法不公对社会公正具有致命破坏作用。完善司法管理体制和司法权力运行机制，规范司法行为，加强对司法活动的监督，努力让人民群众在每一个司法案件中感受到公平正义。

第四，守法，增强全民法治观念，推进法治社会建设。弘扬社会主义法治精神，建设社会主义法治文化，增强全社会厉行法治的积极性和主动性，形成守法光荣、违法可耻的社会氛围，使全体人民都成为社会主义法治的忠实崇尚者、自觉遵守者、坚定捍卫者。

第五，队伍建设，加强法治工作队伍建设。大力提高法治工作队伍思想政治素质、业务工作能力、职业道德水准，着力建设一支忠于党、忠于国家、忠于人民、忠于法律的社会主义法治工作队伍，为加快建设社会主义法治国家提供强有力的组织和人才保障。

第六，党的领导，加强和改进党对全面推进依法治国的领导。加强和改进党对法治工作的领导，把党的领导贯彻到全面推进依法治国全过程。

（三）全面依法治国对科技的需求

《中共中央关于全面推进依法治国若干重大问题的决定》中，虽然没有明确指出全面依法治国对科技的需求，但从决定的内容中可以看出，全面依法治国离不开科技。全面依法治国的任务对科技提出了很高的要求。

全面依法治国目标的提出，离不开科技的作用。在全面依法治国的总目标中，有"完备的法律规范体系、高效的法治实施体系、严密的法治监督体系、有力的法治保障体系，形成完善的党内法规体系"。这些体系的构建，离不开科技的支撑。

全面依法治国的实施过程，必须依靠科技的力量。立法、执法、司法和守法，是全面依法治国的四个主要环节。在这些环节中，"科学立法、严格执法、公正司法、全民守法"都必须利用科技的手段，依靠科技的力量。

全面依法治国的实现，离不开科技的贡献。全面依法治国是治国方略的一部分。全面依法治国的战略，应当与国家其他战略步骤结合在一起，共同促进国家治理体系和治理能力现代化。要实现这一目标，科技的力量是重中之重。只有发挥好科技的作用，才能实现全面依法治国的目标，也才能通过依法治国促进国家治理体系和治理能力的建设，推动社会的发展。

二、科技发展对全面依法治国的支撑

（一）新科技革命的发展

从科技史的角度看，16 世纪以来，总共发生了五次科技革命，其中包括科学革命两次和技术革命三次。16 世纪至 17 世纪，第一次科学革命发生，诞生了近代物理学；18 世纪中后期第一次技术革命发生，蒸汽机第一发明，爆发了机械革命，进而引发了第一次产业革命；19 世纪中后期，第二次技术革命发生了，爆发了电气和运输革命，第二次产业革命发生了；20 世纪上半叶第二次科学革命发生了，相对论和量子论等诞生了；21 世纪中后期第三次技术革命发生了，电子技术和信息技术诞生了，第三次产业革命爆发了。[①]

20 世纪以来在全世界范围蓬勃兴起的信息技术、生物技术、新材料技术、新能源技术、激光技术、新制造技术、空间技术等高技术群落的出现，被称为新科技革命。[②] 新科技革命以物理学革命的最新成果为基础，继之以信息论、基因论等科学理论的革命性进展，紧随着电子计算机的问世和原子能的利用，一大批高技术和高技术产业群兴起。[③] 新科技革命是

---

① 何传启. 第六次科技革命的战略机遇 [M]. 2 版. 北京：科学出版社，2012：10 - 11.
② 钱时惕. 科技革命的历史、现状与未来 [M]. 广州：广东教育出版社，2007：107.
③ 黄顺基. 新科技革命与中国现代化 [M]. 广州：广东教育出版社，2007：206.

指开始于 20 世纪中叶并延续至今的以信息技术为核心的高技术群落和即将发生的以生命科学为核心的高技术群落的总称，即第五次科技革命和第六次科技革命的总和。新科技革命具有以下特征：一是新科技革命基于第二次科学革命而爆发，本质上属于技术革命，基于对科技革命历史认识的不同，有的认为是第三次技术革命，有的认为是第四技术革命，但大多数人认为属于第三次技术革命，一般来说是第五次科技革命；二是从发生的时间来看，有的认为发生于 20 世纪 50 年代，有的认为发生于 20 世纪 70 年代，有的认为发生于 20 世纪中叶，但都认为进入 21 世纪新科技革命仍然方兴未艾；三是从内容上来看，主要是以信息技术为核心的一批高技术群落。

习近平总书记指出，"当今世界，新科技革命和全球产业变革正在孕育兴起，新技术突破加速带动产业变革，对世界经济结构和竞争格局产生了重大影响。我很注意这方面的情况。综合起来看，现在世界科技发展有这样几个趋势：一是移动互联网、智能终端、大数据、云计算、高端芯片等新一代信息技术发展将带动众多产业变革和创新，二是围绕新能源、气候变化、空间、海洋开发的技术创新更加密集，三是绿色经济、低碳技术等新兴产业蓬勃兴起，四是生命科学、生物技术带动形成庞大的健康、现代农业、生物能源、生物制造、环保等产业。"[①]

（二）新科技革命的主要领域——信息技术和生物技术

新科技革命从本质上来看属于技术革命。人类历史上已经发生了三次技术革命。第一次技术革命和第二次技术革命均有某一项或某几项标志性的技术发明。例如，第一次技术革命的标志就是蒸汽机和机械技术革命，第二次技术革命的标志就是电力技术革命以及内燃机技术革命。但第三次技术革命和第四次技术革命，以及第五次科技革命和第六次科技革命中，每一种新技术的出现总是伴随着大量相关技术的产生，新技术总是以群落的方式出现。新科技革命主要包括信息技术、新生物技术、新材料技术、新能源技术、空间技术、海洋技术、新生命科学技术等 7 个方面，其中信

[①]　中共中央文献研究室. 习近平关于科技创新论述摘编［M］. 北京：中央文献出版社，2016.

息技术和生物技术是新科技革命中的最主要两个技术领域。

1. 信息技术的发展和应用

信息技术（information technology，IT），是主要用于管理和处理信息所采用的各种技术的总称。它主要是应用计算机科学和通信技术来设计、开发、安装和实施信息系统及应用软件。它也常被称为信息和通信技术，主要包括传感技术、计算机技术和通信技术。

信息技术可分为信息获取技术、信息传递技术、信息存储技术、信息加工技术及信息标准化技术。信息获取技术包括信息的搜索、感知、接收、过滤等，如显微镜、望远镜、气象卫星、温度计、钟表、Internet 搜索器中的技术等。信息传递技术指跨越空间共享信息的技术，又可分为不同类型，如单向传递与双向传递技术，单通道传递、多通道传递与广播传递技术。信息存储技术指跨越时间保存信息的技术，如印刷术、照相术、录音术、录像术、缩微术、磁盘术、光盘术等。信息加工技术是对信息进行描述、分类、排序、转换、浓缩、扩充、创新等的技术。信息加工技术的发展已有两次突破：从人脑信息加工到使用机械设备（如算盘，标尺等）进行信息加工，再发展为使用电子计算机与网络进行信息加工。信息标准化技术是指使信息的获取、传递、存储，加工各环节有机衔接，与提高信息交换共享能力的技术，如信息管理标准、字符编码标准、语言文字的规范化等。

40 多年中，在微电子技术和数字技术的双轮推动下，电子信息设备一方面通过极其迅速的更新换代，使性能高速提高，体积能耗不断减小，另一方面以惊人的速度降低价格，为信息技术的广泛应用创造了良好的技术条件和经济可能性。随着 20 世纪八九十年代互联网在全世界的迅猛兴起，对经济活动和人类生活方式产生了深刻的影响。

信息技术推广应用的显著成效，促使世界各国致力于信息化，而信息化的巨大需求又驱使信息技术高速发展。当前信息技术发展的总趋势是以互联网技术的发展和应用为中心，从典型的技术驱动发展模式向技术驱动与应用驱动相结合的模式转变。互联网、云计算、大数据、人工智能是信息技术发展和应用的典型。

信息技术的快速发展助推互联网改变了人们的日常生活。互联网技术的使用范围正在逐渐扩大，社会各界对互联网技术的依赖性也在增大，人们通过互联网科学技术可以随时随地进行信息查阅，随着互联网技术的发展，新媒体技术的应用性和融合性变得越来越强大，互联网终端的服务功能也呈现出多样化。网络新媒体已经走进了普通大众的日常生活，多种信息形式使互联网技术支持下的新媒体更具有个性化特征，互联网技术为广大用户提供的服务更具有针对性，网络新媒体的多样化特征已经成为互联网新媒体发展的趋势和走向。① 互联网的应用开发也是一个持续的热点。一方面，电视机、手机、个人数字助理（PDA）等家用电器和个人信息设备都向网络终端设备的方向发展，形成了网络终端设备的多样性和个性化，打破了计算机上网一统天下的局面。另一方面，电子商务、电子政务、远程教育、电子媒体、网上娱乐技术日趋成熟，不断降低对使用者的专业知识要求和经济投入要求。互联网数据中心（IDC）、网门服务等技术的提出和服务体系的形成，构成了对使用互联网日益完善的社会化服务体系，使信息技术日益广泛地进入社会生产、生活各个领域，从而促进了网络经济的形成。

云计算（cloud computing）是由分布式计算（distributed computing）、并行处理（parallel computing）和网格计算（grid computing）发展而来的一种新型计算模型。云计算的基本原理是，通过将原本部署在本地计算机或远程服务器中的计算资源分布到大量的分布式计算机上，使企业数据中心的运行更与互联网相似。这种方式使企业得以将资源切换到需要的应用上，根据需求访问计算资源和存储系统。②

大数据是指无法在一定时间内用常规软件工具对其内容进行抓取、管理和处理的数据集合。大数据技术是指从各种各样类型的数据中，快速获得有价值信息的能力。适用于大数据的技术，包括大规模并行处理（MPP）数据库、数据挖掘电网、分布式文件系统、分布式数据库、云计算平台、互联网和可扩展的存储系统。大数据是以容量大、类型多、存取速度快、应用价值高为主要特征的数据集合正快速发展为对数量巨大、来源分散、格式多样的数据进行采集、存储和关联分析，从中发现新知识、

---

　　① 张艳丽. 计算机网络技术发展对互联网新媒体的影响［J］. 黑龙江科学，2018（9）：158 – 159.

　　② 刘黎明，王昭顺. 云计算时代本质、技术、创新、战略［M］. 北京：电子工业出版社，2015：14 – 60.

创造新价值、提升新能力的新一代信息技术和服务业态。信息技术与经济社会的交汇融合引发了数据迅猛增长，数据已成为国家基础性战略资源，大数据正日益对全球生产、流通、分配、消费活动以及经济运行机制、社会生活方式和国家治理能力产生重要影响。①

人工智能发展进入新阶段。经过 60 多年的演进，特别是在移动互联网、大数据、超级计算、传感网、脑科学等新理论新技术以及经济社会发展强烈需求的共同驱动下，人工智能加速发展，呈现出深度学习、跨界融合、人机协同、群智开放、自主操控等新特征。大数据驱动知识学习、跨媒体协同处理、人机协同增强智能、群体集成智能、自主智能系统成为人工智能的发展重点，受脑科学研究成果启发的类脑智能蓄势待发，芯片化、硬件化、平台化趋势更加明显，人工智能发展进入新阶段。当前，新一代人工智能相关学科发展、理论建模、技术创新、软硬件升级等整体推进，正在引发链式突破，推动经济社会各领域从数字化、网络化向智能化加速跃升。②

2. 生物技术的发展和应用

生物技术是 21 世纪最重要的创新技术集群之一，现代生物技术迅猛发展，体现了全球科技创新发展态势的典型特征，其对人类生产生活影响日趋深入，并已成为推动经济社会发展的核心驱动力。③

《国家中长期科学和技术发展规划纲要（2006—2020 年）》指出："生物技术和生命科学将成为 21 世纪引发新科技革命的重要推动力量，基因组学和蛋白质组学研究正在引领生物技术向系统化研究方向发展。基因组序列测定与基因结构分析已转向功能基因组研究以及功能基因的发现和应用；药物及动植物品种的分子定向设计与构建已成为种质和药物研究的重要方向；生物芯片、干细胞和组织工程等前沿技术研究与应用，孕育着诊断、治疗及再生医学的重大突破。必须在功能基因组、蛋白质组、干细胞

---

① 国务院. 国务院关于印发促进大数据发展行动纲要的通知［EB/OL］. （2015 - 08 - 31）. http：www. gov. cn/zhengce/content/2015 - 09/05/content. 10137. htm.

② 国务院. 国务院关于印发新一代人工智能发展规划的通知［EB/OL］. （2017 - 07 - 08）. http：//www. gov. cn/zhengce/content/2017 - 17/20/content，5211996，htm.

③ 孙燕荣，王莹. 把握生物技术发展的战略机遇［N］. 学习时报，2018 - 10 - 24 （006）.

与治疗性克隆、组织工程、生物催化与转化技术等方面取得关键性突破。"①

新世纪，生命科学研究、生物技术发展不断取得重大突破，为解决人类社会发展面临的健康、食物、能源、生态、环境等重大问题提供了强有力的手段，开辟了崭新的路径。进入21世纪，人类基因组测序的完成标志着生命科学研究取得重大突破，体细胞克隆、干细胞、基因治疗、生物芯片、转基因动植物等新的技术和产品不断涌现，新兴生物产业群蓬勃发展。②

20世纪中叶，DNA的发现引发了生物技术的第一次革命。20世纪70年代出现三大技术突破：基因重组、基因测序和基因化学合成，使得人类具有了创造新基因和新生物的能力。而生物技术与其他学科的融合，使生物技术表现出"引领性、突破性、颠覆性"的特点。以生物设计为核心的合成生物学，将实现生命的创建与再造；以基因编辑为代表的基因操作技术，将创造一种新的"调控生命"的模式；脑科学的发展将引领人类认识自然与自身，推动人类社会进步。基因检测、靶向治疗等技术引领经验医学向精准医学转变，形成了全新的医学诊疗模式和药物研发策略。以干细胞和组织工程为核心的再生医学，将原有疾病治疗模式突破到"制造与再生"的高度，带来了健康以及医学治疗理念的革新。嵌合抗原受体T细胞免疫疗法（CAR－T）等免疫治疗技术突破了传统的手术及放化疗等肿瘤治疗手段，实现了肿瘤治疗从延长生存时间到治愈的突破。基因育种等技术引领传统农业向现代农业转变。③

（三）信息技术和生物技术在法治建设中的应用

信息和生物领域的新技术，在法治建设中得到迅速应用，有利地推动了全面依法治国工作的开展。例如，视频监控技术、大数据、DNA检测、人工智能技术等，在执法和司法工作中发挥了重要作用。

---

① 国务院. 国家中长期科学和技术发展规划纲要（2006—2020年）[EB/OL].（2016－02－07）. http：//www.gov.cn/gongbao/content－240246.htm.

② 国务院办公厅. 国务院办公厅关于转发发展改革委生物产业发展"十一五"规划的通知[EB/OL].（2007－04－08）. http：//www.gov.cn/xxgk/pub/govpublic/mrlm/200803/t20080328－32557.htm.

③ 孙燕荣，王莹. 把握生物技术发展的战略机遇[N]. 学习时报，2018－10－24（006）.

　　视频监控图像侦查是一种将视频监控技术应用于侦查破案活动的工作方法，是一种将网络技术、计算机技术综合应用于案件侦破的方法。经过十余年的发展，我国的视频侦查技术从无到有、逐渐走向成熟，尤其是近些年来，在公安部的主导下，各地广泛地开展了城市视频监控系统建设"天网工程"，视频监控系统也得到了迅猛发展，视频应用取得了不菲的成绩，使得视频侦察技术成为继刑事技术、行动技术、网侦技术之后侦查破案的第四大技术。已成为维护稳定、打击犯罪、治安防范、应急处突和城市管理的重要手段，对提升驾驭社会治安能力和创新社会管理水平具有重要意义。①

　　大数据技术在各领域、各行业的融合发展给司法审判和政府监管模式都带来了重大改变。大数据时代的到来，意味着拥有并善于利用大数据技术，相当于掌握了改进工作模式的利器。大数据技术对于提高行政执法决定的科学性、行政执法工作的预判能力、处罚效率效果及处罚行为的正确度皆大有裨益，而科学化、高效化、精确化皆为行政执法精细化的内在要求。大数据计算、互联网链接等新技术的应用，给行政执法的变革与创新带来了机遇。借由大数据资源与技术可以将互联网、云计算以及智能终端技术与行政执法工作智能融合起来，实时收集行政执法所需的信息，并借助智能终端技术促成行政执法过程的精准化、数据化和科学化。例如，通过对海量执法信息的整合与各类执法、监管数据的共享，可有效降低执法成本，合理分配执法之人力资源；通过对执法信息的全面掌握及精准分析，可科学组织、指挥、协调各部门的执法活动，促进行政执法之部门协同；通过利用互联网技术，建立数据分享平台，可调动公众广泛参与行政执法活动的积极性，并借由数据分析结果对行政执法活动做出客观评价，增加公众对行政执法工作的认同度，实现行政执法监督与评价的精细化。②

　　法医 DNA 分析，应用现代 DNA 技术分析 DNA 遗传标记在群体中的分布与传递规律，确定分析样本的一致性与遗传关系，为侦查破案和司法审判提供证据。在重大刑事类杀人案件侦办过程中，DNA 检测和鉴定技术发挥了重要作用。在一些强奸类刑事犯罪案件的侦办过程中，在大多数案

---

　　① 王忆. 视频侦察工作存在的问题分析 [J]. 信息记录材料，2018（19）：112 - 113.
　　② 贺译葶. 大数据时代行政执法精细化的逻辑、面向与进路 [J]. 天水行政学院学报，2019（1）：35 - 41.

件中都会遗留下犯罪者的某些生物学证据和物证，法医可以通过对女性阴道内遗留的犯罪者精子开展 DNA 鉴定，以明确犯罪者的身份。在一些离婚案件审理中，通过 DNA 检测和鉴定得出的结果，也能够成为抚养抚育权利以及相关费用的归属者和承担者的重要依据。①

　　人工智能技术的出现，在司法领域迅速得到应用，司法人工智能建设都被提上日程。"智慧法院"建设成为国家信息化发展战略的重要组成部分："建设智慧法院，提高案件受理、审判、执行、监督等各环节信息化水平，推动执法司法信息公开，促进司法公平正义。"② 国务院《"十三五"国家信息化规划》中明确表示：支持"智慧法院"建设。国务院《新一代人工智能发展规划》中，细化了智慧法庭建设的具体内容。最高人民法院院长周强在 2017 年 5 月 11 日全国法院第四次信息化工作会议上指出："没有信息化就没有人民法院工作的现代化，通过信息化实现审判体系和审判能力现代化，建设智慧法院，是顺应新一轮科技革命浪潮的必然选择，是提升司法公信力的重大举措，是提升人民群众获得感的有效手段，是深化人民法院司法改革的重要支撑。"③ 2017 年，最高人民法院发布了《关于加快建设智慧法院的意见》。智慧法院的建设，离不开信息化技术，特别是网络和人工智能技术。该意见指出：基于法院专网、移动专网、外部专网、互联网和涉密内网，构建专有云、开放云和涉密云，提升各类基础设施配置水平，通过安全隔离交换技术实现网间信息共享。利用物联网技术，进一步提升诉讼服务大厅、执行指挥中心、科技法庭、远程提讯、远程接访、数字审委会、数字化会议室、信息管理中心等执法办案场所的信息化水平。建立先进的电子卷宗随案同步生成技术保障和运行管理机制，为案件信息智能化应用提供必要前提；不断提高法律文书自动生成、智能纠错及法言法语智能推送能力，庭审语音同步转录、辅助信息智能生成及实时推送能力，基于电子卷宗的文字识别、语义分析和案情理解能力，为辅助法官办案、提高审判质效提供有力支持；深挖法律知识资源

---

　　① 吴育庆，陈厚杰. DNA 技术在法医学鉴定方面的应用［J］. 科学技术创新，2018（6）：61 - 62.

　　② 中办国办印发国家信息化发展战略纲要［N］. 人民日报，2016 - 07 - 28（1）.

　　③ 罗书臻. 周强在全国法院第四次信息化工作会议上强调：加快智慧法院建设　推进审判体系和审判能力现代化［N］. 人民法院报，2017 - 05 - 12（1）.

潜力，提高海量案件案情理解深度学习能力。基于案件事实、争议焦点、法律适用类脑智能推理，满足办案人员对法律、案例、专业知识的精准化需求，促进法官类案同判和量刑规范化。[①]

三、在全面依法治国中发挥科技的作用

全面依法治国离不开科技，而科技为全面依法治国提供了支撑。在推进全面依法治国的过程中，充分发挥科技的作用，应注意以下几点。

第一，加强科技界与法律界的交流，促进科技在法治中的应用。长期以来，我国法律界和科技界无论在观念层面、制度层面还是器物层面都存在隔膜，迫切需要加强融合，共同推进科学立法、严格执法、公正司法、全民守法，为社会主义法治建设作出贡献。[②] 法律界与科技界融合，才能使法律界了解最新的科技进展，从而将最新科技成果应用到法治实践中；才能使科技界了解法律界对科技的需求，从而围绕法治实践中的需求开发实用的技术，满足依法治国的需要。

第二，科技的作用体现在依法治国各个环节，应在各环节充分发挥科技的作用。科技进步对立法产生广泛而深刻的影响，科学技术是立法客观性的重要支撑。科学技术的发展直接拓展了新的立法领域，导致了新法律的出现。科学技术发展促使法律规范内容日趋科学化。科学技术的发展提高了立法的效率。科技进步提高了执法的效率和严肃性，提高了执法的效率，增加了执法的透明度和可信度，促使执法系统科学化。科技进步为司法的公平正义提供有力支撑，信息化建设推进了司法的公开公正。科学证据在司法环节具有越来越重的分量。科技进步提升全民守法意识。有效监督是守法的保证。[③] 我们应当认识到科学技术在研究法治建设中各个环节发挥的作用，并充分发挥科学技术的作用。

第三，科学技术在全面依法治国有多种作用方式，应综合利用各种不同的方式。在全面依法治国中，科技最常见的使用方式就是将科技作为手段。除此之外，科学家参与立法，通过立法科技评估发现法律法规中的问

---

① 最高人民法院《关于加快建设智慧法院的意见》，法发〔2017〕12 号。
② 方新. 加强科技与法治融合，推动社会的公平正义 [J]. 中国人大，2017（10）：32 – 33.
③ 同②.

题，通过咨询解决法律实施中的科技问题等，这些都是发挥科技作用的方式。在科技界与法律界交流和融合的基础上，根据法治建设的需求，找出科技发挥作用的最佳方式。

第四，在发挥科学技术作用的同时，应防止技术滥用，克服科技带来的负面影响。科学技术手段的大量应用，在促进法治建设的同时，也存在技术滥用的风险。技术滥用既包括因存在安全漏洞被他人滥用，也包括内部管理不善而滥用。例如，在视频监控和人脸识别中，人脸数据采集端口（摄像机）、传输网络存在安全漏洞，初始密码简单或没有密码的设备很容易遭到攻击。街道、地铁站、机场、海关等公共场所标配的智能监控，这些摄像头能够采集公众身份与位置信息，推断出某一场所人流量变化情况、动态趋势以及用户喜好等，但这些信息如果保护不善，就会造成个人信息泄露，从而侵害个人权利和危害公共安全。因此，随着科学技术在法治建设中的应用，必须确保技术的安全性和可靠性，防止技术滥用，克服科技带来的负面影响。

第五章

科学立法与科技

　　法律是治国之重器，良法是善治之前提。现代法理学认为，立法应当具有民主性、程序性、合宪性和科学性四个基本属性。立法的科学性，就是能够使立法具有客观性与合理性的所有事实和要素。随着科学技术的快速发展，法律中包含的科技元素或相关专业知识越来越多，新科技应用给法治建设带来的挑战越来越多，科技及创新的发展需要的法律规制与保障越来越多。[①] 从各国立法经验看，为保证立法的科学性，科技界的建制化参与已经成为趋势。从我国立法实践看，虽然在法律的起草、论证、审议等环节已建立了相对健全的制度安排，但相对于立法机关、国家部委、法律界的参与来说，科技界在其中发挥的作用明显不足。由此可见，提高立法的科学性，是实现科学立法的重要保障。

　　本章研究科学立法与科技，不是研究具体的科学技术在立法中的运用，而是研究如何从机制体制上保障包括科学技术知识、科学证据、科学意见在内的"科技"能够进入立法程序，从而为提高立法决策的科学性发挥作用，而科技界系统深入地参与立法，即建制化参与立法，是"科技"发挥这种作用的重要途径。

一、科学立法之科学性的概念辨析

（一）有关科学立法之科学性的主要观点

　　"科学立法"这个术语在学术文献中出现，最早可追溯至 20 世纪 80

---

① 方新. 加强科技与法治融合，推动社会的公平正义 ［J］. 中国人大，2017（19）：32.

年代。① 2016 年 11 月 18 日，笔者以"科学立法""立法科学化"作为关键词在中国知网检索得知，2007 年、2008 年有关科学立法的研究文献均为 32 篇，形成科学立法研究的第一个高峰，这或许与 2007 年党的十七大报告首次使用"科学立法"的表述有关。此后的研究文献数量有所下降，但在 2014 年、2015 年迎来了科学立法研究的又一个高峰，这两个年份发表的研究文献分别为 98 篇和 90 篇。这个研究热潮应当是受到了党的十八大报告提出的"科学立法、严格执法、公正司法、全民守法"社会主义法治新方针的促动。

早期有些学者曾经用科学立法指代有关科学事业的立法，类似的表述还有科学法律、科学法制、科技法。更多的学者使用科学立法表达科学的立法之意，类似的表述还有立法科学化。社会主义法治新方针也是在这种意义上使用科学立法一词。但是，对科学立法的科学性如何界定，学者们存有分歧，评介如下。

1. 内容符合客观规律的法就是科学的立法

有学者认为，立法技术是立法活动中所遵循的用以促使立法臻于科学化的方法和操作技巧的总称。所谓臻于科学化，是指尽可能既使立法者或执政者满意，又能符合或在相当大的程度上符合立法的客观规律。② 还有学者认为，要使立法科学化，最重要的就是使立法符合我国的实际和国情，符合现代化建设和改革开放的需要，尊重立法本身的规律。③ 科学立法之科学属性包括规律性、有序性、和谐性；④ 科学立法是指在符合自然规律的前提下，立法机关对必须由法律进行调整的社会关系进行合理的利益分配并形成法律规范的活动。⑤

---

① 陈先贵. 科研体制改革必须科学立法 [J]. 科学学与科学技术管理，1984（8）：13 - 15. 于得胜. 论科学立法 [J]. 群言，1985（4）：13 - 15. 黄湘. 我国科学立法的宪法原则 [J]. 科学学与科学技术管理，1985（4）：23 - 26.

② 周旺生. 立法学教程 [M]. 北京：北京大学出版社，2013：403.

③ 朱力宇，叶传星. 立法学 [M]. 北京：中国人民大学出版社，2015：66.

④ 冯玉军，王柏荣. 科学立法的科学性标准探析 [J]. 中国人民大学学报，2014（1）：92 - 98.

⑤ 欧修权. 试论科学立法的含义及其实现途径 [J]. 人大研究，2009（1）：36 - 39.

2. 程序符合民主原则的法就是科学的立法

学者提出，保证立法的科学性，必须进一步扩大立法过程中的民主基础；① 科学立法的八个标准之五是"程序标准"，即用程序的民主实现内容的科学。②

3. 坚持正确政治立场的法就是科学的法

保证立法的科学性，首先要解决好立法的立场和站位问题；保证立法的科学性，要正确处理好改革与立法之间的关系……。③ 刘松山教授提出科学立法的八个标准之八是"政治与专业标准"，即提高立法机关组成人员的素质。④

4. 立法技术成熟的法就是科学的法

刘松山教授认为，成熟管用的立法技术包括：（1）总结经验，建立系统的立法技术规范；（2）加强立法过程中的定量定性分析；（3）重视立法过程中的方案选项设计；（4）重视立法专题研究报告建设；（5）加强立法过程中的量化标准建设；（6）加强立法结构、语言、逻辑建设。⑤ 上海市于 2000 年通过了《上海市人大常委会审议地方性法规（草案）的若干质量标准》，该文件提出了地方性法规的总体质量标准和具体质量标准。具体质量标准又分为立法必要性标准、合法性标准、合理性标准、可行性标准、表述规范性标准等。

5. 立法的科学性就是具备客观性、合理性

方新教授指出，立法应当具有民主性、程序性、合宪性和科学性四个基本属性。立法的科学性，就是能够使立法具有客观性与合理性的所有事实和要素。⑥

---

① 甘臧春. 科学立法的五个维度——对全面推进依法治国基础性工作的思考 [J]. 紫光阁，2014（9）：40 – 41.

② 同①.

③ 同①.

④ 刘松山. 科学立法的八个标准 [J]. 中共杭州市委党校学报，2015（5）：80 – 89.

⑤ 同④.

⑥ 方新. 加强科技与法治融合，推动社会的公平正义 [J]. 中国人大，2017（19）：32.

（二）本书关于科学立法之科学性的观点

笔者认为，法律是受到政治、经济、文化、民族、宗教等因素制约或影响的一种复杂社会现象，很难证成在立法者之外存在一种客观的规律，只需要立法者去发现它，将它认可为法律即可。相反，任何一项法律制定出来之后，都会有不同的意见。所以，笔者赞成方新教授的观点，即立法的科学性是指使立法具有客观性与合理性的所有事实和要素，该观点也与我国《立法法》的规定相吻合。《立法法》第6条第1款规定："立法应当从实际出发，适应经济社会发展和全面深化改革的要求，科学合理地规定公民、法人和其他组织的权利与义务、国家机关的权力与责任。"这说明，从法律内容看，科学立法须具有客观性、合理性。所谓客观性是指立法应当符合我国实际情况，适应经济社会发展和全面深化改革的要求，合理性是指立法对法律主体权利义务的分配、对国家机关权力和责任的配置必须科学合理。从立法程序看，科学立法在制定过程中应取得客观性、合理性所赖以保证的所有相关事实和要素。

为实现科学立法，学者进行了较多的研究，立法技术是其中的一个研究重点。例如，周旺生教授在其《立法学教程》一书中研究了立法预测、规划和决策、法案起草、法的构造、立法的完善等立法技术[①]，朱力宇教授等在其《立法学》一书中对立法预测、立法协商、立法听证等立法技术，进行了较为深入、系统的阐述[②]。这些立法技术的运用当然有助于立法更加客观、更加合理。但是，本书将从另一个角度研究如何提高科学立法之科学性，即如何利用科学技术知识促进获取科学立法所必需的事实和证据，从而保证立法的科学性。选取这个研究视角的理由是，我国国家立法和地方立法过程中的一个突出现象是，科技在立法过程中的"存在感"很弱，具体表现为一些法律在制定过程中的科技论证与支撑不足、立法对科技迅速发展带来的挑战应对不足、科技界建制化参与立法的制度保障不足。显然，这些缺憾不利于实现立法的科学性，尤其是科技因素较强的立法的科学性。

---

① 周旺生. 立法学教程［M］. 北京大学出版社，2013：403－562.
② 朱力宇，叶传星. 立法学［M］. 北京：中国人民大学出版社，2015：156－183.

二、从科技视角看我国当前保障立法科学性方面存在的主要问题

（一）一些法律在立法过程中的科技论证与支撑不足

科学技术的发展使得技术规则在现代法律构成中所占的比重越来越大，约束性法律的数字化、指标化和标准化也日渐增多。法律中涉及的监管标准、客观指标和数据的合理性、客观性和可靠性都需要科学技术知识给予基本的支撑。科学技术的发展还直接拓展了新的立法领域，导致涉及大量科技专业知识的立法日渐增多，如《食品安全法》《大气污染防治法》《种子法》《网络安全法》《国防交通法》《测绘法》《中医药法》《电力法》《节约能源法》《矿山安全法》《深海海底区域资源勘探开发法》《水污染防治法》《原子能法》等。这些法律的制定都需要科学技术专业知识的充分支撑。

相对于法律中越来越多的科技要素，我国在立法过程中还存在着科技论证不足、科学争议较多、科技支撑不够的现象。例如，在修订《食品安全法》时，对于要禁止使用高毒农药是有共识的，但对于为保证农业生产和食品供应，在现阶段能否禁用、何时禁用存在争议而无法列入立法中。又如《大气污染防治法》出台后，出现了很多科学相关的争议，其中之一是关于"大气污染"和"大气污染物"的概念，主要的争议点在于二氧化碳是否属于温室气体以及大气温度改变算不算大气污染等。由于科技界各种声音颇多，难以达成共识，法律难以明确规定。再如关于环境损害赔偿及生态补偿的相关标准和计量缺乏科学支撑，以致《海洋环境保护法》《固体废物污染环境防治法》等多部环境保护法律曾简单采用了罚款上限的规定，现在虽然有些法律采用了损失倍数的罚款方式，却无法提供科学且可操作的损失计算规则，使得这种制度形同虚设。

科技对立法的有效支撑是实现科技与法治高效融合的必要前提。美国的《清洁水法》就是科技与法治有效融合制定良法的范例之一。该法实施近50年来，对于美国的水污染防治取得了明显效果。其核心内容是采用污染控制技术为基础的排放限值（技术标准）和水质标准相结合的排污许可证制度，并随着科技的发展不断调整相关技术标准、治理工具和执法监测

指标，最终实现通过科技支撑立法以规范排污行为。

（二）立法对科技迅速发展带来的应对挑战不足

科学技术是一柄"双刃剑"，在带来人类社会财富增长和文明程度提高的同时，也可能因为滥用、误用而带来惨痛的灾难和损失，对社会安全和伦理规范构成严峻的挑战。例如，遗传工程等技术可以研制独特的、无法预知的病原体，类似的生物技术有可能被别有用心的犯罪分子用来操纵生命过程，甚至用来影响人类行为。再如当代信息技术的发展和应用使信息安全成为突出的问题，包括暴力、色情、反动信息还有垃圾信息，特别是个人信息隐私保护，利用信息技术违法犯罪等都需要规制。因此，整个社会对科技成果如何被使用以及科技发展可能引起的风险和危害日益关注，对科技治理和社会治理都提出全新的挑战，科技发展尤其需要法律予以规制和保障。

立法活动固有的程序要求使得其周期和效率远远低于科技发展的速度，及时有效地应对新科技的法律挑战，迫切需要立法机关与科技界开展及时、深入、建制化合作，以便既能促进科技发展，又可以防范科技风险。一般而言，当代科学技术发展具有高度专业性、复杂性、不确定性以及对社会生活的广泛渗透性，而立法者专业背景相对单一，使得立法机关难以准确理解科技对法律的影响，故迫切需要科学家和科技界人士的参与。与美国、欧盟等发达国家和地区在生物技术、信息技术等新兴科技领域的立法实践相比，我国在这方面的工作还有很大的改进空间。

在生物技术领域，美国、欧盟、日本已经分别制定了多部重要法律，涵盖食品药品安全、生物恐怖防范、再生医疗规范、农业安全、植物资源保护等重要方面。相比而言，我国的相关立法则比较滞后。以干细胞和基因资源为例，至少有以下重要问题急需立法解决：一是对体外制造器官、利用单倍体干细胞实现同性生殖、跨越物种获取全新人造细胞、精准医学、定制婴儿等基因编辑技术应用的法律规制；二是对干细胞再生医学中存在的临床应用细胞来源和特性不一致、生产和制备方法缺乏统一标准、严重违规治疗等乱像的法律规制；三是我国人类遗传资源保护面临着潜在经济价值巨大的基因资源流失问题，缺乏相关法律保护与规制。

在信息技术领域，美国、欧盟、日本也分别制定了多部保障网络安全、保护数据权利的法律。其中，欧盟制定了数据保护条例，美国将信息安全上升到国家安全的高度，对网络泄密、网络恐怖活动、网络色情、网络欺诈等进行规制。我国2016年才制定《网络安全法》，事关个人信息和数据保护的立法至今仍付诸阙如。当前的法律还无法应对物联网、人工智能、大数据等前沿科技领域的深层次挑战。这些挑战包括但不限于：一是物联网技术对信息安全带来的"实体化"威胁，电子标签系统射频识别（RFID）标签技术带来的侵犯"位置隐私权"等新问题；二是人工智能和大数据产业化应用的法律挑战，如人工智能判案的合法性、算法歧视、对隐私和数据安全的威胁、人工智能生成物的知识产权保护、智能机器人法律人格、传统法律责任规则难于适用等。

（三）科技界建制化参与立法的制度保障不足

我国某些立法活动虽有科学家参加，但从总体来看，立法机关缺乏高效获取科技支撑的常态化机制，而科技界参与立法主要呈现出个体性、零散性和依附性等特征。

1. 参与身份呈现个体性和非组织化特征

专家参与立法多以个人身份参与，以一己之力投入。专家个人参与和组织化参与的根本区别在于整合科学共识的程度不同，能够承担的相应责任也不同。专家个人由于学识、眼界及立场所限，虽能提出专业建议却可能存在很大个体差异和分歧，以致立法机关难于判断取舍；而组织化参与更有利于对个体科学家的建议做出综合集成，形成共识性意见。专家对其个人建议一般不承担相应责任；而组织化的专业建议则是以共同体的声誉为代价承担相应的责任。所以相比而言，组织化参与所产生的建议更有价值，而专家个人意见得到采纳和重视的可能性较低。况且，对专家个人来说，如无组织的激励和制度、资源保障，个人参与就会缺乏持久性和连续性。近年来一些地方成立的立法研究机构或基地，初步呈现出地方立法机构与法学院校组织型合作的趋势，为科技界有组织地参与立法做了有益的尝试。

2. 参与形式呈现零散性和有限性特征

受限于专家个人的专业覆盖面和知识积累，专家参与立法活动往往限于某个阶段而非全过程，提供专业意见的内容也多限于某个方面而非整体。专家参与的零散性和碎片化难以实现为立法的客观性、合理性提供必要科学证据之目的。此外，与法学家相比，科学家参与立法的比例非常低，参与立法的形式也十分有限，主要是参加立法论证会、座谈会、立法调研等。参与形式的有限性决定了科学家参与的机会更少，建制化参与的途径更匮乏。

3. 参与者地位呈现被动性和依附性特征

在专家遴选和议程设置环节，科技界参与立法仍受限于立法或决策机关的意志。专家仅在受邀请的情况下才有机会参与立法机关召开的座谈会、论证会等立法活动，未受邀请则无法参与其中，而讨论、论证的范围一般仅限于立法机关事先确定的议题。这样的论证极有可能异化为对立法机关已然设定的立法内容进行"合法合理"性或背书性论证。

三、西方发达国家议会解决立法中科技问题的机制和模式

（一）西方发达国家议会解决立法中科技问题的机制

一些西方发达国家很早就重视立法过程中的科技服务支撑问题，逐步形成了一些有效的机制和模式。需要注意的是，下述讨论不仅仅适用于全国性议会，还适用于一些国家的下级议会。这些下级议会有资格进行其权限范围内的立法，因而也关注立法中的科学技术问题。另外，作为超国家机构的欧盟议会也很重视这种问题，从而形成了自己特有的制度。下文对若干西方发达国家解决立法过程中科技问题的机制和模式进行介绍，主要内容包括议会解决立法中科技问题的正式机构（如委员会）、正式程序（如辩论）、非正式机构（如各种非官方组织）、对议会科技活动的支持方式等。①

---

① 除另有标注以外，本部分内容主要参考 UNESCO. Science，Technology & Innovation Policy：The Role of Parliaments ［EB/OL］. http：//www. unesco. org/new/fileadmin/MULTIMEDIA/HQ/SC/pdf/pub_role_parliaments_en. pdf.

1. 正式机构

总体上看，西方发达国家议会解决科技问题的模式有八种。有些议会中，有相应的机构对应政府的相关部门，而其他情况下，议会的架构并不直接与政府的相应机构平行。这八种模式具体如下。

（1）议会设有健全的科学技术委员会。例如，一个完全自治的科学技术委员会，即在地位和程序上等同于议会的其他常设委员会，但这并不必然意味着其他委员会就不处理具有重大科技因素的问题了，如国防技术事项就必然受到议会国防委员会的审查。

（2）议会将科学技术问题置于"贸易和工业委员会"（或商业、经济或其他名称的委员会）的审议权限之下。可以理解的是，将科学技术置于这种地位的国家，往往是那些十分重视科学技术创造财富和创新功能的国家。

（3）议会将科学技术问题置于教育相关的委员会（有时称为"教育与研究委员会"）的审议权限之下。这或许是最传统的模式，反映了科学技术术在学术环境中的演变。一些议会中，科学问题与文化事务放在一起，作为对科学高尚的智力活动的一种认可。

（4）议会将科学技术问题交给一个特定主题的委员会（subject area committee）审议。这通常发生在这个委员会碰巧不久前刚完成一个涉及类似科学技术问题的研究调查的场合。从相关国家议会的实践看，与环境问题相关的议会委员会最有可能审议这种议题。

（5）议会设立一个具有固定存续期限的特别委员会或小组，负责就特定主题的科技问题拿出调研报告。这种做法常常用于对某种形式的危机做出反应，如国家的科学人才或技术工人严重短缺。

（6）通过一个对总理职能进行审查的委员会解决科技问题。总理常常对跨政府部门的事务行使职权。科技问题明显具有跨部门性质，有些政府是由总理协调科技问题，有些则是通过一个特别的总理级别的机构来行使这个职权。

（7）没有解决科技问题的特别机构，即完全没有负责科技问题的任何议会机构。当然，这并不意味着这些议会对科技问题毫不关注。这些议会可能通过其他委员会或通过诸如议会辩论、质询等更一般的程序来解决科技问题。

（8）作为对解决科技问题需求之独特性和重要性的一种认可，一些议会设置了专门的职能——通常被称作技术评估职能。目前，仅有欧洲和美国的议会设立了这种制度。这种特殊的制度是对议会解决科技问题的传统机制的一种补充，而非替代。例如，德国议会是通过技术评估办公室（TAB）提供技术评估服务，但是它还设有一个常规的委员会（即教育、研究和技术评估委员会），由该委员会来决定技术办公室的工作计划。这种技术评估机构常常对议会众多的委员会以及议员提供技术支持，而不是局限于仅仅向负有审查科技问题正式职责的议会委员会提供支持。

2. 正式程序

如前所述，解决科技问题的议会委员会的重要性已经得到广泛认可，但是它们并非议会审查科技问题的唯一机制。更一般的程序以及下文将要讨论的各种非正式机构也能对解决科技问题起到一定作用。

（1）辩论。议会就特定问题形成共识的典型的正式议会程序是辩论。各国议会选择议会辩论主题的方式差异很大，但是有各种途径用于将科技问题确定为辩论主题。例如，具有科技问题审查职能的机构可以被要求向议会提供年度报告，供议会辩论。当然，议会的辩论可以聚焦于涉及科技问题的立法议案，经过议会批准后方可成为国家的法律。

（2）质询。多数国家的议会都设有质询程序，由议员对政府部长或高级公务员提出质询。这种渠道为议员提出各种问题提供了一种机制。有些议会中，有常规的时间段供议员对部长们提出质询。因此，这种常规性的体制可以确保议员就科技相关主题提出质询。

（3）动议或请求。有些国家的议会中，议员通过对各种动议或请愿的支持来公开发表其意见。一些意见可能进入正式辩论程序甚至成为立法的基础，但是多数这样的意见则不会走到这一步。然而，当大多数议员联署某种动议或请愿时，其就能成为议会下一步行动的强烈指征。

3. 非正式机构

除了上述的正式机构和正式程序以外，不少国家还逐步建立了形式不同的非正式机构，促进议会和科技界的沟通交流，以更好地对立法中的科技问题达成共识，至少增进双方的了解。

（1）基于党派的小组。很多国家的议会有以党派为基础的小组，其形式和存续期限各不相同，它们通常具有将议员的意见传递给政府部长的功能。其中，有些议会就有以党派为基础的科技政策专门小组。

（2）便于议员和科技界沟通的俱乐部。很多国家的议会认识到，议员和外部的互动很关键。为促进这种互动，议会便通过各种"俱乐部"或"协会"将具有共同兴趣的议员和非议员连接在一起。科技领域的这种例子有：①瑞典的议员和研究者协会（RIFO）；②英国的议会和科学委员会（P&SC），它成立于1939年，是英国议会中历史最悠久的一个俱乐部。这种俱乐部的结构和运作可能受议会的正式规制，通常是为了确保它不具有党派利益以及不能对议员施加不正当的游说影响。

（3）非议会实体机构的议会联络办公室。很多国家存在多种不从属于议会的实体机构，如科学院、工程院、学会、促进医学或其他研究的组织、环保组织、技术贸易联盟、商会，甚至大型科技企业，它们普遍认识到与议会对话的重要性，从而成立了"议会联络办公室"。可以理解的是，与科技问题相关的专门游说活动也会渗透到这些组织之中。

4. 对议会科技活动的支持方式

综观西方发达国家对议会所需科技活动的服务支持，在支持方式和程度上都有所不同，可概括为三种方式。

（1）对议员提供技术专家或其他辅助人员服务。这包括对议会的委员会、代表团等的活动提供人员和经费支持服务，以及致力于科技问题的特别支持服务。这些支持服务的首要功能在于改进议会活动的效果，次级功能是提供永久的制度性能力和储备，以弥补因议员定期改选造成的无常更替。议会委员会常常由至少一个议会官员或职员提供服务，这些职员一般不是技术专家，还可能经常轮换，或同时服务几个委员会。但有些国家的议会为委员会配有专家助理（specialist assistants）或委员会专家（committee specialists），他们是委员会所关注领域的技术专家。另外，委员会可以有专门的研究咨询预算，用于临时委任专家，还可以使用中央议会基金，通过招标方式采购这种技术服务。

（2）专注于服务议员的图书馆和研究服务。多数国家的议会设有研究和信息服务中心，通常设在议会图书馆或与其有紧密联系。随着对科技服务需求的日益增加，专门的科技服务部门得以设立。这些服务的一个共同特征是专注于向议员个人提供服务，通常是解答议员们的询问。不同国家的议会在对委员会提供服务支持的程度和程序方面各不相同（如对议会辩论主题提供背景介绍），在可供利用的服务资源上也有差异。一些国家的议会可能有用于特定研究的专门预算。

（3）议会科技评估服务。过去 30 多年中，越来越多的国家议会通过设立专门的议会科技评估服务机构，来应对科技相关问题。科技评估服务被认为是议会科技活动最发达的形式。鉴于议会科技评估的重要性和内容的丰富性，下文予以详细阐述。

（二）西方发达国家议会获取科技评估服务的模式

为提高议会解决科技问题的能力，欧洲和北美的一些议会已经建立了特定的机构来满足议会对科技评估服务的广泛需求。综观这些国家和地区的议会获得科技评估服务的模式，大致有七种。下文逐一介绍。①

1. 设于议会内部、配备技术专家的专门办公室

这种办公室专为议会提供服务，其职员主要为研究做准备。议会技术评估服务的原型——美国国会技术评估办公室（OTA）就是这种模式。这种模式的例子还有法国的议会科学和技术选择评估办公室（OPECST）、比利时佛兰芒地区议会的科学技术研究所（viWTA）、英国议会的科学技术办公室（POST）。当然，这些机构能调动的资源各不相同。美国国会技术评估办公室巅峰时期拥有 120 名职员（法律规定的职员数最高为 200 名），而英国和比利时佛兰芒地区的同类机构的职员仅有 7~9 名。

美国国会技术评估办公室于 1995 年停止运行后，美国国会及议员可以从美国国会研究服务部（CRS）以及全国研究理事会（NRC）获得立法决策所需要的科学咨询意见。因为美国国会研究服务部从属于美国国会，并配备了必要的专家，仍然可以视为议会获取技术评估服务的第一种模式的

---

① 除另有标注以外，本部分内容主要参考 UNESCO. Science，Technology & Innovation Policy：The Role of Parliaments ［EB/OL］. http：//www.unesco.org/new/fileadmin/MULTIMEDIA/HQ/SC/pdf/pub_role_parliaments_en.pdf.

变种。而美国全国研究理事会为国会提供咨询意见的模式具有独特性，属于下文将要论述的议会获取科技评估服务的第七种模式。

2. 设于议会内部、对外部研究承担者的研究进行管理的专门办公室

欧洲议会的科技选择评估办公室（STOA）是这种模式的典型。1985年10月，欧洲议会通过了议员罗尔夫·林科赫（Rolf Linkohr）提出的《设立欧洲议会科技选择评估办公室》的报告。1987年3月，科技选择评估办公室以试验项目（pilot project）的方式成立，1988年9月开始具备常设性地位。最初，科技选择评估办公室的活动通过欧洲议会局（the EP Bureau）决定的形式进行管理。2003年1月13日，欧洲议会局通过了《科技选择评估办公室条例》，确定了其性质、机构和科技选择评估项目的框架条件，并分别于2004年4月19日、2009年5月4日、2009年11月11日和2015年5月18日对该条例进行了修改。下文对欧洲议会科技选择评估办公室的使命、职责、与外部服务提供者的关系等加以介绍。①

（1）使命。包括：①向议会委员会和议会其他机构提供独立的、高质量和科学公正的研究和信息，用于评估新技术的影响以及从技术角度可以做出的最佳选项；②组织论坛，供政治家、科学组织和学术团体的代表一起讨论和比较科技发展与社会的关系；③支持和协调欧盟成员国议会的技术评估活动，包括建立和提高欧洲国家尤其是新成员国议会的技术评估能力。

（2）职责范围。包括：①为技术选择评估之目的，科技选择评估办公室的实施研究和组织专题研讨会、参与科技机构访谈。科技选择评估办公室得采用完备的现代议会技术评估工具。关于科技发展的对话的在会议、年度讲座或委员会决定的其他活动范围内进行。科技选择评估办公室出版物服务上述宗旨。②科技选择评估办公室的研究秉持思想开放、不偏不倚的原则，以确保客观性。除非符合科技选择评估办公室条例第6（4）条规定的条件，其研究结果不得被采纳或付诸投票表决。因此，科技选择评估办公室的研究结果并不必然代表议会的多数意见。研究项目承担者根据合

---

① Panel for the Future of Science and Technology（STOA）［EB/OL］. http：//www.europarl. europa. eu/stoa/cms/home/panel.

同条款和条件提供的所有研究成果均得在不违背科技选择评估办公室条例第6（4）条规定的条件下由科技选择评估办公室公开。③欧洲议会的任何议员或机构均可就科技选择评估办公室的活动向其委员会提出建议。④科技选择评估办公室的行政管理由议会研究服务局局长负责。局长为科技选择评估办公室设立一个秘书处。⑤科技选择评估办公室的经费从欧洲议会预算中拨付，由议会研究服务局局长根据财务条例、实施细则和相关内部规则进行管理。

（3）对外部科技服务提供者的合同要求。科技选择评估办公室对与外部科技服务提供者签订和履行合同，有一系列要求，包括：①为符合财务条例和实施细则，科技选择评估办公室委员会可邀请负责官员委托外部科学家对技术评估项目进行立项前评审和完成质量评审。与外部服务提供者达成的框架合同或具体项目合同必须约定，研究项目承包者不得同时承担科技选择评估办公室的任何其他项目。②为符合财务条例和实施细则，作为一个规则，技术选择评估研究应科技选择评估办公室委员会请求，由负责官员通过公开招标方式，选择一个或多个外部承包者承担，每个承包者必须拥有来自数个成员国的科学机构的专家组成。根据合同提供的服务应包括项目管理、问题的科学分析、行动选项要点，以及可为非专业人士所理解的结果陈述等内容。科技选择评估办公室研究合同必须由授予其合同的承包者履行。在事先取得科技选择评估办公室委员会批准并且符合招标公告规定的相同条件的情况下，合同也可以由其科技资质与承包者一样满足同等标准的第三方分包者部分履行。例外是，技术选择评估研究也可以由个体合同（individual contracts）的外部承包者承担。③与外部服务提供者的合同可以约定不超过合同金额的15%可以用于增强人们对争议项目的意识和提高辨识度的宣传活动。

3. 配备一定职员、自己开展研究的议会专门委员会

这种模式下的议会专门委员会，其职员通常自己开展研究和准备报告（如芬兰和意大利）。这样的委员会不同于"正统的"（orthodox）科技委员会或其他委员会，他们的职权范围包括向其他委员会提供咨询，还可以包括对具有科技因素的更广泛的、长期的政府政策进行审查。这种模式最发达的典型是芬兰议会的未来委员会。芬兰政府被要求定期准备关于芬兰未

来的"白皮书",由该委员会进行正式审查。该委员会还可以应议会其他委员会的请求,就未来的相关问题(尤其是能源政策这样的长期性问题)发表声明。该委员会也寻求在开发技术评估方法和"未来研究"方面发挥关键作用。

4. 独立于议会的、设立于较大型研究组织的专门办公室

这种办公室从议会接受固定期限的合同来管理一个专为议会服务的办公室。这种服务的典型模式是德国的技术评估办公室(TAB),它的报告通过议会的教育、科技和技术评估委员会提交给德国议会。由于德国技术评估办公室的影响很大,下文对其的任务和目标、技术评估项目的确定和实施、组织机构等进行介绍。①

(1)任务和目标。技术评估办公室的任务和活动包括设计和实施技术评估项目。另外,其还对科学、技术的发展趋势及相关社会影响进行检测和分析。除此以外,德国议会的技术评估还包括创新活动分析、早期发展阶段的科学技术趋势考察等。具体而言,德国技术评估办公室的目标如下:①分析新科技发展的潜力、探索相关的机遇;②审查科技发展实施和应用的社会规制和经济框架条件;③以综合性、前瞻性方式分析技术的潜在影响,查明新技术应用的机会,找出避免或减少潜在风险的可能措施。所有这些活动的最终目的是为决策者的政策选项奠定基础。

(2)技术评估项目的确定。技术评估办公室技术评估项目的建议可来自教育、研究和技术评估委员会的议会小组,也可来自德国议会的其他委员会。在研究和技术评估委员会主席的指导下,技术评估报告人和技术评估办公室主任一起讨论技术评估项目建议的政治和事实相关性。技术评估项目建议经技术评估报告人一致同意后,再提交教育、研究和技术评估委员会作最终的决定。2/3 以上的委员会成员同意时,该项目建议就被接受为正式的技术评估项目。从 1991—2017 年的技术评估项目可以看出,关注热点集中于能源、资源和环境、营养、农业和转基因作物、信息和通信技术以及生物和医疗技术。在技术、社会和创新的大背景之下,技术评估办

---

① TAB. About TAB [EB/OL]. [2019 – 06 – 09]. http://www. tab – beim – bundestag. de/en/index. html.

公室的研究主要在于明确潜在的创新领域以及德国创新体系的优势和劣势。另外，当前在研究、教育和创新政策方面面临的挑战也是关注的焦点。

（3）技术评估项目的实施。一旦教育、研究和技术评估委员会对技术评估项目的立项做出决议，技术评估办公室就得负责组织项目的实施。项目团队会开展广泛的研究，并向相关领域的专家进行咨询。这有助于获取不同的科学见解以及不同利益集团的不同立场。为解决一个技术评估项目的核心问题，技术评估办公室会向委员会建议委托外部专家或科学机构出具报告。与外部专家的合作及其报告是项目工作的关键。在项目的整个实施期间，项目团队负责监测项目相关的科学辩论以及公开的政治辩论，还会组织研讨会、专家会议，将科学专家、议员召集在一起就项目的初步结果展开研讨。社会组织的代表通常也在受邀之列。这种方式旨在项目完成之前，促进科学家、社会和德国议会之间的沟通以及知识和意见的交流。技术评估办公室对所有活动的结果进行归纳总结，项目以最终报告形式结题。教育、研究和技术评估委员会对最终报告进行审查和评论，在与报告起草人讨论后进行发布，并批准出版。大多数技术评估办公室报告以德国议会纸质出版物形式出版，并纳入议会辩论和决策程序之中。

（4）组织机构。技术评估办公室由卡尔斯鲁厄技术研究所根据其与德国议会的合同负责运营，但是它是独立的科学机构，其与卡尔斯鲁厄技术研究所下属的技术评估和系统分析研究所合作开展研究，开发技术评估方法。技术评估办公室的主任由卡尔斯鲁厄技术研究所与德国议会的教育、研究与技术评估委员会协商任命。技术评估办公室现有来自不同学科的 8 位科学家。

5. 议会外部的、主要经费来源于议会技术评估服务的独立机构

这种独立机构的主要经费来源是为议会开展技术评估服务所获取的资助。当然，它也可以为政府开展研究活动，或开展自己的、与议会没有直接关系的活动。典型的例子是丹麦和挪威的技术理事会以及荷兰的国家科技政策研究中心。

6. 议会外部的、非经常性为议会提供技术评估服务的独立机构

这种办公室基于最惠伙伴关系，从议会接受非经常性的合同来开展技

术评估，但是其主要工作与议会技术评估无关。典型的例子是澳大利亚科学院的技术评估所。

7. 经常性向议会提供科学技术咨询意见的独立机构

美国国家科学、工程和医学科学院是私营的、非营利的独立机构，其宗旨是针对美国和全世界所面临的最紧迫的挑战提供专家意见，其中包括以公开报告、国会作证等多种方式向国会提供立法所需的科学技术咨询意见。为更好地满足国会立法对科学咨询意见的需求，美国国家科学、工程和医学科学院成立了国会和政府事务办公室（OCGA），负责科学院与国会之间的联络，以便向国会就科学和技术事项提供咨询意见。OCGA 的活动主要包括：①商谈向科学、工程和医学科学院提出的立法性请求；②监测立法和相关的国会活动；③协调科学、工程和医学科学院向国会提供的简报；④回应国会办公室的问询；⑤审查和指导科学、工程和医学科学院代表在国会作证；⑥向国会议员和联邦官员分发科学院的报告；⑦与新闻和公共信息办公室联合准备提交给国会的年度报告。[1] 美国科学院的上述活动当然包括向国会提供技术评估报告。例如 2019 年 2 月 28 日，美国国家科学、工程和医学科学院的地球与生命研究部、核与辐射研究委员会以及一个专门成立的委员会向国会提交了《能源部国防环境清理计划的科学与技术独立评估报告》。[2]

比较而言，上述七种不同模式有两个共同的问题值得注意。

（1）区分议会和政府的资助和服务要求的严格程度。在任何国家，都有区分议会和政府的资助和服务的要求，但严格程度不尽一致。例如，在英国非常严格，而挪威就不太严格。

（2）议会和国立科学院和/或工程院的关系。在一些国家，这些学术机构在与议会的关系上享有特殊地位，议会视之为提供科技咨询意见的优先机构；而在另一些国家，这些研究机构被视为具有一定的游说动机或体制化倾向明显，因而不认可其为议会的独立咨询意见来源。

---

[1] Office of Congressional and Government Affairs （OCGA）［EB/OL］.［2019 - 06 - 26］. http：//www. nationalacademies. org/OCGA/index. htm.

[2] Office of Congressional and Government Affairs （OCGA）［EB/OL］.［2019 - 06 - 26］. http：//www. nationalacademies. org/OCGA/Briefings/OCGA_191824.

（三）发达国家议会解决立法中科技问题的经验总结

考察发达国家的实践，可见其议会与科技界的互动关系深刻而又广泛，科技界参与立法包括议会理解科学、科学服务立法、立法响应科学的三个渐进式阶段，每个阶段又有多种形式和机制。

1. 立法机构与科技界有建制化的沟通平台

为增加议会对新技术影响的认知，不少发达国家的议会通过各种形式，搭建议会与科技界沟通交流的常规化平台，主要包括非正式组织、制度化论坛两种方式。

（1）非正式组织。为促进议员和科学家的互动，有些国家的议会通过俱乐部或协会的形式将具有共同兴趣的议员和科研人员联络在一起，定期举行交流活动。例如，英国1939年就成立了议会和科学委员会，瑞典则有议员和研究者协会。这些非正式组织有效地促进了议员和科学家的互相了解。欧洲议会近年发起了五轮议员—科学家伙伴计划，旨在加强议会与科技界的联系，发挥科学在立法决策中的支撑作用。计划内容是征集对立法感兴趣的科学家，与相关委员会的议员结成对子，加强沟通，增进了解。

（2）制度化论坛。议会和科技界的建制化交流也深受重视。一方面，有些国家的议会定期举办有关新科技影响法律和政策的论坛。例如，欧洲议会每年都举办年度讲座，就新技术的影响进行研讨，近三年的主题分别聚焦于量子技术、太空技术、人工智能对法律和政策的影响。欧洲议会更多的是组织不定期的研讨会，邀请知名科学家做主旨报告，并辅以小组讨论和公开辩论。另一方面，很多国家的科学院、工程院、学会、医学研究组织、环保组织、技术联盟、商会甚至大型科技企业等都认识到与议会对话的重要性，纷纷成立"议会联络办公室"。

2. 通过制度化的科技评估参与立法进程

经过与科技界广泛而深入的交流，需要立法的问题就会凸显出来。如果议会认识到有必要通过立法促进某些领域的科技发展或防范其风险，就会考虑对相关科技的影响实施进一步评估。上文已经对西方发达国家议会立法获取科技评估服务的模式进行了详细的阐述，下面进一步的分析和评价。根据评估者身份的不同，可将议会获取科技评估服务的模式分为相对自给和依赖智库两种方式。相对自给方式是议会通过内设机构开展立法的科技评估，依赖智库方式是议会通过外部机构获得科技评估服务。

（1）相对自给：通过内设机构开展科技评估。之所以将议会内设评估机构界定为相对自给，是因为它也可能于必要时委托外部机构或专家提供一定的协助。议会内设评估机构又有两种不同的模式。

一种是以芬兰和意大利为代表的内设专门委员会评估形式。议会通过设立专门委员会，配备专业人员，自己开展研究、准备评估报告。其职责包括向其他委员会提供咨询，还包括对涉及科技问题的政府长期政策进行审查。

一种是以美国为代表的内设独立机构评估形式。美国国会曾设立技术评估办公室，配备技术专家，专门为议会提供技术评估服务。与总统科学顾问委员会不同，OTA 不参与决策，它只提供政策选项供决策者自行判断。1995 年，美国国会以削减预算为由撤销 OTA 之后，主要是通过国会图书馆研究服务部以及通过美国国家研究理事会（NRC）从美国科学院、工程院、医学科学院获得科技咨询意见。

（2）依赖智库：通过外部机构获取科技评估服务。按照议会与外部智库关系的紧密程度，又可分为三种模式。

一种是紧密型，以德国为代表。德国议会与德国技术评估办公室（TAB）存在长期的紧密合作关系。议会设立教育、研究和技术评估委员会，负责决定 TAB 的工作规划。TAB 设于卡尔斯鲁厄理工学院，由该学院的技术评估与系统分析研究所运营。该委员会与 TAB 达成长期固定合同，委托后者承担科技评估项目。TAB 的报告则通过该委员会提交给议会。

一种是半紧密型，以丹麦、挪威和荷兰为代表。这三个国家的议会都是从外部机构获取立法科技评估服务。评估机构的主要经费来源于议会的评估项目资助，但它们也可为政府开展研究活动，或开展其他研究活动。这与德国技术评估办公室专门服务于议会的特点明显不同。美国国会与美国国家研究理事会的关系也可归为半紧密型，美国国会经常就其关切的科技问题请求国家研究理事会提供咨询报告。

一种是松散型，以欧洲议会为代表。欧洲议会设立科技决策评估委员会，由议会各专门委员会指派的代表组成，下设科技决策评估局，作为委员会的执行机构，对科技评估项目进行管理。欧洲议会并未与任何研究机构形成类似于德国会议与技术评估办公室那样的紧密关系，而是通过公开招标方式选择研究机构、大学、实验室、咨询公司甚至个人研究者承担评估项目。

3. 通过听证程序为立法提供科学论证

经过立法科技评估之后，如果议会认为立法修法的条件确已成熟，则会进入法案审议阶段。各国议会审议科技议题的模式大致有三种类型：一是由议会科技委员会审议科技议题。该委员会的地位等同于其他常设委员会，负责审理所有的科技议题，但这并不意味着其他委员会就一律不审议科技议题了，如国防技术事项就必然要受到国防委员会的审查。二是由贸易和工业委员会或教育相关委员会负责审议科技议题，这是比较传统的做法。三是设立特别委员会或小组负责审议特定科技议题。这种临时性机构具有固定存续期限，负责就特定科技议题提出调研报告。审议过程中，议会通常会根据实际需求启动听证程序，邀请科学家或科技组织参加立法听证，就相关问题提供科学证据。

概括而言，从发达国家议会与科技界的互动来看，存在着以信息沟通为目的的联盟式关系，以立法评估为目的的合同式关系和基于社会分工的社会契约式关系。在互动过程中，议会对社会利益最大化的追求与科技界对真理的追求较好地结合在一起，从而保证了立法的科学性和公正性。

四、提高我国立法科学性的建议

针对我国在保障立法科学性方面存在的主要问题，下文在借鉴西方发达国家解决立法中科技问题的经验的基础上，结合我国国情，提出旨在提高我国立法科学性的政策建议。

（一）完善立法程序，为科技界建制化参与立法提供制度保障

我国《立法法》《行政法规制定程序条例》《规章制定程序条例》等法律法规规定了专家参与立法的方式包括座谈会、论证会、听证会等，但

是对专家如何参与立法程序中涉及的立法规划、起草、听证、评估、审议等各个环节缺乏细致明确的规定，科学听证、科技评估制度仍属空白，迫切需要加以完善，如通过科技评估为立法提供科学证据、将科学听证纳入立法审议程序等。笔者认为，为推进科学立法，提高立法质量，对涉及重要科技问题法律案的审议，应通过完善立法程序，建立相关制度吸引相关领域科研机构、科技社团组织的科学家群体包括持不同观点的科学家参加立法全过程，切实提高科学技术研究机构对立法过程的组织化参与程度，以帮助立法者全面认识科技的影响，从而做出合理的立法决策，制定良法。

（二）加强立法过程中的科技论证与支撑

专家参与立法的方式通常包括座谈会、论证会、听证会、征求法律草案意见等。中央深化改革领导小组明确要求，重大立法事项要引入第三方评估。全国人大应主导建立立法相关的第三方评估机构准入制度，对参与立法进程的相关机构的资质和信誉提出相应的规范和要求，培育注重长期可靠信誉的立法参与环境，从而引导科研机构、科技社团或智库组织等提供高质量的、独立公正的立法科技评估和科技论证服务。全国人大可以在准入制度基础上，通过招标方式选择科研机构、科技社团或智库组织等开展立法评估研究，并公开相关研究成果，进而推动科学立法、民主立法。相关研究既要服务于当前立法规划的科技评估项目，还应就前沿科技发展对法律、政策的影响，设立前瞻性评估项目，从而发现立法需求，为未来的立法规划做准备。

（三）建立立法机关与科技界的常态化交流机制，提高立法应对科技挑战的效率

相较于科技的快速发展，立法具有一定的滞后性固然可以理解，但是过于滞后就会为科研不端等现象打开方便之门，如缺乏规制的基因编辑应用就会产生严重的科技伦理风险。在我国，立法机构与科技界缺乏制度化的常态交流机制，导致立法机关不熟悉科技发展对法律的挑战，而科技界又不知晓立法机关对科技支撑的需求。因此，我国的立法机关与科技界应建立制度化的交流平台和机制。具体而言，全国人大应建章立制，定期或

经常性地邀请知名科学家报告影响法律与政策的最新科技进展；科技界应主动开展科技影响立法的研究，提出立法建议。通过制度化、常规化的双向交流，既提高立法者对科技发展及其影响的认知，也促使科技界了解立法对科学技术的需求，以便为科学立法提供更有力的支撑。立法机关与科技界交流沟通的形式可包括建立全国人大与科学院、工程院等国家科技智库之间的战略伙伴关系，定期共同举办论坛或研讨会，人大专门委员会与科技社团、人大常委与著名科学家结对子，建立联系人制度等。

第六章

严格执法与科技

现代社会已步入高科技社会。近年来，随着高新科技在社会生活各个领域的应用愈来愈广泛，由此引发的纠纷、风险也日渐增多，学术界对高新科技应用的关注和研究也呈现出井喷的发展态势，从法学的角度对高新科技应用的研究越来越引起社会的广泛关注。然而，人们却发现既有的传统法学难以应对高新科技在执法中应用的风险及挑战问题。针对这一弊端，对于执法领域高新科技应用问题的研究和探讨应运而生。当下，尽管高新科技应用给行政执法带来的便利已获得较多的认同，但如何在此过程中彰显以行政控权为核心的行政执法的基本原则及理念尚缺乏针对性研究，更欠缺可操作性探讨。因此，目前迫切需要从高新科技行政执法应用中所涉及的风险因素出发，在严格行政执法中切合实际地建构合理的风险防范原则，从而为我国行政执法中合法、合理、便民地推进高新科技应用提供参考。

一、我国高新科技行政执法应用之现状

要探讨严格执法中的科技问题，必须首先考察我国高新科技行政执法应用的现状，并结合现状问题的探讨来深入分析高新科技行政执法应用所带来的机遇与挑战。

（一）高新科技在行政执法数据获取及证据采集中的应用

在规定的期限范围内全面收集并准确运用证据是依法行政、严格执法的前提和基础。数据采集及调查取证是行政执法的关键环节，也是严格执法在实践中的重点和难点所在。随着行政执法的领域不断拓展，社会对于

行政执法的公正性、高效性等提出了更高要求。于是，行政执法数据，尤其是执法证据的精准收集对行政执法的顺利进行就发挥了至关重要的作用。

行政工作人员在行政执法过程中需要对与该行政案件有关的地点、物品等进行检查和勘验，从中获取有用数据，尤其是收集相关证据材料作为其做出行政决定的依据。面对一些涉案面积较大、取证地域宽广、取证数据量大、取证环境复杂或危险，人工采集成本高等现实挑战，借助无人技术和大数据技术，启动无人机进行现场勘查就有很大的优越性。无人机侦察领域开阔、对复杂地形的适应性强，能长时间持续、动态跟拍并对数据进行及时、快速存储和处理，这都是传统行政执法数据采集中人力所无法达到的程度。可见，在行政执法办案中充分利用无人机等高新科技手段进行调查取证，极大地节省人力物力，能有效提升行政执法办案的质量和效率。

（二）高新科技在行政执法流程管理中的应用

高新科技与行政执法的结合突出体现在高新科技在行政执法全流程中的介入。实践中，一些行政执法部门从执法证据留存、执法档案记载到日常执法监管，将高新科技应用覆盖日常行政执法的各个环节，对每一个环节的行政执法操作都进行了细化和标准化，实现了行政执法各环节留痕的目标。

一方面，高新科技在行政执法流程管理中的应用，改变了以往行政执法面临的线条粗、争议大、效率低的困境，加强了行政执法的标准化、精细化和常态化，促进了行政执法信息的及时更新，推动了行政执法不同部门间的数据共享与执法协同，不仅提升了行政执法效率，还有效遮蔽了行政执法过程中不良外部因素的干扰。而另一方面，借助现代信息化技术，可以对行政执法档案资料进行统一规划、分类整理、及时归档，实现行政执法资料精细化档案要求。行政执法档案，是行政主体在其行政执法中所获取或产生的，体现行政执法活动情况，记录行政执法决定且具有档案保存需要的各种文书、证据等的记录。加强行政执法档案管理，是保证行政执法工作走向制度化、规范化的重要环节。传统的行政执法档案资料都是行政执法案件承办人员在行政执法事项办结后一定期限内对相关执法材料予以收集和整理，制作归档材料目录清单并移交归档。在传统的行政执法档案管理中，由于涉及的人员多、手续烦琐，难免会出现行政执法归档材料遗漏、缺失、不符合要求，甚至错误等问题，给行政执法监督管理带来很多困难。然而，随着高新科技的应用，这一困境得以有效缓解。信息化办公实现了行政执法信息的及时录入，有利于快速形成电子行政执法档案，也便于行政执法档案的留存和管理。

（三）高新科技在行政执法决定作出中的应用

近年来，行政执法的数字化程度大幅提升，传统模式下那种事后的、人工的、基于繁杂数据分析的行政执法范式已不能满足行政执法的监管需要。借助新的科技手段，行政执法机构可以采用基于风险和数据的监管方式，直接获取大量数据进行分析，避免了以往依赖于人工分析数据的片面性和局限性，降低了执法犯错风险，可以更加充分利用和分析行政执法数据，更有效地监管各种行政执法行为，持续推进依法行政。[1] 在行政执法过程中，行政处罚的度的把握是一直困扰行政执法人员的难题，也是社会民众对行政执法公正性质疑的焦点问题。这一问题随着大数据等高新技术的行政执法应用而得以有效缓解。借助大数据，行政执法人员可以清晰地了解到在一定的时间段期间，一定的行政区域范围内，不同的行政执法机构对于类似案例的行政处罚的惩处情况，从而能找到参照对象做出较为公正的行政处罚决定，在一定程度上规避了行政处罚尺度把握因人而异，宽严不定，类案不同罚等问题。

（四）高新科技在行政执法监管中的应用

从监管的视角而言，监管科技是利用科技手段履行行政执法监管职责的内在需求。随着高新科技在行政执法应用中的不断推进，各地已逐步开始了不同程度的行政管理体制改革。截至目前，全国大部分省份已基本完成以严格行政执法为核心框架，兼顾过程监管和结果监管的行政监管体系改革，强调对关键行政执法程序、行政执法事务流程、行政执法结果的监

---

① 尹振涛，范云朋. 监管科技（RegTech）的理论基础、实践应用与发展建议 [J]. 财经法学，2019（3）：92 – 105.

管，以及行政执法信息综合统计和全面的信息整合处理。全新的行政执法监管体系对于执法信息分析、行政行为监控、执法结果评估预测和便民服务等的需求越来越高，这一内在需求在监管科技的影响下不断演进和深化。

高新科技在行政执法监管中的应用主要体现为建立全方位的行政执法信息跟踪机制，以行政执法网络监管为基本载体，及时追溯每个行政执法活动的地点、时间、执法人、执法事由以及其他各方面的信息。如此一来，一旦出现行政执法纠纷，可以全面回溯整个行政执法流程，及时追溯主要执法责任人并由其来承担相关责任。具体而言，借助高新科技所确立的行政执法信息跟踪机制可以通过一系列信息记录查出该行政执法在证据收集、采信、执法决定的做出及送达、行政执法决定的执行等每个环节的具体细节，最终发现行政执法责任单位和责任人。这一机制明晰了行政执法人员的责任，能够有效控制行政执法权滥用，同时能及时处理行政执法纠纷事件。该机制的建立在一定程度上为我们整治一直困扰着整个社会的行政执法自由裁量权滥用的问题提供了一把有效的钥匙。

二、高新科技发展为我国行政执法走向规范化、高效化提供了机遇

科技发展给我国行政执法带来了深刻变革。高新技术应用引发了行政执法理念及执法模式的根本性转变，它能有效提升行政执法效率，同时也在一定程度上规范了行政执法行为，防范行政执法权力滥用。

（一）高新技术应用推动行政执法从经验走向理性

高新技术的融合与发展，改变了行政执法信息的获取、传承、积累和创造方式，并推动着执法理念、执法目标、执法模式与执法需求的深刻变革，也促使着行政执法发生根本性转变。当下，云计算、物联网、大数据及人工智能技术的飞速发展及广泛应用，给传统的行政执法思维理念和执法模式带来了巨大挑战。高新技术在社会公共服务领域的应用，能有效集成信息资源，为行政执法理念和执法模式的转变，提供有力的技术支持。

高新技术时代最显著的标志就是公开、透明和智能化，行政执法行为

的全过程被纳入到可数据化监管轨道，这客观上要求行政执法要改变传统的封闭思维，树立开放意识，顺应"开放政府、法治政府、责任政府"的基本战略需求，实现行政执法数据的开放共享。实践中，高新技术的应用推动着各地政府的执法理念不得不超越本部门和本地域的界限，变得更加开放。

在整个行政执法流程中，对执法形势的准确预测和对行政对象的科学决策是行政执法的关键所在。以大数据、人工智能为代表的新兴技术，可以快速、全面、准确地整合各领域的信息资源，为行政执法提供重要的数据参考和决策支撑。传统的行政执法模式下，执法者需要对执法对象和执法内容进行事先的定性和定量研究，才能做出决策。然而，受制于获得信息的有限性，执法者只能通过现有的少量"事实"数据展开局部分析，并由此推导出适用于社会大多数的普适性执法方式。这无疑对执法者所掌握数据的代表性、推导过程的逻辑性提出了很高要求，否则将对行政执法结果带来不利影响。以大数据、人工智能为代表的新兴技术的运用却打破了这种传统的行政执法模式。高新技术的应用能够最大程度还原事实的真相，揭示事态发展的普遍性规律。以大数据、人工智能为代表的新兴技术的运用"可以克服传统科层内部由信息不对称所产生的各种治理困境，信息传递更趋扁平化，对问题的了解更为准确和全面，从而提升科学决策的水平和精准度。"①

总之，在行政执法过程中，以大数据、人工智能等为代表的高新手段不仅为行政执法提供了技术层面的支持，还通过政府执法部门的执法创新，客观上增进了执法人员的行政服务意识，进而推动政府职能转变。"我国行政职能转变之所以艰难，一个重要原因在于政务数据的碎片化，信息资源共享程度低，部门中的公务员在办事、监管、服务的每一环节都需要亲历亲为，这是导致一放就乱、一乱就收、一收就死、一死再放的恶性循环的主要原因。"② 要走出这一困境，必须在高新技术建设的支持下，凭借大数据、人工智能等技术应用的优势，建立全面、有序的数据库，依靠整个数据库系统的信息整合规划，为行政执法提供支持。

---

① 高小平. 借助大数据科技力量寻求国家治理变革创新 [J]. 中国行政管理，2015，364 (10)：10－14.

② 同①.

大数据、物联网、云计算、人工智能等新兴信息技术的广泛应用，能够实时收集和汇聚行政执法所需的各方面数据，以辅助行政执法者作出执法决策。高新技术在行政执法中的关键在于执法数据或信息的收集、汇聚、分析并为行政执法决策提供参考。行政执法部门可以借助感应器将来自社会各领域的实时动态数据信息汇聚后，通过构建特定的模型展开算法演绎，对现有数据进行分析，就能全方位地模拟和预测行政执法不同领域的许多维度，进而为行政执法者提供分析和决策的依据。[①] 一些地方甚至通过大数据准确找到了不同因素之间的关联性，从而为行政执法的科学决策奠定了基础。据报道："一些机构基于国家经济户籍库，分析表明1990年至2011年我国财政收入与企业注册资本之间的关系呈高度线性相关，其相关系数高达0.987，而斜率竟为0.148，也就是说：放开企业注册，可以大大增加政府财政收入，这就为宏观经济决策提供了极富价值的参考。"[②]

（二）高新技术应用有效提升行政执法效率

众所周知，行政执法中人力资源紧张、工作业务繁多、受理案件难以及时有效查找相关案件材料及标准已成常态，而大数据、人工智能等技术的应用，能有效打破这一现状。与过去的纸质化办公相比，就行政执法中信息数据的处理数量、处理速度或处理的精确性等方面而言，高新技术应用所带来的影响力都远甚于以往。大数据、人工智能等高新技术为行政执法模式创新和行政执法效率提升带来的无限机遇，使行政执法机构能以创新的方式更加便捷、高效地提供公共服务，尤其是可以改变固有的、单一的、流程化的行政执法模式，转而提供许多前所未有的个性化、便捷化行政执法服务，如就行政执法信息提供定制化的服务等。高新技术的应用不仅能有效缓解长期以来行政执法面临着人、财、物严重不足的现实压力，而且使得许多奇思妙想可以在行政执法中得以实现。它不仅带来日益提升的行政执法效率、行政执法便捷度与社会公众的满意度，而且使许多棘手

---

① 马亮. 大数据技术何以创新公共治理？——新加坡智慧国案例研究 [J]. 电子政务，2015，149 (5)：2-9.

② 九三学社中央大数据课题组. 大数据，给政府治理带来什么？——九三学社"利用大数据技术提升政府治理能力"调研侧记 [J]. 中国统一战线，2014 (6)：30-32.

的行政执法问题能及时有效予以解决。另外，高新技术应用推动了行政执法中的部门协作，提升了不同政府部门执法工作合力，为很多行政违法案件的多部门协同处理提供了可能。

以合肥市城市云技术在当地公安执法中的应用为例，合肥城市云"通过搭建的智能辅助系统，提高执法部门办事效率，减少业务处理时间，为警员行政执法提供一套高效智慧的辅助决策工具。实践中，城市云充分运用大数据技术，开发公安行政执法智能辅助安卓移动端系统和 PC 端后台系统。系统通过收录国家相关法律法规及公安办案卷宗信息，以相关法律及裁量标准的大数据查询为基础，为办案民警处理民事案件提供精准的决策建议，展示相关决策依据，同时快速录入案件相关信息，从而有效提高民警在受理案件时的决策效率与准确率、加快办案时间，提高民众满意度。该技术系统主要提供三方面的服务：其一，法规查询。通过对国家法律法规、办案卷宗及裁量标准的入库，提供通过案件及条件对相关法规的快速查询。其二，快速笔录。建立笔录数据模板，对笔录信息进行记录。提供对历史笔录、笔录人的信息查询。其三，办案决策。以数据查询为基础，为办案民警针对公安所有办理行政案件处罚提供快速精准的决策建议，有效提高民警的办事决策效率。"①

（三）高新技术能规范行政执法行为，防范行政执法权力滥用

一方面，高新技术应用推动了行政执法公开，增强了行政执法的透明度。行政执法是行政机关依法履行公共管理职能的重要方式。行政执法中不规范、暗箱操作等问题，滋长了社会不良风气，侵犯了人民群众的合法权益，严重损害了政府公信力。随着信息技术、大数据技术及人工智能等技术在行政执法中的广泛应用，行政执法公示制度机制不断走向健全。行政执法流程及行政执法结果的公开，规范了行政执法行为，提高了执法工作透明度，保障了公民、法人和其他组织的知情权。实践中，各地正努力推进执法行为过程信息全程记载、执法全过程可回溯管理以及重大执法决定法制审核全覆盖等举措，全面实现了"执法信息公开透明、执法全过程

---

① 合肥城市云. CCDC 在公安领域的数据应用：提升公安行政执法信息智能化 [EB/OL].（2017 – 08 – 18）. http：//m. sohu. com/a/165569268_434489/2017 – 08 – 18.

留痕、执法决定合法有效，行政执法能力和水平整体大幅提升，行政执法行为被纠错率明显下降，行政执法的社会满意度显著提高"①。

另一方面，高新技术应用能够明确行政执法的裁量基准，有效防范了行政执法自由裁量权滥用。行政自由裁量权是行政主体为了应对现实生活中复杂的行政管理环境，由法律、法规赋予国家行政机关在法定原则和范围内所享有的一定程度的自由选择处置的权力。行政执法中自由裁量权如何把握和行使，一直是社会民众广为关注的话题。行政执法过程中自由裁量权的相对自由性和闭合性决定了它非常容易受到权力、人情、利益等因素的影响而导致权力滥用，从而妨碍行政执法的公正性、公平性。"从现实来看，任意两件行政执法处罚事项，执法对象的违法情况和程度都不可能是完全相同的。即使违法事实相似，仍有违法时的主客观情况不同，以及违法危害大小、时间先后等因素纠缠其中。在裁量标准过于宽泛的情况下，对同样的违规行为处罚结果可能差异巨大，很容易引发被处罚对象和民众对执法公平性的猜疑。"② 可见，为规范行政裁量权的行使，行政执法部门需要结合执法实践确立行政处罚裁量权基准制度，梳理细化行政执法裁量的标准，统一规范行政裁量的范围、种类和幅度，使行政执法裁量权的行使更加公开、透明，提升依法行政水平。大数据、人工智能等高新技术应用可以为行政执法自由裁量权的行使提供一个可供参考的基准。通过检索一定时间段、一定执法领域中类似案例的行政执法自由裁量的幅度，行政执法人员可清晰获知类似行政执法案件的执法处理结果，尤其是自由裁量的范围和幅度，从而保证行政执法的公正性和相对统一性。不仅如此，高新技术应用也为行政机关及社会公众评价该行政执法人员是否正确适用行政自由裁量权提供了参考。

三、当下我国高新技术行政执法应用面临的风险与挑战

随着社会发展，行政执法涉及的领域更加广泛，涉及的事务更加芜

---

① 国务院办公厅. 国务院办公厅关于全面推行行政执法公示制度执法全过程记录制度重大执法决定法制审核制度的指导意见: 国办发〔2018〕118 号［EB/OL］.（2019 – 01 – 03）. http：//www. gov. cn/zhengce/content/2019 –01/03/content_5354528. htm/2019 – 01 –03.

② 卞广春. 规范自由裁量权，防止权力滥用［EB/OL］.（2017 – 12 – 29）. http：//www. xinhuanet. com//local/2017 –12/29/c_129778287. htm/2017 – 12 – 29.

杂，面对不断攀升的行政执法成本和不断提高的社会需求，世界各国开始探索高新技术在行政执法中的应用场景，利用新兴技术提升行政执法效率，降低执法监管成本、推进行政执法的规范化、公正化。与此同时，高新技术也对政府部门行政执法提出了许多严峻而紧迫的挑战。政府应如何关注高新技术的发展并在行政执法中推进高新技术应用？高新技术在政府行政执法中是否得到了必要、充分、有效的应用？更为重要的是，高新技术应用中如何保障国家层面的信息安全与公民层面的个人隐私？在这些方面，政府是否已做好充分准备？政府该如何实现高新技术应用的顶层设计，建设必要的基础设施，并实现高新技术成果的跨部门和跨领域的共享共用？上述问题考验着我国政府管理者和行政执法人员，也是人工智能、大数据等高新技术在行政执法中深入推进所亟需解决的关键议题。

（一）高新技术增加了行政执法的风险

以大数据、人工智能等为代表的高新技术嵌入行政执法过程所产生的新风险也引发了人们的担忧和顾虑。高新技术在行政执法中的广泛应用，虽有效提升了行政执法效能，但也助长了执法机构及执法人员长期以来的技术依赖。

如前所述，当下行政执法很大程度上依赖于大数据技术的支持。大数据带来了海量的数据，但对海量数据的分析处理也对我国实践工作提供了严峻挑战。鉴于行政执法所需数据来源的复杂性和多样性，以及行政执法科学性对数据采集、整合和分析技术所提出的高水平要求，行政执法在依赖大数据技术的同时，也面临着大数据应用带来的风险。正如有学者所言："首先，由于当前我国各地信息化政务推进普遍缺乏顶层设计和整体规划，部门分割明显，不同的信息系统之间很难兼容，数据孤岛现象严重，政府决策很难获得全样本数据，进而影响决策的全面性和科学性；其次，数据的真实性也是一大考验，数据意识的长期缺乏导致连续性的数据库较少，收集的数据质量也普遍受官员晋升激励机制的影响，官员为了晋升而盲目追求政绩，政治锦标赛模式下的数据收集存在瞒报、少报、漏报、不报、虚报行为，导致假数据的出现，政府内部收集的数据难以反映出实际情况；最后，我国缺乏大数据获取、挖掘、整合、使用技术，大数据分析人才普遍缺乏，技术与人才的缺乏导致数据背后的关联性规律挖掘不够充分，如果不会分析大数据，数据价值就得不到彰显，如果全样本数据分析错误，导致的政策后果同样严重。以往的政府决策过度依赖领导干部的主观决策，不依据数据决策时常导致决策失误，但由于上述三个因素容易导致假规律的出现，大数据技术嵌入政府治理过程后，政府决策过度依赖数据相关性同样容易导致决策失误。"[1]

（二）高新技术应用对行政执法提出更多挑战

高新技术在行政执法中的应用效果受制于多方现实因素，如地域差异、经济状况、技术水平、人员素质等。如不能正视这些现实因素并积极寻求应对之策，高新技术的行政执法应用也难以获得预期效果。

首先，高新技术的行政执法应用效果因地而异，参差不齐。毋庸置疑，加强行政执法中的高新技术设备配置是加强行政执法能力，切实履行执法管理职责，提高行政执法科技化水平的有效举措之一。从目前而言，我国东部沿海地区高新技术应用意识强，经济基础好，科技力量雄厚、高层次技术人才集聚、对行政执法中配备高新技术设备的支持力度大，为其推进高新技术的行政执法应用奠定了很好的基础。从目前调研来看，一些发达地区的政府采取统一采购、统一配发的方式，逐步配齐行政执法的高新技术装备，包括行政执法的数据收集、分析、处理设备、行政执法的全过程留痕记录设备等，通过推动高新技术应用不断提高行政执法的科学性和针对性。然而，对于一些我国中西部内陆地区而言，在短期内迅速配备齐全这些高新科技装备用于行政执法显然还有一定的难度。

其次，我国高新技术领域的发展状况同西方国家相比还存在相当差距。高水平技术是高新技术行政执法应用必不可少的要件。然而，客观而言，我国在大数据、人工智能等高新技术领域的发展仍落后于西方发达国家。以大数据技术的行政执法应用为例，我国行政执法所涉及数据资源尽管丰富，但我国目前在大数据获取、挖掘、整合、传递、存储、应用等方面的技术仍存在很多欠缺，无法在行政执法中充分开发和利用大数据的价值，对行政执法效果直接带来不利影响。[2]

---

① 陶建武，梅立润. 大数据技术嵌入政府治理的再生风险及其控制 [J]. 天水行政学院学报，2016，97（1）：17-20.

② 翟钢. 大数据时代：推开财政数据挖掘之门 [M]. 北京：经济科学出版社，2013：15.

最后，高新技术应用对行政执法人员的能力和素质也提出了更高要求。执法人员的素质和工作水平直接影响着高新技术行政执法应用的效果和质量，加强行政执法队伍建设，提高执法人员运用高新技术的能力，对规范其行政执法行为，提升高新技术行政执法应用水平具有十分重要的意义。

可见，现代社会中，高新技术应用带来的福利和风险并存。行政执法很难脱离高新科技而发展。人们在享受高新科技所带来的执法便利的同时，也无法绝对消除高新科技给行政执法带来的风险和挑战。这也从另一侧面阐释了，在技术风险无处不在的现代社会，如果要完全排除行政执法中的科技风险，就意味着我们不得不在行政执法中放弃使用大部分科技，放弃科学技术给我们行政执法带来的诸多便利。可以肯定，绝大多数理性的人是不会选择这样做的，因为这会阻碍整个现代社会的文明进程。既然绝对规避行政执法中的科技风险是不可能的，那么在高新科技行政执法应用风险客观存在的语境下，必须突破传统法学的思维限制，正视该风险及挑战，并在立足我国现实国情的基础上构建符合科技风险特征的法律应对措施。

四、新科技语境下推进严格执法的建议

伴随着新一轮技术革命浪潮的出现，新兴技术无声地重塑了中国行政执法的生态环境，高科技时代的行政执法也面临着一系列全新的机遇和挑战。在挑战与机遇并存的新时代，行政执法中高新科技应用能力建设的立法完善及路径优化成为一个迫在眉睫的重大命题。

（一）加强政府宏观层面的战略规划和顶层设计

行政执法作为新兴技术的可落地应用场景，已逐渐引起全国范围内的广泛关注，全国范围内高新科技行政执法应用在数量上不断攀升，应用领域也渐成燎原之势。据统计，以无人机技术、大数据技术、人工智能技术为代表的高新科技已经在交通行政执法、城管行政执法、环境保护行政执法等领域中得以广泛应用。在高新科技行政执法应用渐成气候的时代背景下，加强政府宏观层面的战略规划和顶层设计已成必然。高科技执法通常

被界定为行政执法和科技的融合。它把高新科技应用到行政执法领域，通过技术工具的变革推动行政执法模式创新，在一定程度上改变了现有行政执法生态环境，增加了新的行政执法方式，有效提升了行政执法的便利性和可得性。在高新科技背景下推进行政执法的规划核心在于高新科技应用空间的挖掘和应用效能的提升，不能仅仅聚焦于高新科技在各地行政执法中的数量增长，否则容易导致战略规划预期与战略实施现实之间的背离，即往往仅实现了高新技术在行政执法中数量的自然增长而非效能的提升。可见，政府宏观层面的战略规划和顶层设计对于推进高新科技在行政执法中的广泛、深入、有效应用并有效防范高新科技行政执法应用的风险至关重要。

一方面，同西方发达国家相比，我国的高新科技研发应用起步晚，基础薄弱，研发力量分散，应用性不广，尚有很大的发展提升空间。随着高新科技在行政执法领域的应用逐步走向成熟且各地政府的投入热度持续升温，那些已经或可能应用于行政执法领域的高新科技产业的未来发展理应得到国家层面的支持和监管。国家应专设相关机构负责监管相关科技产业的发展，统筹规划相关高新科技产业布局，激励高新科技研发，扶持高新科技企业的先行者快速壮大并带动全国相关产业的健康、可持续发展。除此之外，鉴于高新科技的研发应用本身就是一个充满未知高风险的事业，政府必须担负起社会风险的防控义务，重视并积极应对高新科技行政执法应用所带来的风险，即"必须找到后果的不可预测性如何被生产和避免的标准，必须给释放出爆炸性力量的、疾进的'无人掌舵的'科技发展装上刹车和方向盘"[1]。否则，高新科技行政执法应用中的科技风险可能引发连锁反应，激化社会矛盾，产生难以估量的后果。因此，政府既要对具有风险的高新科技研发及高新科技产业发展进行审慎的监管许可，又要对具有风险的高新技术行政执法应用谨慎设限，防止其在实施中产生无法把控的风险。

另一方面，国家要通过政策立法和行政文件来拓展政府部门高新科技行政执法应用及管理的能力，并借助搭建高新科技应用平台、鼓励高新科技行政执法应用等手段不断提升政府部门在行政执法中应用高新技术的能

---

① 乌尔里希·贝克. 风险社会 [M]. 何博闻，译. 南京：译林出版社，2004：223.

力和效果。国家应对高新科技的应用和管理给予高度重视，制定高新科技行政执法应用的顶层设计和指导性原则，建立政府部门行政执法中应用高新科技的管理制度体系，完善政府数据获取、存储及使用制度、高新技术风险防范、隐私保护等方面的制度。现阶段，针对大数据技术的行政执法应用，中央及各地政府可依据现有数据共享开放的政策立法，制定、颁布数据开放和管理方面的规范性文件，并通过建设各地数据门户网站，搭建政府、社会和公众互动交流的信息平台，推进政府数据开放和管理，加强各方主体间的信息交流与合作，充分调动社会民众参与数据共享应用的积极性和主动性，提升行政执法的效率及效果，不断推动高新技术的行政执法应用。①

（二）完善相关政策立法制度

在社会发展历程中，政策立法具有规制不同社会主体行为，建立和引导社会良性发展的重要使命。哈耶克曾指出："在没有那种能够被合理地加以维护的制度时，国家绝不会袖手旁观。一个有效的竞争制度和其他制度一样，需要一种明智规划的并不断加以调节的法律框架，甚至提供它适当发挥作用所必需的最根本的前提，以防止欺诈和诡骗，这都给立法活动提出了一个伟大的但远未充分实现的目标。"② 高新科技的行政执法应用必须寻求规范层面的约束和支持，只有相关政策立法制度健全了，高新科技的行政执法应用才有章可循，才能保证高新科技行政执法应用的长期、健康、可持续发展。

行政执法中科技应用的风险防范关键在于构建合理的科技风险防范原则，并以此为基础制定具体的科技风险防范准则。唯有如此，我们才能对行政执法中的科技风险进行有效的规范制约。那么，既有的法律规范，特别是传统行政法规范能否足以应对和处理高新科技在行政执法应用中引发的风险问题呢？答案是否定的。毫无疑问，行政执法中的风险防范的理念和规则很大一部分凝聚在传统法规规范中，因此传统行政法规范无疑会为

---

① 李媛，刘国伟. 大数据时代政府数据管理政策研究及建议 [J]. 信息安全研究，2019（5）：388 – 393.

② 冯玉军. 立法参与的制度设计与实施效果评估、自我规制的规制：应对科技风险的法理与法制 [J]. 河北法学，2018（1）：2 – 11.

我们应对科技风险问题提供有益的指导和建议，但是这种作用是有限的。令人失望的是，传统行政法规范多囿于处理后果已出现或虽未出现但可事先预知确定的问题，而仅仅局限于对行政行为后果是确定可知或预见可知的行政行为是否合法或合理提供判断和指导，而对于处理后果很难确知的科技风险问题却捉襟见肘。①

加强相关政策立法是为了推动我国高新科技行政执法应用和管理进入规范化、法制化轨道，是有效防范高新科技行政执法应用风险的重要举措。我国虽然初步确立了高新科技监管制度，但只是一些原则性规定，要充分发挥政策立法在高新科技行政执法应用中的积极作用，必须细化高新科技监管制度，强化政策立法内容的可操作性。另外，尽管不少现行法律法规在其规范条文中或多或少涉及高新科技行政执法应用方面的内容，但通常仅针对某一方面，涉及对象单一，规制范围有限，尤其对高新科技行政执法应用的风险防范等方面的规定十分薄弱，还存在许多空白。以大数据技术应用为例，从《网络安全法》到目前尚在起草制定中的《个人信息保护法》，我国不断加大对公民个人信息的保护力度。但从目前来看，我国对公民个人信息犯罪活动的惩治，主要集中在规范个人数据的采集范围和程序、打击数据买卖环节的"灰色产业链"等环节，而对行政机关执法中所获取的公民个人数据信息的注销和删除、经过处理的个人数据信息的权利归属问题及权利范围仍处于模糊状态。而且，行政主体执法中对于个人数据信息的存储和使用中究竟该遵循哪些底线原则，一旦出现信息泄漏，相关行政主体应采用哪些补救措施以及对此的相应追责制度如何完善等问题，最终还是有赖于相关政策立法制度的完善来实现。

另外，需要注意的是，鉴于高新科技行政执法应用涉及的社会利益主体众多、涉及的社会关系复杂，因此在相关政策立法制定中要注意完善立法程序，扩大政策立法参与范围。具体而言，应保证立法参与尽可能覆盖更多的相关利益主体，尤其是要保障相对弱势的利益相关人的参与权利，在政策立法制定上全面反映各种社会主体的不同意见，使相关政策立法的制定充分体现社会民众的真实意愿，保障不同立场社会主体的意愿得到充

---

① 张秋成. 科技风险伦理原则的构建与应用 [J]. 长沙理工大学学报（社会科学版），2019，34（2）：8-14.

分表达，充分尊重相关利益主体的合理诉求和合法利益。不仅如此，还要在相关政策立法的制定程序上最大限度地保证不同社会主体参与的全面性和参与人选的客观性、公正性，防范政策立法制定被强势的社会利益主体所掌控而导致所出台的政策立法沦为维护少数利益集团牟利的工具。

（三）健全高科技应用的风险防范措施

英国社会学家吉登斯指出，科学和技术并未使我们的生活更加确定，虽然它们致力于防止危险，但它们也有助于产生这些危险，实际上我们不断发展的知识对这个世界的影响所产生的风险，在风险中占主要地位。[①]身处风险社会中，高新技术应用会带来不明的或无法预料的后果已是必然。正如德国著名社会学家乌尔里希·贝克所言，风险即使是很微小的可能性也具有威胁性后果，常常引致不可逆、不可见的伤害。如果坚持对因果关系进行严格证明，基于"不明确的"信息状况而否认对风险的认识，将是对工业造成的文明污染和疾病最大程度的无视。[②] 可见，即使一些高新科技行政执法应用所引发的风险是不确定的，也不能作为我们无视这些潜在风险，不去积极寻求风险防范干预措施的理由。否则，一旦风险突发，我们将毫无还击之力。那么，如何来正确认识和面对高新科技行政执法应用的潜在风险问题呢？显然，在现行政策立法框架下，积极健全高新科技应用的管理制度，尤其是风险防范措施建设就显得尤为必要。

首先，要健全高新科技行政执法应用程序制度。为了防范风险，行政执法机关在运用高新科技的过程中必须遵循法定程序。程序制度是建立和完善高新科技行政执法应用风险防控机制的重要组成部分，其核心是以程序来规范和加强对高新科技行政执法应用的制约和监督。毋庸置疑，程序制度可以规范行政机关人员在执法中应用高新科技的行为，提升行政机关人员运用高新科技的能力，防范高新科技行政执法应用中的风险，尤其是强化对高新科技行政执法中的风险易发流程的监控。随着科技发展和行政执法内容的变化，风险点也会不断变化，这就意味着高新科技行政执法应用程序制度也要动态跟进，因地制宜，及时调整。我们不仅要及时废止那

[①] 安东尼·吉登斯. 失控的世界：全球化如何重塑我们的生活 [M]. 周红云，译. 南昌：江西人民出版社，2001：3，22 – 23.

[②] 乌尔里希·贝克. 风险社会 [M]. 何博闻，译. 南京：译林出版社，2004：20，73 – 75.

些过时的程序规则，还应结合实际需要及时补充新的风险防范程序。也正是在适时排除程序制度推进中面临的新问题和新挑战的过程中，相关行政执法机构才能不断完善其程序管理制度，创新高新科技行政执法应用中风险防范的方式及方法。

其次，要确立高新科技行政执法风险应急管理制度。做好嵌入式科技应用风险防范体系建设，健全风险防范机制，是加快推进高新科技行政执法应用的一项迫切任务。我们要通过风险应急管理制度建设，有效防范、控制和化解行政执法机构在复杂多变的执法环境中所面临的重大科技应用风险。行政执法机构通过加强高新科技的应用风险管理，有效预防并及时处理一些突发性、社会影响重大的问题，提高行政执法机构处置突发科技应用风险，维护正常社会秩序、保障社会民众根本利益的能力，降低高新科技应用风险对整个社会所带来的不良影响。

最后，要健全行政执法人员高新科技应用培训制度。行政执法人员自身的主观能动性、风险防控能力对于高新技术行政执法应用风险防控有着重要的意义。确立行政执法人员定期学习培训制度，通过多种形式开展执法人员应用高新技术的业务培训和业务考核，重点提升其高新技术应用意识，提高其行政执法中运用高新技术的能力、严格运用高新科技执法的程序，同时增强其防范高新技术应用风险的能力，全面提升执法人员的专业化素质。

第七章

公正司法与科技

党的十八大以来，中央围绕全面依法治国作出了一系列重要部署。公正司法是依法治国的重要组成部分，是现代社会政治民主、进步的重要标志，也是现代国家经济发展和社会稳定的重要保证。习近平总书记曾多次讲到："司法是社会公平正义的最后一道防线""要努力让人民群众在每一个司法案件中都感受到公平正义"①。公正司法离不开科学技术。本章主要分析科技在公正司法中的作用以及相关技术在司法中的应用。

一、司法科技在公正司法中的重要作用

司法科技是公正司法的重要保障，具体表现在以下几个方面。

第一，司法科技是查清事实的重要手段。公正司法的前提是查清事实，通过证据认定裁判事实或法律事实。裁判事实是事实审理者通过法定程序，在证据的基础上，对案件涉及的客观事实所作的一种认定或推定。从程序的角度看，裁判事实是经过程序法规范过滤了的事实；从证据的角度看，裁判事实是在客观事实的基础上，依据证据规则再现或建构的事实；从规范的角度看，裁判事实则是依据实体法规范裁剪过的事实。客观事实本身不存在真假问题，只有存在与否的问题。如果说非要用真假来评判客观事实不可的话，那么，客观事实的真假问题与其存在问题也是同一的。② 因此，为了查清事实，需要及时全面地收集证据、准确地认定，而

---

① 邢海宝. 习总书记为何反复强调司法公正问题 [EB/OL]. http：//politics. rmlt. com. cn/2017/0921/496755. shtml.

② 赵承寿. 论司法裁判中的事实问题 [D]. 北京：中国社会科学院研究生院，2002.

这些工作已经越来越依赖司法科技的发展。

第二，司法科技是准确适用法律的重要辅助手段。公正司法的关键在于准确适用法律。司法就是适用法律，即把法律适用于具体案件。适用法律有些像医生看病，在对病人望闻问切之后，医生对疾病开出一剂良方，让患者服后药到病除，相当于让纠纷案结事了。因此，适用法律是一门技术，所以司法者应当是具有专业法律技能的职业人员；适用法律往往既要考量纠纷本身也要考虑纠纷之外的其他因素，所以司法者应当具备一定的社会生活经验；适用法律需要贯彻准确、独立、平等、统一、稳定等原则，所以司法者应当熟悉办案程序、诉讼规则和裁判方法，适用法律的效果需要用"公正"这个度量衡来评价，所以司法者和参与者都必须秉持追求公正之心。[①] 随着现代信息通讯技术和人工智能技术的快速发展，司法科技已经可以比较准确地梳理相关法律规定和相似案件裁判观点，对于辅助司法人员准确适用法律、确保同案同判的作用越来越明显。

第三，司法科技是司法工作公开透明的重要保障。公开透明是司法公正的基本要求。只有深化司法公开，有效破除"司法神秘主义"，使得社会公众能够近距离了解司法、认识司法，进而理解司法、信赖司法，司法公信力才能得到明显提升，我国司法制度优越性才能得到充分展现。[②] 我国近年来借助司法科技，进行裁判文书、审判流程信息公开、庭审公开等工作，对于促进司法公正起到了重要作用。

第四，司法科技是提升司法效率的重要手段。"迟来的正义为非正义。"当前，我国正在大力推进智慧司法建设，主要目标之一就是建立数据全景化的司法大数据平台。以上海为例，网络民商案件设立互联网审判庭、证人网络出庭作证等"新型辅助庭审"正在兴起，司法程序和时间消耗将继续简化与完善。同时，上海积极推进知识产权法院、金融法院、海事法院等专门法院建设，朝着专业化、国际化、智能化的方向迈进；在替代性争端解决机制方面，也出现了自贸区法院外籍调解员、在线调解等便民举措。[③] 这些在运用现代司法科技基础上的举措，对于提高司法效率具

---

① 胡云腾. 司法的规则是正确适用法律［N］. 法制日报，2013 – 09 – 18（9）.
② 李亮. 紧跟大数据时代步伐 不断提升司法公开质效［N］. 人民法院报，2018 – 11 – 07（5）.
③ 李颖轶. 改善营商环境需提升司法效率［N］. 解放日报，2018 – 11 – 20（10）.

有重要的推动作用。

第五，司法科技是司法工作客观化的重要保障。司法公正的主要要求是"无偏私"。由于在司法过程中使用科学技术，能够使司法官员认定案件事实以及适用法律的行为客观化，进而可以增强司法裁判在民众心中的认可度，提升司法权威。因此，历史上的统治者向来重视科技在司法中的应用，并比较注重选任能够熟练使用相关技术办理案件的官吏担任司法裁判者。

由于受到技术发展的限制，历史上司法实践中使用的技术主要是事后认定案件事实之技术，如法医技术、物证技术等。随着当代科技的进步，特别是信息技术的迅猛发展和广泛运用，司法科技除了用于认定案件事实之外，司法机关在司法办公、固定事实等方面亦开始大规模使用当代技术，同时，人工智能技术的发展亦促进了适用法律工作的技术化。司法办公、固定事实、认定事实、适用法律等工作均达到一定程度的信息化、自动化、智能化是司法科技发展的主要趋势，并且必然会对司法工作本身产生重要而深远的影响。

二、固定事实的司法技术

未雨绸缪，在犯罪行为发生之前预防犯罪或制止犯罪，在社会矛盾产生之前避免纠纷或减少纠纷，历来是司法工作的主要目标之一。某些人之所以敢于破坏合法的社会关系，如实施犯罪、侵权或违约行为，一个重要原因就是他们心怀侥幸，认为社会没有能力知晓或证明他们实施了相关行为，进而可以避免受到法律的惩罚。因此，充分利用现代技术手段，在社会生活中，全方位地、同步地固定人们的各种行为，对于有效预防违法犯罪行为、避免和减少社会纷争，具有极为重要的作用。

当前，固定事实的司法技术主要可以分为以下两类。一是音视频监控与存储系统。音视频在司法工作中经常作为直接证据使用，有些时候可以起到一锤定音之效。当前正在建设和运行的"天网监控系统"是国内音视频监控与存储的主要系统，对于预防街面犯罪、维护社会治安起到了特别重要的作用。同时，道路交通、城管卫生等部门亦建有大量的音视频监控系统。另外，党政部门、金融机构、医疗单位、住宅小区（含私人）、加油站、学校、车站等也有大量的监控资源。因此，当前的一项重要工作和技术难题就是如何将"天网监控系统"与其他单位和社会上的音视频监控资源有机整合在一起，并配置各利益主体不同的使用权限，以最大限度地发挥现有资源的作用。^①例如，涉嫌故意杀人的吴某某于 2019 年 4 月 21 日在重庆江北机场乘机时被抓。吴某某被抓时身上带了 30 多张身份证，三年来一直在国内活动，已潜逃 1380 天。在此前半年，重庆江北机场完成了所有安检通道人脸识别系统升级工作，新系统提供旅客人脸比对数据回查功能。该技术的运用将进一步提高重庆机场事前预防能力。通过人脸识别抓拍的一张清晰照片，即可成为机场内的通行凭证。利用人脸数据，并与公安系统进行联网，实现数据共享，系统通过比对的方式可快速找到布控人员并发出警报，为公安找人、抓逃、布控等提供智能化武器。吴某某之所以能够被抓获，就是因为警方通过"天眼"系统发现了其行踪。^②

二是特定事实的记录或登记系统。特定事实的记录或登记系统主要包括：不动产和特定动产的登记系统，如不动产登记系统，机动车、船舶、飞行器登记系统等；权利的记录系统，如股权登记、商标注册、版权登记、专利申请等；行为的记录系统，如合同公证或登记等；资金流转记录系统；物流记录系统等。上述事实记录或登记系统，其建立的直接目的，有些并非就是为了定分止争，但是其附加作用却可以起到固定事实、预防社会矛盾之效。同时，为了减轻市场主体的经济负担，加之随着信息技术的发展，登记的成本越来越低，已经趋向于零，因此，具有官方性质的登记费用应逐步降低甚至取消。例如，2017 年 3 月 15 日，为切实减轻企业和个人负担，促进实体经济发展，财政部、国家发展改革委下发了《关于清理规范一批行政事业性收费有关政策的通知》（财税〔2017〕20 号）。该通知取消或停征了 41 项中央设立的行政事业性收费，并将商标注册收费标准降低 50%。取消或停征的涉及特定事实记录或登记的收费主要包括：机动车抵押登记费，房屋转让手续费，地质成果资料费，进口废物环境保护审查登记费，化学品进口登记费、船舶登记费，植物新品种保护权收

① 刘黎明，黄军. 县域经济发展中城市天网监控系统建设与完善——以 S 省 G 县为例［J］.中国刑警学院学报，2016，131（1）：29 - 33.

② 搜狐警法. 警方靠"天眼"抓获北大弑母案嫌犯，机场刚升级系统［EB/OL］.（2019 - 04 - 26）. https：//news. ifeng. com/c/7mC1m1TvHbx.

费，农药登记费，进口兽药注册登记审批、发证收费，药品生产质量管理规范认证费，药品经营质量管理规范认证费，麻醉或精神药品进出口许可证费，药品行政保护费，中药品种保护费，计算机软件著作权登记费，民用航空器国籍、权利登记费，测绘成果成图资料收费，婚姻登记费，收养登记费等。另外，为了司法工作之目的，有关事实记录或登记系统的一项技术难题就是如何安全且有效地将之与司法机关的信息系统相联结，以便既能使司法机关合法、便捷地获取必要信息，而同时又能有效地保障客户的隐私和权益。

另外，根据事实记录或登记系统的权威和开放程度，还可以将其分为公共记录系统和私人记录系统两大类。公共记录系统是指由第三方对特定事实进行记录或登记的权威信息系统，如不动产登记系统、商标注册系统等；私人记录系统，则是指由自然人或企业自己对其相关事实进行记录的信息系统，如企业的信息管理系统、个人的电子邮箱、个人电脑上的电子文件等。私人记录系统，由于其事实信息由其个人进行记录和存储，具有易删除、易篡改的特性，因此，私人记录系统上所记载的普通信息通常证据性较差，难以被司法机关直接采信。为了增强私人记录系统中信息的可信度，我国应加强安全高效的电子签名、时间戳及相关技术的研发，并可由政府或其授权的机构向社会公众提供低价甚至免费的电子签名和时间戳服务，以确保私人记录系统中重要信息的证据可采性。① 例如，2018 年 9 月 6 日最高人民法院颁布了《关于互联网法院审理案件若干问题的规定》（法释〔2018〕16 号）。该司法解释第 11 条规定：当事人对电子数据真实性提出异议的，互联网法院应当着重审查以下内容，判断该电子数据生成、收集、存储、传输过程的真实性；电子数据生成、收集、存储、传输所依赖的计算机系统等硬件、软件环境是否安全、可靠；电子数据的生成主体和时间是否明确，表现内容是否清晰、客观、准确；电子数据的存储、保管介质是否明确，保管方式和手段是否妥当；电子数据提取和固定的主体、工具和方式是否可靠，提取过程是否可以重现；电子数据的内容是否存在增加、删除、修改及不完整等情形；电子数据是否可以通过特定形式得到验证。当事人提交的电子数据，通过电子签名、可信时间戳、哈

---

① 王兵. 时间戳服务系统设计研究［J］. 计算机与网络，2011（14）：68 – 70.

希值校验、区块链等证据收集、固定和防篡改的技术手段或者通过电子取证存证平台认证，能够证明其真实性的，互联网法院应当确认。

三、认定事实的司法技术

司法活动中的一项主要工作就是认定事实。为了确保司法机关认定的事实客观准确，必须依靠科学技术。科学知识、科学证据与司法鉴定是司法机关准确认定事实的前提和主要手段。

科学知识是司法机关准确认定事实的前提，没有科学知识，就不可能准确认定事实。例如，古代之所以产生神明裁判，主要原因还是在于科学不昌明，司法官吏没有足够的科学知识对案件证据和相关因果关系进行客观解释，因此，只能借助神明进行裁判，给出一个各方都有可能接受的结果。

在我国夏代有启的臣子孟涂行巫断狱"血迹神判"的记载，在商代卜辞中存在着以"占卜神判"治狱的卜文，在西周有盟诅神判的记载。即使在近现代中国西南、北方少数民族的习惯法中，神明裁判仍存在着并有多种具体的表现形式，如吃血、捞油、闷水、点蜡烛、煮物……等。[①] 在其他国家，如古代印度，神明裁判历史极其久远。[②] 又如，在中世纪早期的日耳曼民族习惯法以及后来的"蛮族法典"中，神明裁判更是大行其事，如捞沸神判、铁水神判、浮水神判等。基督教传入后，神明裁判也很常见。由基督教士运用吃食神明裁判："一盎司的面包或奶酪伴随着这样的祈求被吃掉：'主啊，如果这个人正常地发誓，那就闭上他的胃，使他无法咽下这块面包和奶酪吧'。"[③] 到了近现代，神明裁判逐渐式微，甚至消失，其主要原因在于现代科技的勃兴，科学知识日益丰富，人们对案件证据和相关因果关系能够进行客观的解释，进而不再需要"神"来提供不确定的答案。

科学证据是司法机关发现事实和认定事实的主要手段，是司法机关构

---

① 邓敏文. 神判论 [M]. 贵阳：贵州人民出版社，1991：10.
② 穗积陈重. 法律进化论 [M]. 黄尊三，等译. 北京：中国政法大学出版社，1998：18-20.
③ 伯尔曼. 法律与革命 [M]. 贺卫方，高鸿钧，夏勇，等译. 北京：中国大百科全书出版社，1996：67.

建法律事实的基础。依据科学证据与司法鉴定构建起的法律事实，通常更能准确反映客观事实。传统上认定事实的司法技术主要是科学证据技术，即收集和认证证据的技术，如法医物证与 DNA 技术、法医临床技术、法医病理技术、现场勘查技术、痕迹检验技术、指纹鉴定技术、精神病鉴定技术等。[①] 事实上，即使在神明裁判盛行的古代社会，人们也一直在寻找准确认定证据和发现事实的客观方法，那些能够运用技术手段发现或解释客观证据的司法官吏通常会受到上级和百姓的认可。我国宋代法医学家宋慈就是熟练运用各种技术手段发现案件事实的专家。宋慈在广西巡视时，有一路人被人以镰刀所杀，疑因口角被人砍杀。宋慈招集相关人员查问，仔细查看众人所用的镰刀，发现其中一把上有苍蝇聚集，故断定该刀主人为杀人真凶。这是利用了苍蝇嗜血的特性，找出凶器，从而确定凶手。[②] 宋慈所撰写的《洗冤集录》更是世界上公认的古代法医学巨著。

司法鉴定是指在诉讼活动中鉴定人运用科学技术或者专门知识对诉讼涉及的专门性问题进行鉴别和判断并提供鉴定意见的活动。或者说，司法鉴定是指在诉讼过程中，对案件中的专门性问题，由司法机关或当事人委托法定鉴定单位，运用专业知识和技术，依照法定程序作出鉴别和判断的一种活动。2005 年 2 月全国人民代表大会常务委员会通过《全国人民代表大会常务委员会关于司法鉴定管理问题的决定》。该决定规定："国家对从事下列司法鉴定业务的鉴定人和鉴定机构实行登记管理制度：（一）法医类鉴定；（二）物证类鉴定；（三）声像资料鉴定；（四）根据诉讼需要由国务院司法行政部门商最高人民法院、最高人民检察院确定的其他应当对鉴定人和鉴定机构实行登记管理的鉴定事项。""国务院司法行政部门主管全国鉴定人和鉴定机构的登记管理工作。省级人民政府司法行政部门依照本决定的规定，负责对鉴定人和鉴定机构的登记、名册编制和公告。""侦查机关根据侦查工作的需要设立的鉴定机构，不得面向社会接受委托从事司法鉴定业务。""人民法院和司法行政部门不得设立鉴定机构。"该决定规范了我国司法鉴定工作，对于保证司法鉴定行为的中立、客观和公正具有重要作用。

---

① 邱爱民. 科学证据基础理论研究［M］. 北京：知识产权出版社，2013：140－147.
② 钱崇豪. 宋慈与中国司法鉴定［J］. 中国司法鉴定，2006（1）：61－62.

　　科学证据或司法鉴定通常只能证明案件事实的某一方面或某一片段。例如，法医利用 DNA 技术证明了检材与犯罪嫌疑人具有同一性，可以直接推断检材来自于犯罪嫌疑人，但是该 DNA 鉴定并不能证明该检材就来自犯罪现场，当然，更不能仅仅通过该 DNA 鉴定就推论犯罪嫌疑人到过现场并实施了犯罪行为。同时，科学证据或司法鉴定本身属于运用科学知识解决现实问题的技术手段或技术方法。而技术手段或技术方法都有其适用范围和误差空间。科学证据或司法鉴定是否有效、是否具有可采性主要可以分为两个方面：一是基础有效性，二是应用有效性。基础有效性，是指与证据的法律标准相对应的科学标准，其所赖以存在的基础应该是可靠的原理和方法，即鉴定所使用的方法是科学、有效和可靠的。应用有效性，是指与专家证人（或鉴定人）的法律标准相对应的科学标准，其应可靠地应用上述原理和方法，即鉴定人的鉴定行为是可靠的。

　　在判断一个科学证据或司法鉴定方法是否有效时，有两个指标需要加以特别考虑：一是灵敏度，二是假阳性率（FPR）。灵敏度是指在已知两个样本确实来自于同一来源的前提下，根据该鉴定方法检测认为该两个样本相互匹配的概率。灵敏度高可以保证"不纵"，即只要犯罪现场的样本与犯罪嫌疑人的样本是同一来源，那么鉴定结果就会显示二者来自于同一来源，这样就不会放纵犯罪嫌疑人；但是，灵敏度并不能反映两个样本实际非来自于同一来源而鉴定结果却显示二者来自于同一来源的错误情形的概率。假阳性率是指两个实际来自于不同来源的样本而根据该鉴定方法检测认为相互匹配的概率。假阳性率越低越可以保障不冤枉无辜者，即可以"不枉"；但是，该指标不能反映两个样本实际来自于同一来源而鉴定结果却显示两个样本非来自于同一来源的错误情形的概率。因此，评估一个科学证据方法或司法鉴定方法的有效性和可靠性，需要同时使用灵敏度和假阳性率两个指标。如果从疑罪从无的刑法基本原则和理念出发，那么假阳性率应具有更重要的意义。

　　目前，我国司法鉴定方法的基础有效性和鉴定人员的应用有效性尚未进行系统、全面的评估。为了适应新时代的新形势，提升我国司法鉴定的质量和可靠性，我国亟需对司法鉴定机构所常用的司法鉴定方法进行有效性和可靠性的评估。例如，对司法鉴定方法与司法鉴定机构、鉴定人员情况的摸底；评估司法鉴定方法是否基于可靠的理论和方法；分析司法鉴定方法是主观方法还是客观方法；对司法鉴定方法的假阳性率和灵敏度进行具体测评等。

因此，虽然科学证据技术对于准确认定案件事实具有极为重要的作用，但是，还必须全面梳理、判断和分析案件的全部证据才能对案件事实作出认定。梳理、判断、分析全案证据并认定事实的工作通常由法官根据自己的良知、理性，通过自由心证或内心确信而完成。另外，在一些国家对某些特殊案件，认定事实工作也可以在法官指导下由陪审团对证据进步判断、分析而完成。

无论是由法官还是由陪审团认定案件事实，由于都会受到人的内在主观因素以及外部因素的制约和影响，因此，他们认定的事实都有可能会引起质疑。社会公众通常能够容忍裁判者根据其内在主观因素判断案件事实所产生的偏差，但是，社会公众却极难容忍裁判者因受外部因素影响而产生的案件事实认定错误。例如，20 世纪 90 年代辛普森涉嫌杀妻案，虽然当时绝大多数美国民众认为是辛普森杀害了他的妻子，但当陪审团裁判辛普森无罪时，美国社会也接受了这个结果。之所以如此，其中的一个主要原因就是该案事实是由陪审团认定的，犯罪嫌疑人通过不正当手段影响一名法官或许容易，但是如果犯罪嫌疑人要通过不正当手段影响全部 12 名独立的陪审员，这种可能性却极低。

由于司法成本问题，对所有案件都实行陪审团制度并不现实，因此，各国主要还是由法官通过自由心证认定案件事实。近年来，随着信息技术特别是人工智能技术的发展，目前已经有机构和个人开始关注和研究目标在于对全案证据进行梳理、判断和分析并对案件事实作出认定的计算机系统。当然，也有学者对计算机系统能否准确认定事实表示怀疑。① 但是，无论如何，计算机系统对司法工作者认定事实的辅助作用已经被实务界认可。例如，"上海刑事案件智能辅助办案系统"不仅可以发现单一证据的瑕疵，还能发现证据之间的逻辑冲突之处，因此，该系统可以在证据审查上起到把关的作用，防止人工的遗漏。② 利用计算机系统辅助司法工作者

---

① NETTLE G. Technology and the Law ［EB/OL］. http：//www. hcourt. gov. au/assets/publications/speeches/current – justices/nettlej/nettlej27Feb2016. pdf.

② 陈琼珂. 上海做了件很牛的事! 代号"206"［EB/OL］.（2017 – 07 – 10）. http：//www. sohu. com/a/155918802_391474.

审查证据，可以增强司法工作者认定事实的客观性，有助于树立司法权威和公信力。

　　因此，认定事实的司法技术在未来主要有两个发展趋势：第一，进一步深入研发科学证据技术。这些技术能够使司法工作者更广泛、更全面、更便捷地收集证据，并且可以借之更准确、更高效地认证证据。第二，研究开发认定事实的计算机系统。该系统至少可以辅助司法工作者综合分析判断证据认定事实。该系统未来的发展方向是：在辅助司法工作者认定事实过程中逐步减少人的主观判断的环节和因素，并逐步形成半自动化甚至完全自动化的事实认定系统。

四、适用法律的司法技术

　　准确适用法律是司法工作永恒的价值追求。适用法律，需要司法工作者根据案件事实在庞杂的法律世界中，层层分析、筛选和判断应当适用的法律规则，并最终给出司法裁判。由此可见，适用法律是一项主观性非常强且特别复杂的工作，因此，历史上，适用法律工作只能由具备主观意识的自然人完成。

　　随着现代信息技术特别是人工智能技术的发展，自 20 世纪下半叶以来，人类开始了利用计算机信息技术进行法律适用的讨论与实践。早在 20 世纪 70 年代，布坎南（Buchanan）和海德里克（Headrick）就对人工智能与法律推理问题进行了深入分析。① 之后，1977 年索恩（Thorne）用逻辑推理的方式分析公司税务法建立了 TAXMAN 系统；1981 年沃特曼（Waterman）等开发设计了产品责任的民事裁量模型。

　　在 20 世纪计算机法律推理系统主要是以信息存储、关键词检索、逻辑推理为基础的专家系统，其"智能性"并不强；而进入 21 世纪之后，由于计算速度的爆发性增长和云计算、大数据技术的兴起，以模拟人类神经网络为基础的机器学习技术及其效果有了突飞猛进的进步，人工智能技术才真正带有了某些人类"智慧"的色彩。因此，近些年来计算机法律推理

---

　　① BRUCE G, BUCHANAN, THOMAS E, et al. Some Speculation About Artificial Intelligence and Legal Reasoning [J]. Stanford Law Review, (1970) 23：40 - 62.

系统通常是以机器学习为基础，让系统对已经标记的法院判决进行机器学习，在学习的过程中分析、扩展和调整法律适用需要考虑的裁量因素及其权重，并辅之以成熟的关键词检索、逻辑推理等技术手段，最终构成一个人工智能法律适用系统或人工智能法律适用辅助系统。

当前，利用机器学习、逻辑推理、关键词检索等技术建立人工智能法律适用系统的困难主要有两点。

一是机器学习的"智慧"程度仍然不高，还没有达到理想的状态。该问题不是人工智能法律界所能解决的，而必须有待于人工智能技术、特别是机器学习技术和以之为基础的模式识别技术、语音识别技术等的后续发展。研发适用法律的司法技术，只需关注人工智能技术的最新发展态势并将其最新研究成果适用于法律适用工作即可，而没有必要对人工智能技术本身进行高强度的研发。

2018 年，科技部发布了《"公共安全风险防控与应急技术装备"重点专项（司法专题任务）项目申报指南》。该专项的目标在于：面向全面依法治国战略布局，根据"建设网络强国""大数据战略"和"互联网＋"行动计划，重点围绕国家智慧司法体系建设中亟待解决的问题，开展技术攻关和应用示范，使我国的司法资源优化配置理论和跨部门跨层级多业务司法协同关键技术达到国际先进水平，形成一批具有中国特色、引领世界司法技术和装备发展的先进技术成果，初步形成以智慧司法知识中心和法检司三部门运行支撑平台为核心的国家智慧司法运行支撑体系，为实现公正司法和司法为民，建成公正、透明的司法体系提供科技支撑。

该专项在智慧司法基础科学问题与人工智能技术研究、智慧法院核心业务运行关键技术与装备研究、智慧检务核心业务运行关键技术与装备研究、智慧司法行政核心业务运行关键技术与装备研究、智慧司法业务协同与知识支撑体系研究、公正司法与司法为民综合应用示范与效能评价研究等 6 个方面启动 16 个研究任务，拟安排国拨经费总概算为 4.5 亿元。以智慧法院核心业务运行关键技术与装备研究方面为例，该研究方向共设立了 4 个研究任务，分别是：（1）面向诉讼全流程的一体化便民服务技术及装备研究。主要内容为研究诉讼自动导引和咨询支撑技术及装备；研究支持多方接入的跨网系网上调解技术及装备；研究诉讼财产保全智能评估及预警技术；研究高可靠可追溯的司法文书多渠道电子送达技术；研究面向多方证据关联分析的诉讼风险智能分析和结果预测技术；研究智能化交互式的诉讼材料自动化生成和有效性审查的关键技术及装备。（2）高质高效的审判支撑关键技术及装备研究。主要内容为研究虚假诉讼甄别预警技术；研究案件繁简智能分流技术；研究面向案件开庭审理过程的辅助信息自动生成及虚拟示证关键技术及装备；研究面向开庭全过程的多模态记录和融合比对分析技术及装备；研究类案精准推荐技术；研究刑事案件量刑智能辅助技术。（3）全流程管控的精细化执行技术及装备研究。主要内容为研究面向被执行人活动轨迹融合分析的人员线索查找技术；研究面向虚拟网络金融交易行为分析的隐匿涉案财物线索挖掘技术；研究面向多要素数据综合分析的司法委托机构信誉动态评价及推荐技术；研究面向拍卖数据综合分析的拍卖价值差异合理性预警和拍卖违规预警技术；研究面向执行案件全流程管控的智能分流和辅助监管技术；研究与执行业务智能联动的单兵执法辅助技术及装备。（4）科学高效的法院智能化管理与决策关键技术研究。主要内容为研究面向案件复杂度和人案特征匹配的均衡分案技术；研究面向审判流程规范化管理的全链条监管与偏离预警技术；研究案件类别全覆盖的审判质量评估技术；研究面向审判执行质效提升的全局态势研判与管理决策辅助技术；研究法院信息系统运行态势分析、突发情况应急处置和故障预警定位等技术；研究基于四级法院跨层级跨平台统一身份认证的全流程安全监管技术及装备。①

　　由此可见，该专项研究主要是以集成创新为主，具体技术路线就是集成信息技术、人工智能技术、大数据技术、网络技术等建立和开放适于司法工作的具体应用系统。这种技术路线是符合司法科技发展规律的，可以为公正司法提供有效的科技支持。

　　二是机器学习所需要的权威的法律知识库尚未建立，适于机器学习的已经标记的法院裁判尚极为匮乏。进行机器学习至少需要两个数据库，一是法律知识库，二是已标记的裁判数据库。法律知识库是机器学习的基础，相当于数学中公理和定理；已标记的裁判数据库是机器学习的素材，相当于数学中的习题。由于机器学习是以法律知识库为原点和基础，因

---

　　①　科技部. 科技部关于发布国家重点研发计划公共安全风险防控与技术装备重点专项（司法专题任务）2018 年度第一批项目申报指南的通知［EB/OL］.（2018 - 01 - 03）. http：//www. most. gov. cn/mostinfo/xinxifenlei/fgzc/gfxwj/gfxwj2018/201801/t20180109_137610. htm.

此，能够在实践中使用的人工智能法律适用系统的法律知识库必须准确、全面和权威；否则，一旦法律知识库中的知识本身出现错误，即机器学习的基础材料发生错误，那么人工智能法律适用系统在适用法律时也不可能获得正确的结果。所以，在建设实际使用的人工智能法律适用系统时，有必要由权威的机构，如最高法院等司法机关，负责统一建设法律知识库，并提供给社会共享。当然，法律知识库的法律本体的数据结构规则，可以由该权威机构组织相关各方进行协商设计。同时，准确标记已有裁判，对于保障机器学习的准确性亦至关重要。考虑到已有裁判数量巨大，裁判标记工作费时费力、工作量庞大，因此，亦不妨由权威机构牵头，首先联合相关利益方设计和确定裁判标记法律本体的数据结构规则，之后，发动法官、律师、检察官、法学学者等法律从业者对司法裁判进行标记。已标记的裁判数据库亦应提供给社会共享或在一定程度、一定范围上供社会共享。在具备比较准确、权威的法律知识库和比较全面的已标记裁判库之后，无论是司法机构还是相关公司或研究人员，他们再研发人工智能法律适用系统或法律适用辅助系统，就有了良好基础，也更容易取得理想的效果。

五、司法办公技术

司法办公技术的主要目标有二：一是提高司法效率，其涉及两个方面，分别是司法机关内部工作效率和当事人参与司法的效率。二是提高司法工作的公开度和透明度，进而提升司法工作的权威性。为了实现上述目标，未来需要进一步强化和完善的司法办公技术主要有以下几个方面。

第一，能够与固定事实系统、认定事实系统、适用法律系统以及司法机关之外的信息系统进行关联和对接的接口技术。该接口技术应保障司法机关和司法人员能够安全、有效、便捷地查阅相关信息。此处所称的"安全"，是指信息的安全。具体而言，其要求是司法机关和司法人员查阅相关信息应以合法且经合理设置的必要权限为前提；该接口技术应确保没有合法、必要权限的司法机关和司法人员接触相关信息。此处所称的"有效"，是指有权限的司法机关和司法人员通过该接口系统进行信息查询时，所获取的信息应该是全面的、准确的。

2014 年最高人民法院、中国银行业监督管理委员会①联合下发《关于人民法院与银行业金融机构开展网络执行查控和联合信用惩戒工作的意见》（法〔2014〕266 号），对于司法机关准确、高效地进行网络执行查控具有重要意义。之后在 2015 年 11 月，最高人民法院、中国银行业监督管理委员会又联合下发了《人民法院、银行业金融机构网络执行查控工作规范》，进一步加速建立最高人民法院与各金融机构总行的"总对总"网络执行查控系统以及各省级高级人民法院与金融机构分行"点对点"网络执行查控系统。各级人民法院应当根据该技术规范，对本辖区法院的案件管理系统进行改造，开发与"总对总"或"点对点"网络查控系统进行对接的软件；各金融机构应当根据该技术规范，对本行业务系统进行改造，开发与"总对总"或"点对点"网络查控系统进行对接的，具备自动接收、审核、处理查询、冻结、扣划及反馈查控结果等网络查控功能的软件。同时，法院对被执行人的银行账户、银行卡、存款及其他金融资产采取查询、冻结、扣划等执行措施，可以通过专线或金融网络等方式与金融机构进行网络连接，向金融机构发送采取查控措施的数据和电子法律文书，接收金融机构查询、冻结、扣划、处置等的结果数据和电子回执。上述举措，对于人民法院顺利进行网络执行查控，提高网络查询、冻结、扣划、处置被执行人银行账户、银行卡、存款及其他金融资产等工作的效率，保护当事人、利害关系人的合法权益，均具有重要的现实意义。

第二，提高司法人员工作效率的技术。提高司法人员工作效率是提高司法工作效率的核心。同时，提高司法效率已成为我国司法工作迫切需要解决的问题。以审判工作为例，2016 年全国法院共受理案件 2305.6 万件，而全国入额法官近 12 万余名，故平均每名法官年均案件 200 件。同时，考虑到全国各地案件数量分布极为不均，有的地区法院法官年均受案数量已超千件，因此，必须通过科技手段提高司法效率，法官才能完成审判任务。例如，近年来，部分法院通过引入庭审录音录像技术、庭审语音识别技术，有效解决了制约庭审效率的法庭记录问题，对于提高庭审效率起到

---

① 2018 年 3 月，根据第十三届全国人民代表大会第一次会议批准的国务院机构改革方案，将中国银行业监督管理委员会和中国保险监督管理委员会的职责整合，组建中国银行保险监督管理委员会。

了明显的促进作用。①

第三，便利当事人参与诉讼的技术。服务人民群众是我国司法工作的重要价值追求。近年来，司法机关通过运用现代信息技术，研发和投入使用了大量的便利当事人参与诉讼的技术系统，比较典型的有网上立案系统、远程取证系统、远程审判系统等。例如，2015 年 5 月人民法院推行立案登记制改革后，截至 2017 年 8 月底，全国就已有 2605 家法院开通了网上预约立案和网上立案，让当事人及其代理人足不出户就可以完成立案手续，如江苏在全省积极推行网上立案，已接受网上立案申请 15 万余件。②又如，2018 年 6 月 6 日，浙江省高级人民法院知识产权审判庭首次通过网络公开开庭审理上诉人蒋某、义乌某钟表行与被上诉人汕头市某实业有限公司侵害外观设计专利权纠纷三个案件，上诉人和被上诉人的委托诉讼代理人分别在上海和广东通过网络参加庭审活动。该次远程庭审在审判长徐燕如的主持下，法庭调查、法庭辩论、最后陈述等庭审各环节有序推进，双方当事人就审判长出示的被诉侵权产品与专利设计之间的异同之处进行了比对。在网络庭审的同时，语音智能录入、全程录音录像和内外网同步传输也在实时进行，整个庭审活动历时 1 小时 10 分钟。网络庭审不仅方便异地当事人诉讼，有效降低诉讼成本，也提高了审判效率。③

第四，司法公开技术。司法的生命在于公开和透明，因此，司法机关特别重视信息技术在司法公开工作中的应用。当前，我国比较典型的司法公开技术系统主要有：中国裁判文书公开系统，中国庭审直播公开系统，中国执行信息公开系统，全国法院减刑、假释、暂予监外执行信息公开系统，人民检察院案件信息公开系统等。

以人民法院为例，2013 年最高人民法院印发了《关于推进司法公开三大平台建设的若干意见》，明确提出人民法院应当依托现代信息技术，不断创新公开方式，拓宽公开渠道，通过建立网上办案系统与司法公开平台的安全输送、有效对接机制，实现各类信息一次录入、多种用途、资源共

---

① 孟焕良. 浙江法院智能语音识别系统全面上线［N］. 人民法院报，2016 - 09 - 19（1）. 范明志. 庭审录音录像规则的创新发展［N］. 人民法院报，2017 - 05 - 09.

② 最高法：立案渠道全面畅通基本根除"立案难"［EB/OL］.（2017 - 11 - 14）. http：//www.chinapeace.cn/2017 - 11/13/content_11438368.htm.

③ 余建华，何琼. 浙江高院首次通过网络公开开庭审理案件［EB/OL］.（2018 - 06 - 07）. http：//www.zjcourt.cn/art/2018/6/7/art_3_13953.html.

享。人民法院应当通过审判流程公开平台，向公众公开以下信息：法院地址、交通图示、联系方式、管辖范围、下辖法院、内设部门及其职能、投诉渠道等机构信息；审判委员会组成人员、审判人员的姓名、职务、法官等级等人员信息；审判流程、裁判文书和执行信息的公开范围和查询方法等司法公开指南信息；立案条件、申请再审、申诉条件及要求、诉讼流程、诉讼文书样式、诉讼费用标准、缓减免交诉讼费用的程序和条件、诉讼风险提示、可供选择的非诉讼纠纷解决方式等诉讼指南信息；审判业务文件、指导性案例、参考性案例等审判指导文件信息；开庭公告、听证公告等庭审信息；人民陪审员名册、特邀调解组织和特邀调解员名册、评估、拍卖及其他社会中介入选机构名册等名册信息。在人民法院受理案件之日起，当事人可以凭密码从审判流程公开平台获取以下信息：案件名称、案号、案由、立案日期等立案信息；合议庭组成人员的姓名、承办法官与书记员的姓名、办公电话；送达、管辖权处理、财产保全和先予执行情况；庭审时间、审理期限、审限变更、诉讼程序变更等审判流程节点信息。最高人民法院建立中国裁判文书网，作为全国法院统一的裁判文书公开平台。地方各级人民法院应当在政务网站的醒目位置设置中国裁判文书网的网址链接，并严格按照《最高人民法院关于人民法院在互联网公布裁判文书的规定》，在裁判文书生效后 7 日内将其传送至中国裁判文书网公布。人民法院可以通过政务微博，以提供链接或长微博等形式，发布社会关注度高、具有法制教育、示范和指导意义的案件的裁判文书。截至 2018年 2 月底，中国裁判文书公开系统已公开全国法院系统的裁判文书 4268 万件，系统访问总量已达 133 亿次。

第五，司法机关内部监督技术。加强司法机关内部监督，是确保司法案件质量的关键。目前司法机关已经运用或将要研发的加强司法机关内部监督的技术系统主要有：面向审判流程的全链条监管与智能偏离预警系统、审判质量评估与追溯复核系统、司法廉政风险预警系统等。例如，河北省高级人民法院自主研发的庭审自动巡查系统，主要实现了两个功能：一是能够自动检查案件是否按照排期时间准时开庭；二是对庭审中的不规范行为，如缺席、迟到、早退、非法离席、接打手机、着装不规范等，自动截屏、录像、生成巡查日志，实时反馈给本人、院庭领导，实现了庭审无死角监督，法官自我规范意识明显提高。①

　　进入 21 世纪以来，科技在司法工作中的作用越来越大，效果越来越明显。同时，司法科技整体上来源于现有的科学技术，司法科技创新通常不是原始创新，而是属于集成创新或引进消化吸收再创新。为了更有效地实现公正司法的价值目标，促进科技服务司法工作，需要司法界与科技界、法律从业人员与科研人员进行密切的沟通和交流。科技界应将最新的科技发展动态和可能应用于司法工作的技术呈现给司法界；司法界亦应将其对科技的具体需求传递给科技界。国家可以建立司法界与科技界有关司法科技的对接平台，通过建制化和常态化的机构或机制畅通二者之间的沟通交流渠道。同时，由于司法科技创新主要属于集成创新和引进消化吸收再创新，因此，司法科技的发展不仅单纯依赖于技术的进步，而且还必须将相关制度、流程、管理等要素有机地集成到司法科技创新实践过程之中。唯如此，司法人员才能够通过运用现代科技提高公正司法的能力和水平。

---

① 何春中.“智慧法院”长什么样？［N］. 中国青年报，2016 - 11 - 22 （6）.

第八章

全民守法与科技——以普法为视角

一、全民守法与普法

党的十八大以来，党中央对全面依法治国做出了重要部署，对法治宣传提出了新的更高要求。习近平总书记多次强调"领导干部要做尊法学法守法用法的模范"，要求法治宣传"要创新宣传形式，注重宣传实效"，为法治宣传教育工作指明了方向，提供了基本遵循。① 然而学界当前对普法的研究还相对薄弱，现有中文文献几乎都是从实践领域探讨普法的沟通效果、普法科学评估指标体系、普法的转型工作等，这些研究呈现出高度碎片化的形态，对普法工作面临的新形势、新机遇，普法工作在新技术趋势下宣传方式的变革及相应的管理模式变革缺乏系统性和深入的研究。基于此，本章对新形势下普法工作形式及其组织管理进行系统深入分析，以期为普法实践开展提供可操作的对策建议。

二、普法工作面临的新形势、新机遇

（一）普法工作面临的新形势

PEST 模型是分析宏观环境的模型工具，P 是政治环境（political factors），E 是经济环境（economic factors），S 是社会环境（sociocultural factors），T

---

① 洪波，王发. 深入学习贯彻"七五"普法规划 扎实做好法治宣传教育工作 ［J］. 中国司法，2016（6）：22.

是技术环境（technological factors），对我国普法工作做 PEST 环境分析有助于更清晰地把握普法工作面临的新形势和新局面。[1] 就政治环境方面而言，与普法相关的主要是执政党对普法的工作理念以及与普法相关的政策与法规；就经济环境而言，对普法有直接作用的表现为经济新常态面临的经济下行压力以及产业结构调整和升级；就社会环境而言，互联网的发展导致人们生活方式的转变和社会结构发生了相应的转变；就技术环境而言，互联网技术、大数据技术及移动通信技术的发展，使得普法方式更加便捷和多样（见图 8 – 1）。

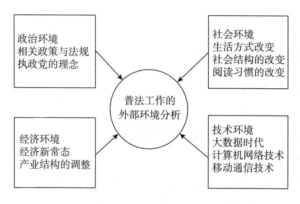

图 8 – 1　普法工作面临的新形势

1. 政治环境

一是党中央与普法工作相关的决议。党的十八届三中全会指出了要健全社会普法教育机制，增强全民法治观念。党的十八届四中全会实行国家机关"谁执法谁普法"的普法责任制，以及加强新媒体新技术在普法中的运用，提高普法实效。党的十八届五中全会要求增强全社会特别是公职人员遵法、学法、守法、用法观念，在全社会形成了良好法治氛围。此后，中央宣传部、司法部出台了法治宣传的"七五"规划，中央全面深化改革领导小组第三十二次会议上审议通过《关于实行国家机关"谁执法谁普法"普法责任制的意见》。这些决议的密集出台，为推动普法工作开创新

---

① 曾明彬，李玲娟. "十三五"时期创新型人才培养和引进分析及对策研究 [J]. 创新人才教育，2016（12）：15.

局面提供了良好保障（见表8-1）。

表8-1 党中央和政府与普法工作相关的决议

会议或法规名称	内 容
党的十八届三中全会	健全社会普法教育机制，增强全民法治观念
党的十八届四中全会	实行国家机关"谁执法谁普法"的普法责任制。……加强新媒体新技术在普法中的运用，提高普法实效
党的十八届五中全会	弘扬社会主义法治精神，增强全社会特别是公职人员尊法学法守法用法观念，在全社会形成良好法治氛围和法治习惯
《中央宣传部、司法部关于在公民中开展法治宣传教育的第七个五年规划（2016—2020年）》	深入开展法治宣传教育，是贯彻落实党的十八大和十八届三中、四中、五中全会精神的重要任务，是实施"十三五"规划、全面建成小康社会的重要保障
《关于完善国家工作人员学法用法制度的意见》	推动国家工作人员学法用法工作进一步制度化、规范化，切实提高国家工作人员法治素养和依法办事的能力
《关于实行国家机关"谁执法谁普法"普法责任制的意见》	明确国家机关普法职责任务，坚持普法工作和法治实践相结合，坚持系统内普法和社会普法并重，健全工作制度，加强督促检查，努力形成部门分工负责、各司其职、齐抓共管的普法工作格局

二是"互联网+政务"等一系列政策出台。2015年，李克强总理在政府工作报告中首次提出"互联网+"行动计划，推动移动互联网、云计算、大数据、物联网等技术进一步应用于政治、经济、社会生活等各个部门。"互联网+政务"等一系列政策的出台解决的是如何以互联网来提升政务服务效率问题。互联网时代下的政府角色正在发生位移，政府职能由管理向治理与服务转型，法治宣传也面临着挑战和机遇（见表8-2）。

表8-2 "互联网+政务"相关政策

政策名称	内 容
《关于全面推进政务公开工作的意见》	加快推进"互联网+政务"，构建基于互联网的一体化政务服务体系。充分利用微博微信、政务客户端等平台，扩大信息传播，开展在线服务，增强用户体验
《关于加强推进"互联网+政务服务"工作的指导意见》	规范网上服务事项、优化网上服务流程，建立公众参与机制，各级政府及其部门都要畅通互联网沟通渠道，充分了解社情民意，针对涉及公共利益等热点问题，积极有效应对，深入解读政策，及时回应关切，提升政府公信力和治理能力

续表

政策名称	内　容
2017 年政府工作报告	2017 年重点任务里提到了加快社会信用体系建设，加强法治宣传教育和法律服务
《司法部关于进一步加强司法行政信息化建设的意见》	大力推进普法网络平台建设。大力开展"互联网＋法治宣传"行动，打造司法行政系统普法网站集群和新媒体矩阵。建设法治宣传教育数据库。建设国家工作人员网上学法平台

2. 经济环境

一是经济新常态。新时期我国经济发展进入新常态，经济结构深入调整。当前经济下行压力持续加大，社会潜在矛盾不断激化，民商事纠纷案件不断增加。由于经济结构的调整也带来一系列连锁反应，集中体现在淘汰落后产能引发的企业裁员、债权人保护问题等。中小企业融资难问题，使一些中小新兴经济主体的发展举步维艰甚至破产倒闭。另外，部分企业管理上制度不健全、不规范引发大量劳资纠纷。

二是产业结构调整。当前，服务业仍然占我国国内生产总值 50% 以上，并且战略性新兴服务业、技术产业迅猛发展。互联网信息服务和信息系统集成服务业、科技服务业、数据处理和存储服务、信息技术咨询服务业近年来营业收入以超过 10% 的速度在增长，经济结构的调整也给普法对象和普法内容提出新的要求。

3. 社会环境

一是互联网改变生活方式。在扑面而来的信息社会面前，互联网彻底改变了我们的生活方式。在"免费"和"补贴"盛行的当下，消费者的日常生活只需要依靠智能手机的三五个 APP 就可以活下去。以 O2O 为代表的"互联网＋服务"模式从衣食住行到方方面面，改变着我们的生活方式。互联网改变了人们的阅读习惯和阅读方式。新媒体环境下传统的被动接受信息的"受众"已经转变成可以主动决定接受信息内容、方式的"网络用户"，受众不再经常看报、看电视，而是手持智能手机、平板电脑阅读新闻。作为普法宣传手段，传统媒体优势逐渐式微。

二是互联网改变社会结构。互联网不仅改变我们的生活方式，还导致社会结构的变化。互联网用户不再是一个笼统的整体，而是依据现实社会的层次横向分为许多板块，依据年龄结构、文化水准、教育程度、消费能力等诸多因素划分为不同的社会群体，呈现一种分化的趋势。

4. 技术环境

一是数字技术走向大数据时代。数字化是互联网的关键支撑技术，也是新媒体的显著技术特征。当前，高效的信息处理技术，如并行处理数据库、数据挖掘电网、分布式数据库、云计算平台、可扩展的信息存储系统等技术都在不断地向前发展。"数据化"将数字化技术向前推进，从关注信息技术到关注信息本身，基于现有数据进行"预测"成为大数据的核心所在。大数据能够更好地预测受众的兴趣和习惯，能够有针对性进行调整和优化。

二是计算机网络技术从 Web1.0 到 Web3.0。互联网技术是在计算机技术基础上开发建立的一种信息技术。Web1.0 时代沿袭了传统媒体大众传播的模式，以早期门户网站"yahoo!"为代表，是一个用户完全被动接受信息的时代；Web2.0 将互动传播提升到重要位置，以博客、微博、在线流媒体为代表，开启了个人为中心的传播方式；Web3.0 在大数据时代的背景下，创建出综合化的服务平台，提供基于用户偏好的个性化聚合信息服务，走向智能网络和智能应用的层次。

三是移动通信技术从 1G 到 4G。移动通信技术是互联网时代传播发展的重要支撑技术，从 1G 到 4G，用户彻底摆脱了终端设备的束缚，实现了从 PC 端到移动端的转变，使得网络用户可以利用移动互联网在全球范围完成任何信息之间的移动通信和传输。

（二）普法工作面临的新机遇

普法工作历来得到国家的高度重视。在社会发展的不同阶段，党中央和国务院都颁布了一系列相关政策文件，推动普法工作的开展。党的十八届四中全会对依法治国做出全面部署，对普法工作的理念、责任、任务、路径提出了一系列新论断。在政府普法工作层面，中宣部、司法部全面启动"七五"普法工作。

依法治国方略推进释放的改革红利。随着"依法治国"基本方略的实施，我国新制定和修改了一批法律、法规，形成了较为完整的法律体系，培养了一批高素质的法治人才队伍，使其成为推进普法工作的中坚力量。

技术发展促进了普法方式的多样化。传统的普法方式主要依托宣传册、展板、橱窗等媒介，偶尔也用电视广播报纸等媒介，然而数字技术、互联网技术、移动通信技术的发展使得门户网站、搜索、BBS、BLOG、SNS、微博及微信都成为普法宣传的渠道，普法宣传的不同阶段呈现与信息技术及互联网阶段性特点相吻合。

新技术尤其是移动互联网、新媒体技术的发展激发公民意识。移动互联网解决了用户接收信息入口的均等化，使得不同阶层、区域的用户平等享有信息权利。新媒体彻底改变了公民诉求表达不畅以及公共事件参与匮乏的窘境，并推动了公民参与意识的觉醒与公民行动的理性。

三、我国现行普法工作体系分析

（一）我国现行普法组织管理模式

如图 8 - 2 所示，我国普法工作机制表现为层级制、条块结构。普法领导体制表现为党委领导、人大监督、政府实施、全社会共同参与。普法实施机构为全国普法办公室、中央政府及其部门、各级政府执法部门、司法部门。普法工作的抓手体现为"七五"普法规划实施，贯彻落实普法"七五"规划对于促进依法治国具有重要作用。普法工作方式是各部门均成立由党政主要负责同志任组长、相关单位和部门负责人为成员的领导小组，进一步完善明确领导小组工作制度、成员单位工作职责，结合各自实际，制定了本部门、本地区实施普法规划的具体意见或普法规划任务分解方案，从组织领导、责任分工、经费保障等方面予以落实。普法工作责任制体现为"谁执法谁普法"，这在一定程度上解决了普法工作中责任不确定的问题。

由政府组织主导的普法工作体系具有强烈的效率性，有一套相对比较成熟的运行流程来保障，行政领导在推行普法工作中的决心和能力非常重要，层级制的普法组织管理方式能够实现普法工作的快速推进。现有行政部门、执法、司法部门都是普法的主体，都需要负责本部门的普法工作，协同推进普法工作的开展。

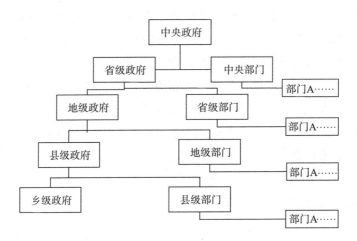

图 8 - 2　层级制普法组织管理方式

当前普法组织管理工作也存在一定的不足。首先，普法组织管理呈现条块结构，部门间普法职责分散，内容交叉重叠，难以形成有效协同。普法工作规划下达时，各部门都开展普法工作扩大了普法的覆盖面，但是政策宣讲存在形式主义，内容缺乏吸引力，无法达到政策原有的效果。其次，缺乏常态化的普法管理机制。当前的普法部门经常以法律的出台、与某个法律有关的节日的到来为契机，开展有关主题普法活动，突击色彩比较浓，缺乏后续持久的日常普法模式。再次，缺乏规范化、科学的普法评估制度。普法考核主要采取以点带面的检查方式，主要包括听取工作汇报、查阅档案资料、实地走访查看、问卷调查的方式，考核评估制度还处于初级阶段，考核评估体系远远落后于法治社会的发展。最后，缺乏普法激励制度。激励职能是政府管理中非常重要的方面，通过影响员工个人需要的实现来提高他们的工作积极性、引导他们在普法工作的行为。当前，普法工作普遍缺乏激励制度。

（二）我国现行普法宣传方式

现有普法宣传理论借鉴拉斯韦尔 5W 传播模式，从普法主体、普法内容、普法方式、普法受众、普法效果五个方面开展研究（见图 8 - 3）。[1]

---

① 刘海龙. 大众传播理论：范式与流派 [M]. 北京：中国人民大学出版社，2008：6.

5W 模式的提出者认为人类的传播活动主要由五个重要环节构成。传播主体（个人或者专门机构），主要负责信息的搜集与加工；传播内容，一般是由一组有意义的符号组成的信息组合；传播渠道，也就是传播媒介，将传播内容通过传播媒介进行传播（如报纸、广播、电视等大众传播媒介）；传播对象，即受传者或受众；传播效果，是传播的最后一个环节，是指受众在接收到传播内容之后在其认知、情感、行为等层面引起的反应。5W 传播模式是传播研究史上的一大创举，之后，大众传播学的五个主要领域——"控制研究""内容分析""媒介分析""受众研究""效果分析"，也是由这一模式发展而来。

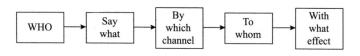

图 8 - 3 拉斯韦尔的 5W 传播模式

基于 5W 传播理论，我国普法的主体主要是各级政府，普法是国家赋予行政组织的一项权力，政府制定普法目标，从事法治宣传实践工作。普法活动作为一项社会活动，需要人、财、物等资源保障，而只有政府能够调动如此大范围和大规模的资源。普法人员既包括普法机关的专职人员，如政府工作人员和司法、执法人员，也包括社会上的法律从业者。普法的内容在不同的历史时期有不同的侧重点，普法内容也跟新法律、新政策的出台紧密结合，避免公民在不知法的情况下做出违法行为。普法的方式则有一个发展历程，从人际传播、组织传播、大众传播到新媒体传播。当前，多种形式的普法活动、广播电视等传统媒体与互联网新媒体同时推进普法。普法对象是普法工作的最终落脚点，从"一五"到"七五"普法，普法对象随着社会、时代发展，在不断扩充。普法工作作为行政工作，在政务体系里按照既有规则被考量，但是，普法工作又不同于行政工作，本质上是一种宣传行为，是一个传播过程，很难用行政手段来衡量①（见图 8 -4）。

---

① 刘东华. 基层普法存在的问题及对策［D］. 长春：吉林大学，2015：31.

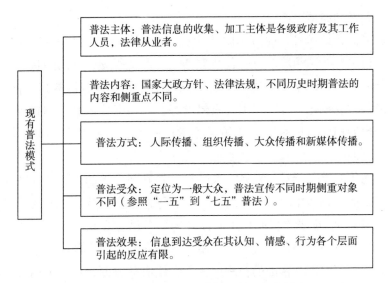

图 8 – 4　基于 5W 模式的现有普法宣传模式

　　现有普法方式也存在一定的不足。首先，普法宣传方式是线性模式，即信息的流动是直线的、单向的。普法主体对受众的特点、受众的行为动机、受众的价值缺乏深度了解。普法宣传主体普遍缺乏与受众的互动，受众处于被动接受的状态。此外，由于缺乏对普法宣传对象的深度了解，相应的，法律信息到达受众在其思想观念、行为方式各个层面引起的普法效果如何则无从评估。其次，普法宣传方式忽略了外部环境的改变。当前互联网技术、信息技术及大数据技术的发展，使得普法宣传工作面临着一系列新挑战，普法对象可以通过互联网便捷获取相应的法律知识，使得传统普法宣传方式逐渐式微。最后，将普法宣传划分为五个关键环节，忽略了普法各个环节之间的关联和普法宣传行为的复杂性。

四、科技发展促进普法宣传工作的变革

（一）大数据、智能化、移动互联网等技术的发展趋势

　　科学技术进步对法治国家建设影响越来越大，从开始的科技系统与法律系统相互影响，到当前的相互融合，以至于未来的深度融合。就普法宣传工作相关的技术体系而言，主要包括互联网信息技术、数据技术、智能

化技术、移动通信技术等。

随着信息技术时代向数据时代跨越，政府的一切行为都将被数据化。执法、司法、普法领域的一些公共数据也将改变凝固、封闭的状态，在日益充分的流动、挖掘中展现价值。信息技术能够支撑普法数据库的建设、普法流程的规范化、普法基础设施建设等。大数据技术能够提高普法的精准性，也能相应的提高普法决策、管理的效率，为高效普法奠定坚实的基础。

智能化主要基于对云计算、大数据、物联网、移动互联网等新兴技术的应用，通过感知用户、挖掘用户需求和预判未来趋势，从而为用户提供良好的服务。① 普法的智能化主要体现为服务推荐和在线互动，服务推荐主要通过记录用户的在线行为，对用户的法律需求做出判断，通过沉淀数据的分析为用户推荐精准的普法服务。在线服务方面，可以采用人工智能服务模式，自动为用户推送相关法律信息。

移动互联网是移动通信网络与互联网的融合，移动互联网产生了大量新型的应用，这些应用与终端的可移动、可定位和随身携带等特性相结合，为用户提供个性化的、位置相关的服务。② 应用服务是移动互联网的核心，也是用户的最终目的。移动互联网中用户的行为特点包括上网时间碎片化、获取信息表面化、应用指向明确、对移动互联网产品的较强黏性、使用行为的即时性和随机性等。③

（二）科技促进普法组织管理模式的转变

互联网技术的普及有助于克服政府层级制普法信息传播过程中带来信息不对称，促进信息传播的规范化和透明化。我国普法宣传组织方式必须适应互联网时代的特点而改革创新。互联网普法背景下，普法的组织模式应当从高度层级化、刚性的组织结构转向网络的、扁平的、相互关联的组织结构（见图 8-5）。普法组织的扁平化是通过减少管理层次、裁剪冗员

---

① 唐鹏，孟昭莉，刘琼，等. 互联网＋政务——从施政工具到治理赋能 [M]. 北京：电子工业出版社，2017：96.

② 吴吉义，李文娟，黄剑平，等. 移动互联网研究综述 [J]. 中国科学，2015 (1)：45.

③ 张薇，朱磊. 基于用户行为的移动互联网服务运营商业务营销模式研究 [J]. 江苏商论－市场营销，2011 (9)：86.

来建立一种紧凑的扁平型组织结构。① 以互联网用户（人民群众）为核心，通过减少中间环节，实现政府组织直接与普法对象互动，形成扁平化的双向沟通机制。互联网新技术发展趋势下，政府应当搭建普法的网络基础设施及数据库，运用微信、微博等应用开展多方位的普法宣传。

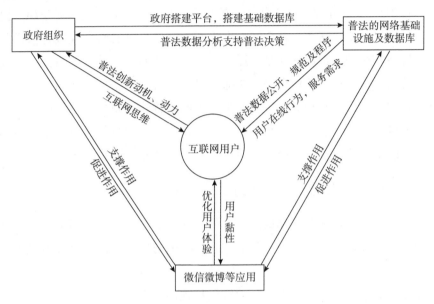

图 8-5 互联网普法的组织模式

首先，政府组织转变普法的工作理念，以互联网思维来看待普法宣传工作。不能简单地把互联网当作与传统的广播、电视、报纸、杂志相并列的一种新型传播工具。在充分理解互联网给普法宣传路径、普法双方关系、普法传播规律等带来的结构性变化基础上，把平等、开放、对话、参与、迭代、社会化、大数据等互联网精神作为全新的宣传思想和方式方法。②

其次，完善普法网络基础及数据库的建设。整合法治宣传现有的管理数据和业务数据，建立法治宣传教育基本平台数据库、法治宣传队伍数据库、重点对象学法信息数据库、法律知识数据库、社会普法需求数据库等。此外，与执法、司法相关部门的数据库融合互通，与行政部门的人口

① 何伟. 组织扁平化理论与行政体制创新［J］. 探索，2003（2）：55.
② 李希光，郭晓科. 扁平化——网络治理之道［J］. 工程研究，2015（2）：168.

信息数据库、行政执法信息库等，司法机关的立案信息库、审判文书数据库等建立共享机制。

最后，提升普法部门微信、微博等应用能力。当前，在有关部门的积极倡导下，全国各级党政机关、普法机关在新媒体建设方面进行了探索尝试，特别是 2015 年以来，普法新媒体账号数量快速增长，运营质量稳步提高，呈现手法日趋新颖，社会影响力不断增强的良好态势。各级普法机关对新媒体作用的认识愈加深刻，逐步熟悉了普法新媒体的发展特点，明确了普法新媒体建设的工作思路，并涌现出一大批高质量的普法新媒体，得到网民的高度肯定和积极支持。但是，当前的普法新媒体运行中还存在定位不明确的问题，忽视普法平台运行中的用户需求、反馈意见、不同习惯偏好、生活环境、社会阶层等，导致普法效率底下，效果有限。

（三）科技促进普法宣传方式的变革

互联网、新媒体与移动通信技术的发展，催生了一个全新的普法传播环境，移动互联网已经成为人类生产、生活的必须。纵观信息技术设备发展趋势，从台式机、笔记本电脑、智能手机、平板电脑、移动互联网到可穿戴设备，信息传播与处理平台的发展呈现出小型化、便携性、移动化以及智能化特征。互联网信息传播从门户、搜索引擎、BBS、SNS、微博、微信到媒体融合的发展态势可以看出，互联网主流信息平台与应用模式的变化呈现出从专业化到个人化、个性化发展趋势，用户需要的不仅仅是门户、搜索、博客和社区，而是基于用户的个性化需求和行为构建聚合信息服务平台。相应的，普法服务平台的发展趋势从单向的"信息传播"到简单的互动共享转向信息的精确推送和服务，从单纯的线上体验改进，走向对后台流程的优化和数据开放共享。可以说，移动互联网的发展、数据时代的到来以及智能应用技术的发展成为推动"互联网＋普法"走上前台的关键因素（见图 8-6）。

"互联网＋普法"不是将互联网和普法简单地相加，普法宣传也不是简单地利用互联网作为途径和渠道，而是普法宣传与互联网的深度融合发展。应把互联网视为社会和发展存在的新空间，按照互联网的属性去理解和构建信息社会下的普法方式，这样才能有效应对普法面临的新挑战。

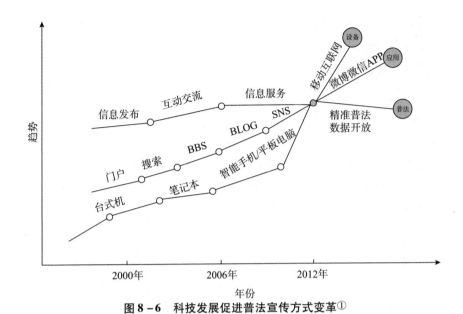

图 8 - 6 科技发展促进普法宣传方式变革①

"互联网＋普法"主体，普法宣传过程中要求普法组织具备互联网思维、数据思维，具备互联网思维要求在原有的层级制普法与扁平化普法进行最优的平衡。数据思维则能为普法宣传实施和规划提供参考依据，提升普法决策的科学水平，提高普法的效率，提升普法管理水平。

"互联网＋普法"内容，依托现有的诉讼、调解、信访等社会纠纷调处平台，多部门、多领域、多渠道分析现有普法需求，主要面向社会公共利益的民生领域，在医疗、食品、安防等领域，结合行政执法、司法等领域的热点和难点等问题，依托法律知识数据库、社会普法需求数据库等为公众提供专业可靠的法律信息和服务。

"互联网＋普法"方式，相比较于传统的人际传播、组织传播和大众传播方式，"互联网＋普法"强调普法传、受双方互动，普法对象可以登录普法平台、微信、微博进行诉求反馈，并可以通过图文、语音、音频等多种方式进行立体化互动。

"互联网＋普法"受众，受众分析方面要求具有数据思维，进行精准普法。在互联网技术 3.0 时代，信息被高度聚合，用户也将被深度细分，

---

① 唐鹏，孟昭莉，刘琼，等. 互联网＋政务——从施政工具到治理赋能［M］. 北京：电子工业出版社，2017：62.

普法网站与其他门户网站、搜索引擎协同，能最大限度掌握用户的基本特征以及核心价值，这些数据库将为普法机构精确的分析出目标人群，是精准普法的基础。通过分析用户在线行为记录，分析出用户的偏好和需求，向用户提供高度聚合的、个性化的法律信息服务。

"互联网+普法"效果，改变当前普法考核中主要采取以点带面的检查方式，如听取工作汇报、查阅档案资料、实地走访查看、问卷调查等方式，缺乏法治宣传考核的量化措施，以及普法对象的评价的缺失。"互联网+普法"的效果评估体系将必须包括普法的专业化内容、用户体验、普法的精准性、数据库的建设等方面进行全面评估（见图8-7）。

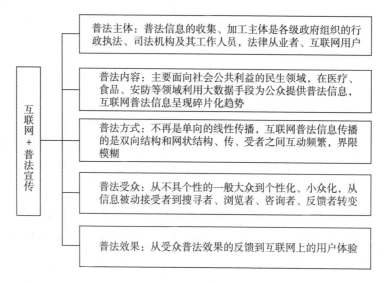

图8-7 "互联网+普法"宣传模式

五、结语

我国普法工作已经迈入"互联网+"时代，互联网及新媒体在普法宣传工作中有着强大的发展潜力和广阔的发展前景，作为普法机关需要不断转变观念，大胆尝试，主动适应新技术、新环境，积极探索新手段、新方法，使互联网及其应用在普法工作中发挥更大的作用。为了进一步推进"互联网+普法"工作，本章对普法工作面临的新形势、新机遇进行了系统深入的分析；对于科技发展尤其是移动互联网技术、数据技术及智能应用技术发展对普法组织管理模式、普法宣传方式变革进行了创新性的理论探讨。旨在通过本章研究，使得普法机构更加积极主动地运用互联网思维、数据思维开展工作，促进普法机构普法能力的提升。

第九章

规制科技发展的必要性及路径

以互联网、大数据、人工智能、生物科技为代表的新兴科技发展，存在着不确定性以及误用滥用等问题，从而产生不可忽视的"被制造出来的风险"，包括对人类安全形成威胁，对人类尊严构成挑战，对人的隐私和其他个人权利造成侵害。因此，我们必须思考如何回应科技发展的风险。规制这种风险几乎是我们本能的反应，但是如何规制却远非易事。在探索规制科技发展的路径时，我们应当追求这样的目标——既要规制其负面影响，又要促进科技创新，从而使科学技术沿着造福人类的道路健康发展。

一、规制科技发展的必要性

1986 年，德国著名的社会学家乌尔里希·贝克在其《风险社会》一书中首次提出了"风险社会"的概念。所谓风险社会，是指在全球化发展背景下，由人类实践所导致的全球性风险占据主导地位的社会发展阶段，在这样的社会里，各种全球性风险对整个人类的生存和发展构成严重威胁。风险社会中的风险与此前的传统风险有重大不同。就规模和范围来看，传统的风险主要是局部性的和区域性的，而风险社会中的风险则更多是全球性、跨区域的，对多数人甚至整个人类构成威胁。就风险成因或根源来看，传统的风险主要是"来自外部的风险"，而风险社会中的风险则主要是"被制造出来的风险"，指的是我们不断发展的知识对这个世界的影响所产的风险，亦即我们没有多少历史经验的情况下所产生的风险。[1] 当下的风险社会是一个高度技术化的社会，科学技术的高度发展既是风险社会

---

[1] 安东尼·吉登斯. 失控的世界 [M]. 周红云, 译. 南昌: 江西人民出版社, 2001: 22.

的特征，也是风险社会的成因。科学技术在为改造自然、造福人类创造了有利条件的同时，也加剧了人类对自然界的消极影响，并加大了人类危害自身生存的可能。①

因此，为了控制和预防科技发展所伴随的风险，有必要对科技发展本身进行适当的规制。具体而言，规制科技发展的必要性如下。

（一）科技发展的不确定性及误用、滥用对人类安全形成威胁

虽然风险社会的形成是科技活动与经济政治等多种因素协同作用的结果，但不可否认，在风险社会的形成中，科技是重要的推动因素。科技在造福人类的同时，也因为其不确定性以及误用滥用而产生危害自然、甚至危害人类自身的后果。科技的高度发展既造就了丰厚物质生活、人类日益自由的社会，又造就了高度风险的社会。也就是说，以增进人类安全为目的的科技活动，在增进人类安全的同时却又背离目标而危害了人类安全，将人类带入风险社会之中。科技活动对人类安全的消极影响和破坏力，在广度上影响到人类生活的方方面面，在深度上甚至危及整个人类的生存。无处不在的环境污染和对技术高度依赖的生存方式使我们无时不处在安全风险之中，同时人类掌握的核科技、基因技术等科技力量也可能毁灭整个人类及其生存环境。② 科技的发展给人类带来的好处显而易见，但并非所有的科技成果都能造福人类。科技成果运用不当，必然会破坏自然生态平衡，最终受害的将是人类自身。人类对大自然的无限索取导致了资源枯竭、环境污染、生态失衡等一系列环境危机，已严重威胁到人类的生存。③ 再如，网络技术的发展对网络安全造成威胁。随着互联网、云计算、物联网、大数据、人工智能等信息网络技术的快速发展和叠加应用，网络安全面临的风险与挑战日益严峻。

---

① 庄友刚. 风险社会中的科技伦理：问题与出路 [J]. 自然辩证法研究，2005，21（6）：71－72.

② 冯昊青. 安全之为科技伦理的首要原则及其意义——基于人类安全观和风险社会视角 [J]. 湖北大学学报（哲学社会科学版），2010，37（1）：49.

③ 刘松涛，李建会. 断裂、不确定性与风险——试析科技风险及其伦理规避 [J]. 自然辩证法研究，2008（2）：20－25.

（二）科技发展对人的尊严构成挑战

虽然对"人的尊严""生命尊严"的内涵有不同认识，但是"把人本身当作目的而非实现其他目的的手段"则是公认的尊严观。基于这种尊严观，技术永远都只能是手段，人永远是主体，应该期待人类主宰技术的未来，而不应该让技术主宰人的未来。因此，我们要控制科技的非理性和异化①，在发展科学技术的同时，能够保护人应有的尊严，消除给人类带来的风险，或者把风险降到最低限度。②

当前，以人工智能和生命医学为代表的新科技对人类本身构成严重的风险和威胁。人工智能的风险和威胁至少表现在三个方面，一是从近期看，人工智能有造成大规模失业和被用作杀人武器的风险；二是从中期看，人工智能有失控和反叛的危险；三是从远期看，通用人工智能有消解人类生存意义的风险。假设人工智能对人类是完全忠诚的，人类的一切活动皆可通过支配它而完成，这样的人工智能就会使得人类的生存失去意义。③

科技对人的尊严的挑战还来源于生命科学。21世纪以来，以基因技术为代表的现代生命科学技术迅猛发展，其中对人类尊严最具挑战性的基因技术是基因增强技术和克隆人技术。

1. 基因增强技术的挑战

与以治疗疾病为目的的基因治疗技术不同，基因增强技术不具有医学目的，而是以增强人类的"性状"或"能力"为目标。④ 其对人类的挑战在于：（1）基因增强技术将自然的人类繁衍改变为不自然的人工制造过程，在父母与基因增强的子女之间、基因增强人与普通人之间产生严重的不平等。⑤（2）基因增强技术干预下诞生的"人"系按父母的意愿设计出

---

① 异化主要是指人的主体活动的结果和人自身相分离，转化为不受人支配的独立的力量，反过来统治和奴役人本身。参见周立秋. 科技异化对人类生存意义的消解 [J]. 长白学刊, 2011 (02)：15 – 19.

② 韩大元. 科技发展要基于人的尊严和宪法共识 [N]. 北京日报, 2018 – 12 – 03 (014).

③ 江晓原. 人工智能：威胁人类文明的科技之火 [J]. 探索与争鸣, 2017 (10)：18 – 21.

④ 张新庆. 人类基因增强的概念和伦理、管理问题 [J]. 医学与社会, 16 (3)：33.

⑤ 马明, 陈凡. 人类基因增强伦理价值判断的人性论困境与超越 [J]. 自然辩证法研究, 2017 (12)：21.

来的人，其基因特征是其自己"无法拒绝、无可逃避、无法修正"，也"无可奈何"的。因此，基因增强技术剥夺了一个人获得自由的可能性。①

2. 生殖性克隆的挑战

生殖性克隆是以生殖性克隆为目的的复制，本质上是一种无性繁殖技术，从根本上改变了人类两性繁殖的本质特征。这种技术的威胁在于：①打破生物遗传的多样性，可能会引起人类社会发展的倒退；②冲击人类社会既有的生育方式和生育权制度；③造成家庭伦理关系和法律主体身份的混乱；④直接冲击人格尊严制度；⑤违背伦理学上的不伤害原则。②

（三）科技发展加重了对隐私和其他个人权利的侵害

科技发展的误用滥用对自然人隐私和其他个人权利的侵害体现在很多方面。仅就信息技术而言，当前我国网络用户的隐私和其他个人信息保护面临的主要问题有以下几方面。

1. 网络服务商过度收集用户个人信息

中国青年报社会调查中心进行的万人调查分析报告（以下简称"万人调查报告"）显示，有49.6%的受访者曾遇到过度收集用户信息现象，其中18.3%的受访者经常遇到过度收集用户信息现象；有61.2%的人遇到过网络服务商利用自己的优势地位强制收集、使用用户信息，如果不接受就不能使用网络服务的"霸王条款"。

2. 非法采集、窃取、贩卖和利用用户信息呈高发态势

有的互联网公司和公共服务部门存储了大量公民个人信息，但安防技术严重滞后，容易被不法分子窃取和盗用。一些单位内控制度不完善或不落实，少数"内鬼"或"黑客"为牟取不法利益铤而走险，致使用户信息大批量泄露，如中国人寿80万客户信息泄露、圆通速递近100万条快递单

---

① 马明，陈凡. 人类基因增强伦理价值判断的人性论困境与超越［J］. 自然辩证法研究，2017（12）：21.

② 吴昊，何菊花. 生殖性克隆的伦理与法律审视［J］. 宁波大学学报（人文科学版），2011（6）：116－119.

信息被在网上出售、华住酒店集团 2.4 亿条开房记录疑似泄露等。当前在一些地方，利用网络非法采集、窃取、贩卖和利用用户信息已然形成规模巨大的黑色产业链，甚至引发类似"徐玉玉案"那样的大量精准诈骗案件，给人民群众财产安全造成严重危害。

3. 个人信息侵犯面临举报难、投诉难、立案难

"万人调查报告"表明，52.5% 的受访者认为执法部门保护用户信息的成效一般或者不好；不少人反映，在发现本人信息被泄露或者被滥用后，举报难、投诉难、立案难现象比较普遍。网络信息安全监管"九龙治水"现象仍然存在，权责不清、各自为战、执法推诿、效率低下等问题尚未有效解决，法律赋予网信部门的统筹协调职能履行不够顺畅。

认识到科技发展的诸多挑战，人们自然而言就会想到应当对科技发展实施相应的规制，但是由谁来规制、如何规制才能既最大限度消除或抑制科技发展的负面效果，又不至于遏制科技的进步，则是非常富有挑战的课题。

二、规制路径的演变：从公共规制到混合规制

自 20 世纪 70 年代以来，规制逐渐成为政府实现公共政策目标的重要工具。然而，在经济和社会条件发生急剧变化的情况下，规制也存在着异化为经济和社会福利目标实现之障碍的风险，具体包括阻滞创新、增加贸易和投资壁垒、降低经济效率等。这种风险在技术更新换代频繁的高新技术部门尤其突出。20 世纪 90 年代以来，规制改革开始兴起，越来越多的国家制定了雄心勃勃的规制改革计划，削减规制负担，提升规制的质量和效率。所谓规制改革，本质上就是放松规制（deregulation）和实行更好的规制（better regulation），其基本目标是提高国民经济效率，增强适应变革的能力，保持产业竞争力。这自然能够提升整个产业的生产率，降低消费成本，增加产品和服务供给。①

---

① OECD Report on Regulatory Reform：Synthesis［EB/OL］.［2019 – 06 – 26］. https：// www. oecd – ilibrary. org/docserver/9789264189751 – en. pdf？ expires = 1561550113&id = id&accname = guest&checksum = 6A77439B5ADAC0FA67E0A63376B26D66.

（一）规制的含义及传统公共规制的局限性

根据塞尔兹尼克教授提出的经典定义，规制是"公共机构对那些社会群体重视的活动所进行的持续集中的控制"[①]。由政府机构实施的规制可称之为公共规制。这种传统的公共规制路径的特点在于强调作为规制机构的政府部门在制定、监督与执行规制规则过程中的核心作用，主要规制工具是制定详细的规定性规则，明确被规制者的具体行为准则或具体规定产品的特性或参数。

但是，在复杂多变的市场环境中，传统的公共规制路径的局限性日益凸显，主要体现在两方面。

（1）规制主体过于单一。曾经垄断规制活动的政府机构，面对复杂多变的市场态势，其规制能力的不足越来越突出。相对于市场主体，政府机构处于信息不对称的劣势一方，难以发展出适应市场需要的规制体系。为弥补政府规制的不足，作为市场主体的企业以及企业协会、联盟、标准组织等纷纷制定自己的规制体系，对相关的市场活动进行规制，从而形成公共主体与私人主体混合实施规制的局面。[②]

（2）规制工具过于单一。传统的公共规制工具的核心就是政府机构制定控制、调控或改变市场主体行为的法律规则，其特点在于政府机构制定具有强制执行效力的详细规则，明确被规制者必须做什么、不得做什么，或者对市场主体的产品制定详细的标准或者参数。这种单一的规制工具的缺陷在于为应对复杂的市场环境，规则体系越来越复杂，制定成本高昂，规制绩效不足。为消除这种缺陷，传统的规制就向程序化规制[③]和基于原则的一般性规制[④]转变，并辅以通过企业、协会或标准组织制定的详细标准作为补充。这种混合规制路径还重视利用市场机制（market – based mechanisms）来激励所期许的行为，抑制不当的行为，如通过对特定形式

---

① 科林·斯科特. 规制、治理与法律：前沿问题研究［M］. 安永康，译. 北京：清华大学出版社，2018：4.

② 同①：12 – 14.

③ SCOTT C. The Proceduralization of Telecommunications Law［J］. Telecommunications Policy，1988（22）：243.

④ BLACK J. Forms and Paradoxes of Principles – Based Regulation［J］. Capital Markets Law Journal，2008（3）：425.

的消费征税来降低这种消费，创造碳交易权机制来减少二氧化碳的排放等。①

（二）从公共规制到混合规制的转变

以政府的公共规制为基础、以非政府主体的自我规制为补充的规制，意味着规制已经转变为混合规制，也可称为治理。当前治理的主体已经包括非政府主体，如公司、体育组织、社会组织和宗教组织。这些主体承担着某种治理职能，运用着比传统政府部门更多样化的治理手段，如更多地运用合同手段。这种扩充的治理理念的特色在于：强调国家主体与非国家主体之间的互相依赖；治理科层的层级更少，而治理的网络化更明显。这种治理理念促使人们反思传统的公共规制路径是否有效，要求多元化的主体进行合作与协调，并采用包括法律、标准、契约等在内的多样化治理工具，从而构成"混合规制体系"。②

引入非政府主体的自我规制之后，政府并不能对其放任自流，而应当对这种自我规制实施监督与调控，这被称之为元规制（meta – regulation)③，即对自我规制的规制。元规制的最基本形式是政府机构对非政府主体的自我规制进行监督，当其规制效果不佳时采取调控或激励等干预手段，令其遵循特定的原则，如制定更为严格的规制规则，采取更为有效的监督执行机制。相较于传统的公共规制而言，在元规制模式下，国家更能确保公共目标的实现，同时规制成本更低，规制的专业性更强，企业接受度也更高。④

（三）法律在混合规制中的作用

在混合规制体系中，法律究竟起什么作用是值得深思的问题。这种规制体系下，原本专由政府机构实施规制的领域要部分让渡给企业、社会团体、标准组织等非政府主体。这些主体的治理活动的正当性必须得到公众

---

① 科林·斯科特. 规制、治理与法律：前沿问题研究［M］. 安永康，译. 北京：清华大学出版社，2018：14 – 16.

② 同①：4 – 5.

③ PARKER C. The Open Corporation：Effective Self – Regulation and Democracy［M］. Cambridge：Press, 2002.

④ 同①：6.

的认可并通过法律加以确认，可问责性必须得以建立并通过法律最终加以贯彻。

1. 正当性

正当性（legitimacy）一般是指一个社会或一个特定的主体愿意接受政府或者其他主体的权威。在传统的规制体系中，政府作为规制主体之权威来自于法律的明确授权，其在法律授权范围内实施规制的正当性自不待言，但是基于标准的规制、基于社团规章的规制乃至企业自我规制的正当性则颇值得探讨。

（1）基于标准的规制。

基于标准的规制，其正当性要视标准的不同类型而定。就我国而言，标准有强制性国家标准、推荐性国家标准、行业标准、地方标准、团体标准、企业标准等六种。其中，前四类标准均由各级标准化行政主管部门或其他行政主管部门依据法律的授权进行制定，具备应有的正当性。除了上述四种标准之外，我国还有团体标准和企业标准。这两种标准虽然被列入标准之中，但是从规制角度看，应当分别纳入社会团体的规制和企业自我规制中进行讨论。

（2）基于社会规章的规制。

学会、协会、商会、联合会、产业技术联盟等社会团体的规制工具包括团体标准、章程和其他规约。国家鼓励社会团体协调相关市场主体共同制定团体标准，由本团体成员约定采用或者按照本团体的规定供社会自愿采用。关于团体标准的正当性，应关注其制定程序是否遵循开放、透明、公平的原则，各参与主体是否获取必要的信息，其内容是否反映各参与主体的共同意愿，对标准相关事项是否进行充分的调查、分析、实验、论证。社会团体制定的章程和其他规约可以统称为社团规章。随着国家、市场和社会权力格局的形成，越来越多的社会公共组织承担着公共治理事务，履行着一定的公共职能，如律师协会对律师执业行为的指导和惩戒就是对律师行业的公共治理，这种治理的重要手段就是社团规章。对社团规章正当性的考察，要看其制定和修改是否遵循了社团的民主程序，其内容是否符合社团成员的共同意志。我国社团管理的相关法律法规虽然没有明确社团权力产生和行使的基本程序，但是社团章程等基本规范一般都设置了社团权力行使的相关程序，以保障社团权力运行机制的民主性和正当性。①

（3）企业的自我规制。

企业自我规制的工具主要是企业标准和契约。根据我国《标准化法》的规定，企业可以根据需要自行制定企业标准，或者与其他企业联合制定企业标准。实施企业标准的场合通常包括其提供的产品或服务缺乏国家标准、地方标准或行业标准以及企业需要实行高于这些标准的标准。国家对企业标准实行自我声明公开和监督制度。企业应当公开其执行的企业标准的编号和名称，还应当公开产品、服务的功能指标和产品的性能指标。企业自行公开的企业标准构成对消费者做出的产品或服务的质量承诺，当企业的产品或服务不符合该标准时，消费者有权利据此标准寻求救济。从这个意义上看，企业标准的正当性来源于充分的公开。企业提供产品或服务的契约尤其是格式合同也是自我规制的一种手段。这种契约的正当性在于其不得违反法律法规的强制性规定，还要符合民法的公平原则和诚实信用原则。

2. 可问责性

如果一种规制体系不具有可问责性（accountability），将形同虚设。波文斯将可问责性解释为："一个主体与一群主体的关系，其中该单个主体有义务去对自己的行为进行解释证明，其他主体有权利提出质疑、做出判断，而该单个主体可能要承担相应后果"②。下文将从传统公共规制、社团规章规制和企业自我规制三个方面阐明可问责性的含义。

（1）传统公共规制的可问责性。

传统公共规制的途径主要是制定和执行包括法律、行政法规、地方性法规、规章和规范性文件在内的公共规制规则。无论是公共规制规则的制定行为还是执行行为，都应具备可问责性。在我国，对法律、行政法规、地方性法规、规章、规范性文件制定行为的问责机制包括：①有权机关予

① 季卫华. 社团规章与合作治理 ［D］. 南京：南京师范大学，2016：60 – 61.

② BOWENS M. Analysing and Assessing Accountability：A Conceptual Framework ［J］. European Law Journal，2007（13）：447 – 450.

以改变或撤销①；②有权机关进行备案审查②；③人民法院在行政诉讼中对国务院组成部门和地方人民政府及其部门制定的规范性文件的合法性进行附带审查③。对法律、行政法规、地方性法规、规章、规范性文件的执行行为的问责机制包括针对行政机关的行政诉讼、针对公职人员的监察处理以及对玩忽职守、滥用职权的执法人员的刑事处罚等。

（2）社团规制的可问责性。

社团规制的可问责性体现在如下两个方面。

其一是，行政机关、司法机关对社会团体的问责。具体包括：①社会团体登记管理机关对社会团体的监督管理和行政处罚④；②社会团体业务主管机关对社会团体的监督管理⑤；③财政部门对社会团体财务管理的监督；④审计机关对资产来源属于国家拨款或者社会捐赠、资助的社会团体的监督⑥；⑤司法机关对社会团体及其直接负责的主管人员的刑事处罚⑦；⑥反垄断执法机构对行业协会的反垄断法规制⑧。

其二是，社会团体成员对社会团体的问责。这是社会团体规章可问责性颇有争议的一个问题。以中国足球协会为例，迄今为止，尚无发现法院受理以足协为被告的行业内部纠纷案件。笔者认为，如果社会团体与其成员之间的内部关系纠纷不属于法院管辖，则意味着社团成员的利益缺乏外部的救济途径。这将使得基于社团规章的规制没有问责机制作为保障，社团规制就处于法外之地，对完善社会治理体系极其不利。

（3）企业自我规制的可问责性。

如上所述，企业自我规制的途径主要是企业标准和契约，我国的民法、经济法、行政法、刑法等法律提供了比较丰富的问责机制，此处不予赘述。

---

① 参见《中华人民共和国立法法》第96、97条。
② 参见《中华人民共和国立法法》第98、99、100条。
③ 参见《中华人民共和国行政诉讼法》第53条。
④ 参见国务院《社会团体登记管理条例》第24、30条。
⑤ 参见国务院《社会团体登记管理条例》第25条。
⑥ 参见国务院《社会团体登记管理条例》第27条。
⑦ 参见国务院《社会团体登记管理条例》第30条。
⑧ 参见《中华人民共和国反垄断法》第11、16、46条。

三、科技发展的综合性规制路径探讨

笔者认为现代科技更新迭代迅速，社会影响广泛，任何单一的规制路径都无法满足当下社会对科技发展的规制需求。有鉴于此，笔者提出一种综合性的规制路径建议。

（一）科技发展的公共规制（即法律规制）

法律如何应对科技发展的挑战这样的问题，一般首先会呈现在司法机构的面前。当某种问题积累到一定程度，产生规制的必要性时，立法机构、司法机构通常会通过法律解释进行应对。如果法律解释仍然不足以解决问题，立法机构会考虑修法或制定新的法律。这就是法律规制科技发展的一般路径。下文具体阐述。

1. 法官造法

与立法者造法对应的是司法者造法，也称为法官造法，是由司法人员通过审判具体案件而制定出适用于个案的法律。法官造法属于"事后造法"，即在与特定法律关系相关的具体事件发生之后，面向过去做出的裁判。当然，这种裁判也会在一定程度上影响人们日后的行为。[①] 法官造法是填补法律漏洞的重要方法。当法官在案件审理过程中遇到科技发展所产生的新问题且现行法律不能适用时，就可以认为现行法律存在一个漏洞，法官必须根据法律的公平、正义、诚实信用等基本原则创造一个规则来填补这个漏洞，而不能以法无明文规定为由拒绝裁判。

虽然我国的立法权由各级立法机构行使，但是为了更好地维护社会正义和实现司法公正，在一定程度上允许法官造法确实很有必要。有学者认为，我国应该在一定程度上吸收判例法的经验，承认"法官造法"的合理性，用判例法来及时弥补制定法的缺陷或不足。一言以蔽之，中国应该采取以制定法为主、以判例法为辅的造法模式。[②] 据笔者考察，对搜索引擎

---

① 何家弘. 论法官造法 [J]. 法学家，2003（5）：136.
② 同①：142.

关键词竞价排名服务是否属于广告，是法官造法的一个典型例子。在大众搬场案中，上海市第二中级人民法院认为："百度网站作为搜索引擎，其实质功能是提供网络链接服务，其既不属于网络内容的提供者，也不属于专门进行广告发布的网络传媒。"① 显而易见，在该法院看来，搜索引擎的关键词竞价排名服务不属于广告服务。在港益电器案中，一审法院也没有对此问题进行认定②，但是二审法院则明确认定"谷翔公司提供的'关键词广告'服务系一种新型的网络广告，谷翔公司作为广告经营者应当对广告主第三电器厂上载的广告内容进行审查，该问题的判定与商标侵权判定有关联"③。这是我国法院首次对搜索引擎关键词竞价排名服务是否属于广告作出认定。在后来的同类案件中，这种认定得到很多法院的跟进。但是，迟至 2016 年 7 月 4 日，原国家工商行政管理总局④发布的《互联网广告管理暂行办法》才明文规定"推销商品或者服务的付费搜索广告"属于互联网广告。这是我国成文法首次规定搜索引擎关键词竞价排名服务属于广告。全国人大常委会 2018 年 8 月 31 日通过的《电子商务法》进一步将这一规则上升为国家法律。⑤ 显然，广州市中级人民法院于 2008 年在港益电器案中创造了一个法律规则——搜索引擎关键词竞价排名服务属于广告，搜索引擎服务商对竞价排名广告内容负有审查义务。

笔者认为，法院处于解决社会矛盾的第一线，通常是最先面临科技发展产生的新问题、新挑战，且因为自身职能又不能回避这些问题和挑战的机构。法院的司法裁判活动，是解决科技发展的新问题、回应新挑战的有效途径。因此，我们应重视法官造法在规制科技发展方面的能动作用，给法官造法留下一定的空间。

---

① 上海市第二中级人民法院（2007）沪二中民五（知）初字第 147 号民事判决书。
② 广州市白云区人民法院（2008）云法民三初字第 3 号民事判决书。
③ 广州市中级人民法院（2008）穗中法民三终字第 119 号民事判决书。
④ 2018 年 3 月，根据第十三届全国人民代表大会第一次会议批准的国务院机构改革方案，将国家工商行政管理总局的职责整合，组建国家市场监督管理总局，不再保留国家工商行政管理总局。
⑤ 《电子商务法》第 40 条规定："电子商务平台经营者应当根据商品或者服务的价格、销量、信用等以多种方式向消费者显示商品或者服务的搜索结果；对于竞价排名的商品或者服务，应当显著标明'广告'。"

2. 法律解释

法律解释的必要性在于：①由于法律具有抽象性、概括性的特点，需要借助法律解释化抽象为具体，变概括为特定；②由于人们认识水平、动机等方面的差别，会对同一法律规定甚至一些专门术语产生不同的理解，需要通过法律解释加以说明；③由于立法缺憾或漏洞，需要通过法律解释改正、弥补法律规定的不完善；④法律稳定性与社会发展的矛盾，需要通过法律解释来解决。① 显然，对现行法律能否解决科技发展带来的新问题、新挑战，法律解释是其中的一个重要途径。

从法律解释的作用可知，当科技发展产生现行法律没有明文规定的新问题、新情况时，理论上讲可以分别通过司法解释和立法解释加以解决。一方面，最高人民法院和最高人民检察院可以制定司法解释，使现行法律能够扩展适用于新情况、解决新问题，对新科技的运用行为做出适当的法律评价。另一方面，面对科技发展带来的新问题，全国人大常委会当然也可以对现行法律作出解释，使这些新问题的解决不至于无法可依。从我国现实情况看，司法解释在这方面起到主要作用。

3. 立法

此处的立法是指法定的国家立法机关创制、认可、修改、废止法律和规范性法律文件的活动，不包括前文所说的法官造法。从立法权限划分的角度看，我国现行立法体制是中央统一领导和一定程度分权的，多级并存、多类结合的立法权限划分体制。②

相对于法官造法和法律解释，通过立法对科技发展进行规制，程序更为复杂，反应也比较滞后。通常都是在积累一定的经验，条件比较成熟之后，立法机关才会制定规制特定领域科技发展的法律。以人工智能为例，人工智能的监管已经被很多国家的政府提上议事日程。美国、欧盟、英国、日本等发达国家和区域组织先后发布了有关人工智能治理的战略规划，有的国家还发布了有关特定领域人工智能立法的草案。但是，迄今为

---

① 沈宗灵. 法理学 [M]. 3 版. 北京：北京大学出版社，2009：355 – 357.
② 周旺生. 立法学教程 [M]. 北京：北京大学出版社，2006：162 – 163.

止，尚没有哪个国家通过规制人工智能的正式法律。这就表明，关于人工智能立法的条件还不成熟。再以我国个人信息保护法的制定为例，我国法院已经对有关个人信息保护的民事、刑事案件做出过判决，《民法总则》对个人信息保护也已有原则性规定，但是专门的个人信息保护法尚没有出台。

（二）科技发展的政府间国际组织的规制

随着全球化越来越深入，现代科技的影响早已超越国界。因此，政府间国际组织也纷纷参与科技发展的全球治理。仍以人工智能为例，政府间国际组织已经发展成为人工智能全球治理主体中的核心力量之一，包括联合国教科文组织、世界科学知识与技术伦理委员会、联合国区域间的犯罪和司法研究所、经合组织（OECD）等均从不同角度尝试对人工智能开展全球治理。

（三）科技发展的非政府组织规制

由于科技发展迅猛，而法律规制总是比较滞后，因此各类社会团体和其他非政府组织在对科技发展风险和挑战的规制方面理应发挥作用。针对人工智能技术发展对伦理规范的挑战，国内外很多非政府组织先于立法机关制定了相应的伦理准则。一些国家相继成立了人工智能治理的各类组织和机构，如科学家组织、学术团体和协会、高校研发机构等。

（四）科技发展的企业自我规制

科技企业的自我规制也是规制科技发展的重要途径。就人工智能而言，大型人工智能企业内部一般设立了人工智能伦理研究部门。例如，微软、谷歌和特斯拉公司都成立了人工智能伦理委员会或类似机构，开展和传播人工智能伦理研究。

四、关于我国科技发展规制路径的建议

对科技发展的规制或治理，既要规制其负面影响，又要形成以促进创新为导向的产业发展框架。有学者认为，治理的核心是配置产业发展所需

要的制度资源，从而实现治理核心目标的有机平衡：辅助（不阻碍）技术创新、防控产业风险（避免负外部性）、促进公众利益最大化。敏捷治理就是在这种背景下出现的新兴治理模式。敏捷治理是一套具有柔韧性、流动性、灵活性或适应性的行动或方法，是一种自适应、以人为本，以及具有包容性和可持续的决策过程，其概念旨在改变在第四次工业革命中政策的产生、审议、制定和实施的方式。敏捷治理承认技术变化和中断比以前更快、更复杂，理想形式的敏捷治理不会因为速度而牺牲严谨性、有效性和代表性。敏捷不仅意味着治理的应对速度要增加，而且需要重新思考和重新设计政策流程。同时，敏捷治理将促进社会福利和价值定位为优先事项，以指导新兴技术开发和利用。敏捷治理需要具备广泛参与性与时间灵敏度之特征。[①] 基于敏捷治理的理念和特征，笔者对我国如何规制以信息技术、生物技术为代表的新技术发展及其运用，提出以下建议。

（一）政府机构、非政府组织、企业等多元主体合作共治

如前所述，在混合规制体系中，立法、执法等公共机构的单一规制主体的局限性凸显，越来越不能满足对社会治理的需求，因而逐步形成了政府机构、政府间国际组织、非政府组织、企业等多元主体合作共治的治理体系，这在人工智能的全球治理中体现得尤其明显。

（二）伦理规范、法律制度、公共政策和企业标准协调并用

1. 伦理规范

相对于法律法规总是滞后于现实之特征，伦理规范可以先行预设，反映出已变化或可能变化的社会关系。在发达国家，对人工智能的伦理研究早于立法研究。[②]

---

① 薛澜，赵静. 走向敏捷治理：新兴产业发展与监管模式探究 ［J］. 中国行政管理，2019（8）：31.

② 陈伟光，袁静. 人工智能全球治理：基于治理主体、结构和机制的分析 ［J］. 国际观察，2018（4）：33.

2. 法律制度

人工智能挑战着传统的法律法规体系。法律是通过探究行为与后果之因果关系来规范人的行为。在人工智能的背景之下，这种规制思路可能会陷入窘境。如何应对以算法、数据为核心的技术主体所带来的公共责任分配问题，如机器人侵权行为的权责界定，是当前人工智能治理面临的一个重要挑战。①

3. 公共政策

各国政府都针对人工智能治理出台了公共政策，以尝试引导人工智能在合理的范围内快速发展。但是，不同国家的政策在战略导向和监管逻辑上存在差异。②

4. 企业标准

企业为了提升社会声誉，增强综合竞争力，越来越愿意承担社会责任，因而也通过企业标准、服务契约等手段对人工智能的风险和挑战进行自我规制，甚至组成企业联盟，通过团体标准实施行业自律。

（三）积极参与新兴科技发展的全球治理合作

当代科技发展具有显著的全球性特征。尤其是互联网、大数据、人工智能等新兴技术的开放性、虚拟性、跨国性与经济全球化紧密结合、互相作用，导致对新兴科技发展的规制不能囿于一国之境。因此，我国应当积极参与新兴科技发展的全球治理合作，与其他国家和国际组织一道构建全球治理机制，共同应对新兴科技发展的全球性挑战。在这种全球治理合作中，既要捍卫国家主权，维护国家利益，又不能固步自封，各自为政。

---

① 贾开，蒋余浩. 人工智能治理的三个基本问题：技术逻辑、风险挑战与公共政策选择 [J]. 中国行政管理，2017（10）：42.
② 陈伟光，袁静. 人工智能全球治理：基于治理主体、结构和机制的分析 [J]. 国际观察，2018（4）：35.

第十章

我国基础研究面临的挑战及法律保障

当前，全球经济格局和治理体系正在发生深刻变革，新一轮科技革命和产业革命正蓄势待发，科技创新成为经济发展的新动能，世界主要国家纷纷加快创新型国家建设和转型。习近平总书记在党的十九大报告强调，"要瞄准世界科技前沿，强化基础研究，实现前瞻性基础研究、引领性原创成果重大突破。"李克强总理在视察中国科学院物理所时谈到："一个国家基础研究的深度和广度，决定着这个国家院士创新的动力和活力。"我国深入实施创新驱动战略，为顺应经济社会发展与国家安全各个领域对源头创新的强烈需求，制定《"十三五"国家基础研究专项规划》，进一步提升创新源头供给能力，推动基础研究整体繁荣，成为未来世界发展的领先力量和战略引擎。

一、新时期国际上基础研究的趋势与经验借鉴

（一）基础研究领域聚焦国家与社会需求

第一，国家与社会力量嵌入基础研究领域。现代科学价值属性多元化，基础研究边界不断拓宽，基础研究从最初的以学术机构自由探索为主的"小科学"时代，进入由国家为主导，社会各界力量共同推动协同创新的"大科学"时代。"大科学"时代的显著特征是，国家、企业和社会力量嵌入基础研究中，国家加强组织管理，集中优势资源推动基础研究满足国家社会重大战略和需求。世界主要强国与地区将有限的人力、物力、财力集中到国家最迫切、最需要的地方和社会发展最重要的方向上，纷纷制定和实施各种层次和类型的科技发展计划，如20世纪美国的阿波罗计划和

纳米计划，欧盟的"尤利卡"计划、"地平线"计划，德国提出的"工业4.0"高技术战略计划等。

第二，科学实践承担更多国家责任。科学、技术与一国的经济、社会和政治愈加紧密结合，传统意义上的科学自我治理面临困境，科学探究相对自由的时代终结。科学也走出了个体科学家的时代，现代科学形成了建制化模式，科学更多与经济、政治等其他系统结合。随着科学成为公众科学，科学实践承担了新的任务和责任。社会投入了巨额的资金和道德资本，预期科学对生产率、健康、国防和国家自豪感等可测度的回报。

第三，注重发挥基础研究的支撑作用。当前，科学与产业发展齐头并进，进入飞速发展的历史时期，酝酿革命性突破。不管是科技革命还是产业革命，都迫切需要来自基础研究的源头创新提供支撑。世界主要创新型国家普遍通过制度化措施连接科技与产业需求，加速推动基础研究繁荣，提升基础研究的整体效能。[①] 例如，美国国家自然科学基金（NSF）和国立卫生研究院（NIH）的项目申请表中都会有一项需要填写"国家需求"，使国家导向能成为科技项目立项的重要依据。英国的科技政策注重发挥产业需求对基础研究的导向作用。英国在科技计划制定之初，由企业率先根据市场需要提出重点领域与方向，再由政府、学术界与产业界共同协商确定科技计划，企业需求对各类科技计划发挥关键作用。

（二）基础研究发展依托规划与组织管理

第一，重视战略导向基础研究领域布局，将国家或地区需求与前沿科学紧密结合。基础研究是创新驱动发展阶段后技术领先世界的重要保证，西方主要国家或地区均将基础研究视为重要的国家战略。美国重视基础研究在国家战略中的重要地位，对基础研究的资助一直处于世界领先水平，每年的研究与开发（R&D）[②] 经费中基础研究经费投入稳定在15%左右的强度。每年美国白宫科技政策办公室（OSTP）、国家科学技术理事会（NSTC）、国防高级研究计划局（DARPA）、战略与国际研究中心（CSIS）等各个政府部门会发布综合性科技战略计划。特朗普政府明确研究与开发

---

①　陈云敏. 基础研究支撑产业创新［J］. 杭州科技, 2019（03）：30–32.

②　Research and development.

领域投入有限，应确保 5 个优先事项：美国军事优势①、美国安全、美国繁荣、美国能源优势和美国健康。根据特朗普政府的 2019 财年预算报告，美国在大幅度削减政府研究机构预算规模的同时，维持了基础研究领域的经费水平，特别是加大对生物医疗基础研究的投入，在科研经费机构上进一步向基础研究倾斜。欧盟自 1984 年起陆续启动 8 次科技框架计划（Framework Programmes），框架计划每 4～7 年更新一次，最新的框架计划即为《欧盟"地平线 2020"计划》。"地平线 2020"计划旨在整合欧盟各国的科技资源，提高科研效率，促进科技创新，推动经济增长和增加就业。"地平线 2020"计划将基础科学研究领域定为三大优先战略领域之一，对基础科学的预算支持金额达 244.41 亿欧元，占所有研发与创新经费的 31.73%，甚至超过工业技术经费 74 亿欧元，以巩固欧盟研究与创新体系在全球竞争力。

第二，提升基础研究项目的组织管理水平，优化国家与地区科技资源配置。目前，世界各主要创新国家和地区均根据自身的政治经济特点与历史文化条件，探索出相对完善的基础研究组织管理体系与项目管理流程，形成各具特色科技资源优化配置经验和手段。例如，美国主要靠经济手段和法令对全国科技工作进行调控，对计划立项的项目一律通过签订研究合同资助研究经费。一般而言，美国对高校和研究机构的基础研究经费采取事前补助的方式，而企业自主研发项目采取事前补助和事后补助相结合的方式，如先拨付启动资金，完成项目协议后再进行资金补助。而对于重大科技项目立项阶段需通过参众两院的质询，在执行阶段由司法部门进行约束。欧盟通过科技框架计划不断调整重点科技研究领域，最近的"地平线 2020"计划将基础研究确定为优先发展战略项目，加大了欧盟层面不同资助计划的整合，将以前各自独立的欧盟研发框架（FB）、欧盟竞争与创新计划（CIP）、欧洲创新与技术研究院（EIT）三个研发计划的预算，并将欧盟结构基金中用于创新的部分囊括进来进行统筹管理，避免条块分割和重复资助。欧盟重大科技项目分工明确，分别由三个不同专门机构分别进行研究政策制定、科技项目日常管理和创新项目管理。同时，提升公共服

---

① 即机构需要投资 R&D 中"可以支持未来军事的领域"，包括"高潮武器与防御、自主和天基系统"。

务水平，简化流程，对任何项目申请实行"一站式"服务。欧盟中的德国则依据政府发展战略与国家社会需求确定科技发展战略，但科技研究项目的管理职能则委托给专业非营利组织和中介机构执行。

第三，政府加大对基础研究的间接投资，激励产业、基金等为基础研究提供资助。美国与欧洲推广各类金融融资办法对基础研究进行资助。例如，政府开展股权、债券投资形式，或政府借助金融机构将政府资金转变为间接股权或债权。美国政府鼓励民间风险资金投资基础研究。欧盟则多采用政府和金融机构合作的方式对基础研究进行资助，如通过政府出资建立投资公司，政府和银行共同出资共担风险进行投资等。欧盟"地平线2020"计划鼓励根据研发活动的不同性质灵活实行拨款、贷款、政府资金入股和商业前采购等资助形式。

（三）基础研究注重优化制度与法律保障

第一，注重基础研究领域经费投入的法律和制度保障。世界主要创新型国家普遍重视科技立法或通过强制性的计划法令保证国家对科技的投入。欧美各国通过法律和各项科技规划规定了科技研发经费占 GDP 的比重，使基础研究经费在总体科研经费支出中占比达到一定的规模，通常为 10%～20%。日本早在 20 世纪 90 年代就颁布了《科学技术基本法》，后来又制定了《政产学研合作税制改革法》《知识产权基本法》《高校科研创新促进法》等一系列的法律，保障基础研究能够得到健康发展。同时，自 1971 年开始，日本每 5 年一次组织开展大规模的科技预测调查，根据预测调查结果，制定科学技术基本规划，以确定科技研究的总体方向和重点领域。

第二，完善基于同行评议的科学资源分配机制。同行评议最本质的问题，是建立在对稀有资源的分配、职业发展和流动的类型、现代科学的社会组织，以及科学与社会之间关系的更普遍的关注之上。公众给予科学高度的信任和慷慨的支持，科学相应地需要提供给公众知情权。一方面要求对投入进行绩效及问责，另一方面，要求基于同行评议的资源分配更加透明，改变现行同行评议制度松散的结构，改变同行评议的单向传导机制，在一定程序上将同行评议变成一种对话机制，同时改善同行评议人的匿名机制。欧盟重视科技项目分类的差异化管理，根据不同项目特点制定不同的管理机制，实行不同的评价方法。加强从项目过程到结果的全程评价，同时发展完善同行评议机制，严格评议专家任命标准，并建立了独立观察员制度。英国建立较为完善的科学评价体系。为保障同行评价的客观性和公正性，评审委员会通常由知名专家组成。当项目涉及多部门或多领域交叉时，英国政府常引入第三方评估机构开展评估。同时，各研究委员会在分配项目时，鼓励公平竞争，允许企业、其他专业研究委员会和科研机构前来申请的，打破部门界限。德国一般中介组织根据专业设立专业的委员会和部门，承担项目申报管理职责。项目评审完全由中介组织和各领域专家负责，确保科技资源的有效分配和利用。

第三，重视基础研究成果保护与利用。一是世界各国越来越重视对知识产权的保护。加强知识产权保护的立法，拓展知识产权保护的领域，强化知识产权保护的国际合作与执法。例如，2011 年 5 月，欧盟提出了新的知识产权保护战略，集中指向数字化时代的知识产权保护。2014 年 10 月，欧盟进一步推动互联网知识产权保护的立法工作，旨在更好地保护知识产权所有人的利益，特别是艺术家和科学家的发明创造。二是部分国家开始限制部分基础研究领域的国际合作。例如，美国政府要求国立卫生研究院支持的所有项目都不能与中国合作。三是促进基础研究成果的有效利用。通过建立成果转化中心、促进政产学研合作、实施积极的专利政策和技术转移政策，推动基础研究成果的保护与利用。例如，日本政府 21 世纪以来的《科学技术基本计划》①，几乎都把尊重知识，开展科研成果技术转移定位重要策略，将产品开发和产品化过程向前延伸，将基础研究融入技术集成和应用。

二、新形势下我国战略导向基础研究面临的挑战

（一）战略导向基础研究国际竞争日益剧烈

战略导向基础研究成为国家竞争力的关键要素，世界各国为谋求在新一轮科技革命与产业革命中的战略优势，更加重视推动基础研究领域取得

---

① 由综合科学技术会议制定，从 1996 年起至今已制定至第五期。

突破，发挥基础研究领域的战略支撑作用。

第一，世界主要国家和地区逐渐推动资源和政策向基础研究领域倾斜。世界各主要国家和地区对基础研究经费投入都呈现出稳步上升趋势，基础研究经费占研究与开发经费比例普遍处于15%左右。欧盟的"地平线2020"计划、美国特朗普政府的2019财年预算报告、日本最新的科学技术计划等均表现出对基础研究领域的经费倾斜和政策支持，美国特朗普政府明确研究与开发的五项优先事项：美国军事优势、美国安全、美国繁荣、美国能源优势和美国健康。

第二，世界各国着眼于国家利益，国际间的竞争与合作形式更加复杂。一方面，基础研究的发展需要在全球范围内开展更深层次的合作。另一方面，随着新兴国家的崛起，传统科技强国为保护自身的国家利益与竞争力，开始更加重视战略导向基础研究，防范基础研究国际合作。中国所有涉及国家利益的领域，都很难与美国进行合作，现在所有的重要领域，信息安全、网络安全、生物、化学、材料等都很难进行合作。由于这种竞争的状态，美国开始对其他国家施加影响力，要求其他国家选择立场（choose side）。2018年9月底10月初召开的"美国工程院年会"上，美国向亚马逊、谷歌、微软等机构要注意保护网络自由，提出在信息安全方面要注意防范有关的国家行为。

第三，世界各个主要国家和地区在科技发展水平不同，在不同发展阶段对战略导向基础研究的需求和竞争态势不同。一个国家科技发展在跟跑阶段，国际上对某一领域的研究会有模板，只要根据模板与实际条件确定需求就能达到要求。而国家在并跑和领跑阶段，可借鉴和吸收的国际经验较少，面临更大的国际竞争压力，需要加强前瞻布局和系统谋划。

（二）战略导向基础研究资源配置不平衡不充分

第一，科技资源在配置方向上不平衡。当前我国重视科技原始创新、实施创新驱动发展战略，但是我国科技资源在战略导向基础研究和应用研究等方面投入比例不协调，对基础研究领域的投入不足。根据科技发达国家的经验，国家基础研究经费投入占国家研究与开发经费投入应该达到15%左右，在基础研究经费投入强度上我国仍然存在巨大的优化空间。同时，由于我国现行的科技体制原来由"863""973""支撑计划""重大专项"等组成的国家科技计划体系改革为国家自然科学基金、国家科技重大专项、国家重点研发计划、技术创新引导专项（基金）和基地与人才专项五大计划，面向科技创新发展的全链条，战略性基础研究被分散到各个专项计划中，由于专项更多地是面向下游应用领域，基础研究的作用并不明显，导致基础研究空间被挤压，逐渐边缘化，妨碍了我国战略导向性基础研究的发展。

第二，科技资源在配置领域上不平衡。我国科技经费一般通过竞争性科研项目的方式获得，通过保障性拨款的比例相对比较低。过渡的项目竞争关系导致抢占优势有利的科技项目，基础研究项目在竞争中处于劣势，需要长期性、持续性的支持。同时，由于我国各个领域发展水平不同，不同领域之间的科研项目缺乏统筹协调机制，在一定程度是造成科技资源的重复配置与浪费。例如，我国在生物医药等领域就很落后，但是在材料等领域已经处于国际领先水平，需要在科学资源分配上进行综合布局和配置。

第三，科技资源在配置区域上不平衡。我国各地区经济与科技发展水平不一致，在科技资源配置上也呈现出东中西部大范围和局部地区的差异，更需要进一步平衡地区间的差异。同时在中央和地方科技经费的资源配置上也有很多需要进一步优化的地方，借鉴一些发达国家的经验。

（三）战略导向基础研究组织模式仍需改善

第一，在宏观科技管理体制方面，现行科技计划体系中的战略导向基础研究被削弱。原来由"863""973""支撑计划""重大专项"等组成的国家科技计划体系改革为国家自然科学基金、国家科技重大专项、国家重点研发计划、技术创新引导专项（基金）和基地与人才专项五大计划。现行科技计划分为五大类是按照创新链条进行布局的，这种布局使得处于链条前端不能立即见效的基础研究受到削弱。由过去政府管理科研项目的模式，改为合格专业机构来管理国家科技计划，但实际上宏观管理体制中并没有真正能够完全实现科技资源的统筹协调，资源分散和多头管理的特点仍然存在。现有基础研究制度缺乏一种机制，缺乏不断推出一种新的重大理论和方向的机制。

第二，科技计划体系中的重大研发项目的分配机制，也是依据的同行评议，但是同行评议制度在原创领域及交叉领域很难发挥作用。一是基金同行评议的主要问题是通讯评审量过大，每年 200 多人负责 22 万的申请书，科学家时间比较有限。采用两种方法解决：一是"请人帮忙"，二是人工智能辅助选择专家。但都存在一些问题，"请人帮忙"带来的问题是"屁股"问题，人工智能的问题是导致人很难发挥主观能动性，过度的强调纪律也会造成项目管理人员出现怠工现象。二是"打招呼"现象比较严重，削弱了评议的公平性和透明性。三是过度回避之后会造成的小专家评大专家现象。四是会评组形成的集团化或者小集团现象。

第三，科技计划体系中的重大科技专项在具体管理上，还是由不同的司局进行管理，也就是形式上是资源统筹，实际上仍然是多头分散的层级管理。目前基础研究"两头大、中间小"的现象比较严重。基础研究自由探索资助比例很大，每年有 4 万多项，总计 300 多亿；重大专项资助比例也很大，一年也有几百亿，而中间的重大项目每年只有 2000～3000 万，比例太小了。从科学研究角度看，科学家研究需要一个中间类型的项目，自由探索比较散，很难形成重大专项，需要面向需求、解决实际问题的重大项目逐步凝练，最终形成重大专项，每年有 100～200 项重大项目是比较合理的。现在将原先"973"项目的内容移到基金委，和基金委的重大项目合并到一起。现在基金委的重大项目是 30 多项，如果加上原先"973"的70 多项，将基金委的重大项目增加到 100 多项。将原先"973"项目与基金委重大项目合并需要在管理机制方面有一个融合，在资金融合、项目审批和项目目管理上需要确定一定统一的机构来进行统筹。

三、加强基础研究的法律政策建议

（一）明确战略导向：突出基础研究战略研判和前瞻布局

第一，加强国家重大战略任务部署基础研究。围绕世界科学前沿的重点方向，凝练战略性前瞻性重大科学问题，以实现重点跨越、引领未来发展为目标，重点部署基础研究。深入推动国家"十三五"基础研究专项规划的实施，明确推进各项战略部署，不断推动从组织到制度的改革措施。

第二，改革现有科技资源组织管理形式，推进基础研究资源统筹协调工作。战略性基础研究主要是面向重大需求的，应当依托行业力量和国立科研机构，给予预算保障和战略性资助。战略性基础研究具有很强的生命力，需要得到重视。在当前特殊架构下，"973"已经没有了，但是可以设立新的计划或模式。国家科学基金主要是学科性的，应保持现有模式。基金委的重大研究计划也会由专家组模式来定。但是基金委的主体经费是自由探索，如果基金委大量由计划来定的话，会使中国学科性的基础研究大大削弱。同时推进自然科学基金会改革，基金委的重大研究计划也会由专家组模式来定。应由基金会组建战略资金协调会，统一协调稳定性资金、竞争性资金、战略性资金配置、长期奖励性经费，分为不同的类别统一协调和资助基础科学研究资源。同时组建更为统一高效的项目评审协调机制，可以在专家组评审的基础上，设立独立的观察员制度等。

第三，初步探索基础研究全球治理架。基础研究关注的是全世界范围的前沿问题，如果仅仅关注我国产业的需求的话，就会大大落后于世界基础研究的前沿研究。一是加强国际合作，促进基础研究活动国际化。"走出去，请进来"吸引海外人才；积极支持双边、多边基础研究科技合作；积极参与国际大科学计划与大科学工程；发起和组织国际大科学计划和大科学工程。二是构建跨国的学术共同体，培育跨国学术组织，推进跨国学术交流网络与平台。以平台聚人，以环境化人，逐步建立"以我为主，为我所用"的世界基础研究网络体系。三是建立世界基础科学联合会，从构建人类命运共同体的角度出发，逐步探索建立相关规则和标准、推广和利用留下的广阔空间，防范全球性科学治理风险。

（二）优化组织管理：强化自然科学基金委资源统筹协调

强化基础科学资源的统筹管理，建立从项目计划、项目评审、项目管理、项目运营与合作、项目评估等全方位的统筹协调机制，改革自然科学基金委的组织管理职能。针对基础研究"两头大、中间小"的现象比较严重的现象，立足于现有的国家科学基金会，可以将原先"973"项目与基金委重大项目合并需要在管理机制方面融合，从而形成一个妥协的方案。例如，从经费来源上，重大项目由中央财政进行支持，但是每年重大项目的预算和最后一道审批可以到科技部的党组会上审批；对于高度交叉重大项目，其实基金委的学科是可以覆盖的，也可以成立一个交叉中心来进行专门管理。同时，更加重视项目过程与系统化管理，更加注重政府采购、税收、风险投资等间接自主模式，由自然科学基金委统一组织专门机构进行实施。

（三）健全同行评议：注重科学分类、建立对话机制

第一，建立科学高效的分类评审机制。① 一是对于选择"A. 鼓励探索、突出原创"的申请项目，着重评价申请项目是否具有首创性特征，是否能够产出从无到有的原创性成果。要针对申请项目的创新点（如新思想、新概念、新理论、新方法、新技术等）阐述判断理由；对申请项目所提出创新点的科学价值及相关领域的潜在影响进行评述。二是对于选择"B. 聚焦前沿，独辟蹊径"的申请项目，着重评价申请项目是否具有引领性或开创性特征，是否能够取得引领或拓展科学前沿的成果。要判断申请项目所提出的科学问题是否来源于世界科技前沿的热点、难点和新兴领域；申请项目的研究内容是否具有新颖性和独创性；具体指出研究思想、研究方案或技术路线等方面的特色；对申请项目所提出的科学问题的科学价值及对相关前沿领域的潜在贡献进行评述。三是对于选择"C. 需求牵引、突破瓶颈"的申请项目，着重评价申请项目是否具有需求导向、问题导向和目标导向特征，是否能够解决技术瓶颈背后的核心科学问题，促使基础研究成果走向应用。要判断申请项目所提出的科学问题是否来源于国家重大需求和经济主战场；申请项目所提出的科学问题是否为存在于技术瓶颈背后的核心科学问题；是否有望通过本研究解决技术瓶颈；具体阐述预期研究成果的科学价值、社会影响或经济价值。四是对于选择"D. 共性导向、交叉融通"的申请项目，着重评价申请项目是否具有学科交叉特征，是否能够通过交叉研究产出重大科学突破，促进分科知识融通发展为知识体系。要判断申请项目所提出的科学问题是否来源于多学科领域交叉的共性难题；评述该申请项目中学科交叉研究的必要性；通过交叉研究是否能否产出重大科学突破；具体阐述预期研究成果的科学价值和社会影响。

---

① 张慧琴，平婧，孙昌璞. 分类支持基础研究 促进全链条颠覆性技术创新［J］. 中国工程科学，2018（06）：32–34.

第二，建立制度化评议对话协商机制。基金分类评审是基于以科学问题属性对项目进行管理，在申请书上要说明科学问题是哪种属性，但是科学问题很难严格划分，科学家和评委都比较困惑。目前针对科学问题，可以分为原创性的、另辟蹊径的、满足国家需求的、交叉研究的四类。先将交叉提出来，在申请书上，要写是否跨学科，并进行学科选择，并从每个学科找3个专家，成立一个跨学科中心，对这些跨学科申请进行专门评审。关于重大需求的项目，要在申请书上写有无国家重大需求，如果有，则在申请书上要填写满足什么国家需求，并提目标性的需求。如果不填写国家需求的，可以填自由探索。对于第二类是另辟蹊径，就是新方法的评审，要将现有的方法和提出的新方法和技术路线进行对比性描述，将新颖性说清楚。主要是建立制度化的针对几个评审主要环节对话协商和沟通机制，保证项目评审能够进行充分沟通协商。同时需进一步优化智能辅助系统，为制度化的对话沟通机制提供有效的支持。

第三，发挥第三方组织机构的作用，建立公众独立监督制度，形成公平公开的制度环境。一是发挥第三方专业组织的作用，为科学评议提供全方位的专业服务。二是完善信息公开公示制度，强化公众监督。三是强化公共服务，建立人才信息库和专家信息库，完善"一站式"服务平台，简化流程。四是建立由政府人员、第三方专家、企业和公众共同组织的独立观察员队伍，加强评议和各个环节的监督。

（四）提升创新能力：加强基础设施与生态网络建设

第一，加强基础设施建设，加快推动国家重点实验室布局，为基础研究能力提供保障。深入推动"十三五"基础研究专项规划实施，以提升原始创新能力为目标，完善科学与工程研究类国家科技创新基地建设与布局，在重大创新领域组建若干国家实验室，推进国家重点实验室的优化布局和发展。进一步推进国家重大科研基础设施的建设和运行，加强野外科学观测研究站建设和科技基础资源调查，夯实孕育原始创新的物质技术基础。

第二，优化科技投资的整体结构，提升整体效能。一是科研投资结构上，更加突出基础研究，将有限的财政资金用于技术需求最迫切、产业发展最薄弱的基础领域和关键环节，提升研发资金使用效率。二是构建稳定性经费与竞争性经费的合理配置机制。在加强竞争性项目经费投入的同时加大对开展基础研究的基地和人才队伍的稳定支持，持续加大对国家重点实验室经费、重大科学工程、专项基础科研等专项经费的支持，提高自然科学基金稳定支持基础研究的比例，稳步促进稳定性经费的增长，适度延长部分项目的周期，使稳定性经费与竞争性经费达到合理的比例。三是科研投资主体上，将应用研究更多交给市场来主导，进一步强化企业的研发主体作用，支持企业加强应用技术创新能力建设，充分激发企业研发创新活力。四是科研投资方式上，创新财政支持方式，深化资金管理改革，运用 PPP①、政府基金等手段引导企业共同参与基础研究，形成基础研究到市场转化的畅通渠道。

第三，培育科学共同体，发挥科学共同体的内生力量。科学共同体不能只是利益共同体，更应该是知识共同体、学术共同体。理想的科学共同体应遵循共同的准则和规范（普遍性、公有性、大公无私和有根据的怀疑态度），发挥应有的功能，包括科学交流、出版刊物、维护竞争和协作、把个人知识和地方知识变成公共知识、承认和奖励、塑造科学规范和方法、守门把关、培育科学新人、争取和分配资源、与社会的适应和互动、科学普及或科学传播等。

第四，鼓励社会资本支持科学公益研究。改革开放40多年来，尽管我国政府和企业支持科技创新与技术研发的力度不断加大，但社会资本（包括企业和个人）支持科学公益研究尚少。未来，随着中国经济的进一步发展，需要更多的企业研发从目前的开发研究、应用研究延伸到应用基础研究甚至基础研究。同时，需要更多的企业家个人通过设立公益基金会或捐赠来资助或支持没有明确应用导向的科学公益研究。这些都需要开通社会慈善捐赠渠道，通过有关方面通过制度（如税收制度、荣誉制度等）来引导和鼓励。

第五，营造良好的舆论和科研环境，建立失败宽容机制。优化公共服务水平，完善信息平台建设，优化评估机制，建设人才信息库，加快研发项目、专利、标准化、联合创新与成果保护与推广。对于基础、前瞻性研究项目，结题验收应按照项目合同的要求，针对目标巧任务的完成情况作

---

① Public – Private Partnership.

出评化并对研究成果的水平与创新性、高水平学术论文、人才和团队培养情况进行评估。此外，和其他项目相比，基础、前瞻性研巧项目应宽容失败，对于项目承担单位和研究团队已经履行了勤勉尽责义务，但由于客观原因仍不能完成研究任务的，宽容对待，充分总结经验教训，不追究责任，但因资源投入、组织管理等非技术性主观原因，造成项目进度或质量受到较大影响、无法按计划完成或没有通过验收的情况，应进行惩罚。

第十一章

信息技术发展的法律规制

信息技术的深入发展推动了大数据、云计算、移动互联网和智能物联网等高新技术在社会生活各个领域的应用。人们在享受信息技术带来的便利的同时，也遭受到形形色色信息违法犯罪问题的威胁。尤其是近 20 年来，随着信息技术的广泛应用，由信息技术而衍生出的社会问题逐渐增多，如何顺应信息技术的未来发展趋势，加强立法，有效应对其带来的挑战就成为我国面临的现实难题。

一、信息技术发展对我国提出的挑战

我国信息化建设已取得卓越成就，但同时一些鲜为人知或长期被忽视的隐性风险开始凸显，信息安全、数据权利纠纷及新的社会不公平等问题逐步进入公众视野。具体而言，信息技术发展对我国提出的挑战主要体现在以下几方面。

其一，信息安全问题集中爆发。当前我国信息安全领域的违法犯罪问题复杂、严峻且影响深远。各种窃取和非法利用他人隐私信息、破坏信息安全的案件屡见不鲜，犯罪手段千变万化，给国家、社会以及个人带来无法弥补的损失。在国家层面，信息安全同整个国家的经济、政治、文化及军事等各大领域密切关联，对整个社会秩序都产生深刻的影响。近年来，"网络空间已经上升为与海、陆、空、太空并列的第五空间"①，网络空间的国际形势更加复杂，国家之间的利益争夺更加激烈，局部网络纠纷不可

---

① 赛迪智库信息安全形势分析课题组. 信息安全：风险加大 需完善政策法规建设 [N]. 中国电子报，2013－01－15（3）.

避免，加强风险防范刻不容缓。在企业层面，互联网已渗透到传统产业的各个环节，但一些企业的信息风险防备意识不强，对数据资产的价值认识不够，对信息安全建设缺乏重视。尤其是随着企业线上业务与线下业务的交叉融合，数据泄密问题更加严重。在个人层面，随着大数据时代的到来，恶意程序的应用、钓鱼网站的存在、网络黑客入侵、数据收集公司员工的疏漏或故意等主客观因素都助长了个人数据信息泄露。因个人数据泄密引发电信诈骗等犯罪问题也频频出现，给民众带来巨大经济损失。①

其二，数据权利纠纷日趋复杂。"数据的真实价值就像漂浮在海洋中的冰山，我们所看到的只是浮出水面的冰山的一角，而潜藏的绝大部分都在水面之下。"② "大数据时代犹如一片尚未被开发的宝藏，许多国家都在抢夺对大数据的话语权和主动权。"③ 一方面，国内层面数据收集、加工、利用及再利用过程中不同主体间的矛盾更加尖锐。一些公司在数据收集、加工、使用过程中为实现其利益的最大化，缺乏对用户权益的必要尊重和保护，甚至以侵犯用户权利来牟利④，如当前一个非常突出的问题就是一些公司利用各种手机应用软件过度采集和使用个人用户隐私信息。各种手机应用软件（以下简称"手机 APP"）已被广泛应用于人们日常的购物、娱乐、餐饮等各个领域，它们在带给人们便利的同时，也引发了许多问题。近年来，由于一些手机 APP 过度收集、违规使用个人信息，导致大量手机 APP 用户的隐私信息被泄露，甚至被一些不法分子利用来实施信息诈骗，给手机 APP 用户的生命财产安全带来严重威胁。⑤

而另一方面，国际框架下不同国家及跨国组织对个人数据的保护及跨境数据流通监管的力度和方式存在差异，跨境数据权益纠纷层出不穷。⑥信息化时代，数据成为一种宝贵的资产。然而，基于数据的一系列权利义务关系并没有厘清，在数据的采集、存储、传输、交换及利用的过程中，数据的所有权、使用权、管理权、交易权并没有从法律层面得以充分而准

---

① 张艳. 现代信息技术对我国的挑战与立法应对 [J]. 科学学研究，2019, 37 (2)：202 – 205.

② 吕志青. 大数据时代下政府治理范式重构 [J]. 经济研究参考. 2015, 2677 (45)：19.

③ 唐皇凤，陶建武. 大数据时代的中国国家治理能力建设 [J]. 探索与争鸣，2014 (10)：55.

④ 同①.

⑤ 王吉全，付龙. 北京市消协发布手机 APP 个人信息安全调查报告 [EB/OL]. (2018 – 03 –
07). http：//society. people. com. cn/n1/2018/0307/c1008 – 29854366. html.

⑥ 胡炜. 跨境数据流动的国际法挑战及中国应对 [J]. 社会科学家，2017 (11)：107 – 112.

确地界定。尤其是全球化时代，一些跨国公司或研究机构的数据收集、存储及利用跨越了传统的国别界线，更是加剧了该问题的复杂化。当前国际社会也未曾就跨境数据的流通及监管等问题达成共识或形成通行规则，这不仅为跨境数据的流通监管带来事实上的障碍，也在一定程度上激化了相关国家之间的冲突和矛盾。

其三，新业态、新模式层出不穷，相关监管陷入困境。信息技术的发展推动了网络服务平台及电子商务等领域的创新和发展。然而，长期以来，针对新业态、新模式的规制问题，相关的行政执法监管却受制于规范依据缺失、实践经验不足等主客观因素而陷入无所适从的境地。以当下正蓬勃兴起的网约车为例，"面对蓬勃发展的网约车，各地运管部门的行政执法态度与方式并不一致。各地运管部门直接套用现行客运法律法规、地方性规范文件而采取传统行政措施压制网约车的发展。例如，各地多以出租汽车特许经营权为由对网约车平台予以经营禁止、对网约车驾驶员予以扣车罚款。据不完全统计，2014 年以来，全国多地运管部门对网约车的营运进行执法查处，一些大中城市甚至曾一度禁止网约车开展营运活动，并将该行为定性为非法营运。地方政府遵循旧有客运规范性文件、借口维护客运市场秩序对网约车这一新业态进行粗暴的权力干预，大大钳制了共享经济的创新发展。我国网约车在夹缝中顽强成长，也促使地方政府在行政执法中不得不创新规制思维与措施。例如，上海于 2015 年 10 月授予滴滴平台全国第一个互联网约租车经营许可资质，并制定了配合实施的一些规制政策。然而，受传统出租车行业与现行客运法律法规的制约，各地的网约车规制改革方案与社会公众的期望及分享经济深度发展的愿景之间尚存在较大的落差。"①

其四，数据鸿沟和新的社会不公平问题加剧。部分社会群体凭借其对信息技术较好的掌控、运用及创新能力，在信息化进程中迅速占有大量社会资源，收获了丰厚利润。相反，对信息技术的掌控、运用及创新能力较弱的社会主体则在信息化进程的利益博弈中被进一步边缘化。②公平正义始终是我国的核心价值诉求，也是我国现代化建设中必不可缺的基本准

---

① 方俊. 网约车的规制困境与法律应对［J］. 苏州大学学报（法学版），2017（2）：82 – 83.
② 张艳. 现代信息技术对我国的挑战与立法应对［J］. 科学学研究，2019，37（2）：202 – 205.

则。资源配置公平是实现社会公平的重要内容。信息化时代，信息资源的合理配置和共享互惠在推进社会公平过程中发挥着重要的作用。随着信息化技术引发的社会不公问题逐渐彰显，如何科学合理地配置信息技术资源，促进信息资源的均衡享有和利用，开始成为政府、社会和民众共同关注的议题。对信息技术掌控上的不均衡必然带来不同社会主体在利用信息技术和享受信息技术红利上的计划、过程和结果的不公平，严重加剧了社会分化。这种信息技术掌控能力不均衡的状况将严重影响社会公平的实现。信息技术资源分配不均将会加剧社会中的两极分化格局，影响不同社会成员在社会阶层间的合理流动，也会滋生更多社会心理失衡问题，激化社会矛盾，损害政府形象，严重时甚至触及社会公正维护的最后底线。正视信息技术资源配置及利用中的现实差距，让更多的社会弱势群体在获取、利用及享受现代信息技术方面享有平等的机会，进而推动社会的可持续发展，是全社会的美好愿景。当然，信息技术时代，导致不同社会主体信息技术掌控不均衡现状的原因很多，既有信息资源市场的发展规律因素，也有不同社会主体自身的原因；既有社会环境条件方面的因素，也有国家政策立法这些规范层面的因素。为此，如何有目标、有计划、有步骤地推进信息资源分享及利用公平，就成为一个迫切需要面对和解决的问题。

毋庸置疑，信息技术带来的风险和挑战不可避免，也无从回避。当下，面对信息技术发展所带来的种种挑战，我们不仅要从源头上加强管控，保证信息技术的安全性和可靠性，更要通过立法来引导信息技术进步，消减信息技术应用风险，为信息技术产业的高质量发展提供有力法治保障。

二、我国信息技术立法的现状及反思

近年来，云计算、大数据、物联网等新兴技术层出不穷，信息技术监管秩序日趋复杂，信息技术领域的违法行为日渐增多，信息技术执法监管困难日益凸显。因此，迫切需要在梳理我国信息技术现行立法的基础上把握住当前我国信息技术立法困境的关键所在，进而积极寻求解决路径。

（一）我国信息技术的立法概况

我国信息技术立法经历了从无到有，从分散的部门立法到全局性、综合性立法的过程，为依法规制信息技术，维护信息安全提供了一定的规范依据。[①]

在网络安全维护方面，2017年起实施的《网络安全法》为保障网络安全，维护网络空间主权和国家安全提供了规范依据。如该法第5条规定："国家采取措施，监测、防御、处置来源于中华人民共和国境内外的网络安全风险和威胁，保护关键信息基础设施免受攻击、侵入、干扰和破坏，依法惩治网络违法犯罪活动，维护网络空间安全和秩序。"

在公民个人信息保护方面，2013年开始实施的《电信和互联网用户个人信息保护规定》明确将"在中华人民共和国境内提供电信服务和互联网信息服务过程中收集、使用用户个人信息的活动"都纳入其规制范围，并对"信息收集和使用规范"进行了具体规定。如该规范第8条规定："电信业务经营者、互联网信息服务提供者应当制定用户个人信息收集、使用规则，并在其经营或者服务场所、网站等予以公布。"第9条规定："未经用户同意，电信业务经营者、互联网信息服务提供者不得收集、使用用户个人信息。电信业务经营者、互联网信息服务提供者收集、使用用户个人信息的，应当明确告知用户收集、使用信息的目的、方式和范围，查询、更正信息的渠道以及拒绝提供信息的后果等事项。电信业务经营者、互联网信息服务提供者不得收集其提供服务所必需以外的用户个人信息或者将信息用于提供服务之外的目的，不得以欺骗、误导或者强迫等方式或者违反法律、行政法规以及双方的约定收集、使用信息。电信业务经营者、互联网信息服务提供者在用户终止使用电信服务或者互联网信息服务后，应当停止对用户个人信息的收集和使用，并为用户提供注销号码或者账号的服务。"这些规定为电信和互联网用户的个人信息安全提供了规范保障。不仅如此，《网络安全法》还赋予了社会个体成员较强的信息控制支配权。该法确立了信息收集知情同意制度，即收集使用需要征得个人同意，否则构成侵权，并明确了信息的处理和保存必须遵循与用户的协定，强调对于

[①] 张艳. 现代信息技术对我国的挑战与立法应对 [J]. 科学学研究，2019，37（2）：202–205.

违反用户的协定处理或者保存个人信息的情形，用户有删除和更正的权利，且一旦发生信息安全事件，网络信息收集主体有义务及时通知用户。如该法第 40 条规定："网络运营者应当对其收集的用户信息严格保密，并建立健全用户信息保护制度。"第 41 条规定："网络运营者收集、使用个人信息，应当遵循合法、正当、必要的原则，公开收集、使用规则，明示收集、使用信息的目的、方式和范围，并经被收集者同意。网络运营者不得收集与其提供的服务无关的个人信息，不得违反法律、行政法规的规定和双方的约定收集、使用个人信息，并应当依照法律、行政法规的规定和与用户的约定，处理其保存的个人信息。"第 42 条规定："网络运营者不得泄露、篡改、毁损其收集的个人信息；未经被收集者同意，不得向他人提供个人信息。但是，经过处理无法识别特定个人且不能复原的除外。网络运营者应当采取技术措施和其他必要措施，确保其收集的个人信息安全，防止信息泄露、毁损、丢失。在发生或者可能发生个人信息泄露、毁损、丢失的情况时，应当立即采取补救措施，按照规定及时告知用户并向有关主管部门报告。"第 43 条规定："个人发现网络运营者违反法律、行政法规的规定或者双方的约定收集、使用其个人信息的，有权要求网络运营者删除其个人信息；发现网络运营者收集、存储的其个人信息有错误的，有权要求网络运营者予以更正。网络运营者应当采取措施予以删除或者更正。"

在网络服务平台责任方面，2012 年 12 月 28 日第十一届全国人民代表大会常务委员会第三十次会议通过的《全国人大常委会关于加强网络信息保护的决定》为进一步维护网络信息安全，保障公民、法人和其他组织的合法权益，维护国家安全和社会公共利益提供了规范依据。该决定的第 2 条确立了公民个人电子信息收集、使用的原则要求，规定："网络服务提供者和其他企业事业单位在业务活动中收集、使用公民个人电子信息，应当遵循合法、正当、必要的原则，明示收集、使用信息的目的、方式和范围，并经被收集者同意，不得违反法律、法规的规定和双方的约定收集、使用信息。网络服务提供者和其他企业事业单位收集、使用公民个人电子信息，应当公开其收集、使用规则。"该决定的第 3 条明确了网络服务提供者及其他企事业单位对其业务活动中所收集的公民电子信息的保密义务，规定："网络服务提供者和其他企业事业单位及其工作人员对在业务活动中收集的公民个人电子信息必须严格保密，不得泄露、篡改、毁损，不得出售或者非法向他人提供。"

在电子商务方面，2019 年开始实施的《电子商务法》对于促进我国电子商务的健康发展、鼓励电子商务运营创新也进行了一系列的制度性规定。其一，《电子商务法》明确了电子商务经营者的用户个人信息收集、使用的合法性要求，并对电子商务经营者的数据信息提供义务予以明示。如该法第 23 条规定："电子商务经营者收集、使用其用户的个人信息，应当遵守法律、行政法规有关个人信息保护的规定。"第 25 条规定："有关主管部门依照法律、行政法规的规定要求电子商务经营者提供有关电子商务数据信息的，电子商务经营者应当提供。有关主管部门应当采取必要措施保护电子商务经营者提供的数据信息的安全，并对其中的个人信息、隐私和商业秘密严格保密，不得泄露、出售或者非法向他人提供。"其二，《电子商务法》还强调了电子商务平台经营者的网络安全维护义务。如该法第 30 条规定："电子商务平台经营者应当采取技术措施和其他必要措施保证其网络安全、稳定运行，防范网络违法犯罪活动，有效应对网络安全事件，保障电子商务交易安全。电子商务平台经营者应当制定网络安全事件应急预案，发生网络安全事件时，应当立即启动应急预案，采取相应的补救措施，并向有关主管部门报告。"

然而，总体而言，我国信息技术立法在实务操作、实施效果及法律救济等诸多环节尚未尽人意。从总体实施状况来看，现阶段我国信息技术立法给人以"问题千头万绪，难以厘清""头痛医头，脚痛医脚"的感觉，已远远滞后于我国现实需要。① 以信息时代的个人信息保护为例，尽管我国已颁布的多部法律、法规、规章都涉及个人信息保护的内容，但相关立法整体上呈现出松散分布状态，正如有学者所言，"目前有关法律法规缺乏体系化，保护范围模糊，重原则轻细则，自律规范多而监管规制少。消费者个人信息保护职责分散且呈现边缘化，侵害后救济渠道不畅通。加上消费者维权意识不强，遭遇个人信息泄露并面临侵害时，大多人抱有侥幸心态，很少有人依法维护自身的合法权益。当前个人信息安全保护问题仍

---

① 张艳. 现代信息技术对我国的挑战与立法应对 [J]. 科学学研究，2019，37（2）：202－205.

然不容乐观。"①

（二）我国信息技术立法存在的问题

1. 我国信息技术立法体系不完善

相关立法在宏观规划上存在欠缺，在具体规范框架搭建、配套性立法建设及规范协调上存在不足，立法资源重复浪费以及一些重要领域立法空白等问题也客观存在。具体表现为以下几方面。

一是部分重要性立法缺失。随着信息技术的发展，网约车等新兴事物、新业态不断出现，进一步凸显了我国相关立法工作的滞后性。② 随着城乡居民私家车数量的快速增长以及网络服务平台的不断健全，我国网约车在客运行业占据了一定的重要地位。一方面，网约车推动了闲置私家车资源的市场应用，有利于优化市场资源配置，降低居民出行成本，是一种营运模式的市场创新。而另一方面，网约车也加剧了网约车与传统出租车营运者之间的利益冲突，滋生了社会安全隐患，暴露出政府监管的现实困境。网约车的发展与规制背后折射出新技术、新业态模式创新与国家权力监管之间的紧张关系，也推动了我国立法工作的与时俱进。从法理上讲，网约车实质是非营运车辆临时从事商业化营运，应依法纳入国家营运管制的范畴。但同时，网约车作为一种推动社会资源优化配置、减少营运成本的新业态模式，如何防范因国家公权力介入而对这种新业态创新模式的扼杀？如何来规范网约车活动，维护正常的公共交通安全与客运市场秩序，减少因网约车而滋生的业态冲突、安全隐患、乘客权益保障、保险真空等风险？③ 这些问题都迫切需要科学立法来解决。

在网约车问题上，交通运输部、工信部等七部委出台了《网络预约出租汽车经营服务管理暂行办法》。一些地方也先后出台了一些规范性文件，如《上海市网络预约出租汽车经营服务管理若干规定》《北京市关于深化

---

① 王吉全，付龙. 北京市消协发布手机 APP 个人信息安全调查报告 [EB/OL]. (2018 - 03 - 07). http://society.people.com.cn/n1/2018/0307/c1008 - 29854366.html.

② 张艳. 现代信息技术对我国的挑战与立法应对 [J]. 科学学研究，2019, 37 (2)：202 - 205.

③ 方俊. 网约车的规制困境与法律应对 [J]. 苏州大学学报（法学版）. 2017 (2)：78 - 91.

改革推进出租汽车行业健康发展的实施意见》《北京市网络预约出租汽车经营服务管理实施细则》《厦门市网络预约出租汽车经营服务管理实施细则》等。然而，这些规范性文件的立法层级不高，规制作用有限，无法从宏观立法层面有效协调因网约车引发的一系列社会问题。这使得网约车行业中的网络服务平台的数据监管、网约车数据共享、乘客隐私保护、网约车服务监管、网约车保险义务等问题难以解决。近年来，因网约车网络服务平台的管理机制不健全和顾客权益保障漏洞所引发的刑事案件也屡见报端。①

二是配套性立法不完善，且立法质量有待提高。经过几十年的发展，现有信息技术立法在我国的信息化建设中确实发挥了非常重要的作用，各地对信息技术应用风险的重视程度有所提升，信息技术监管执法力度明显加大，社会各界关注信息化法治、参与信息技术立法规制的氛围明显。信息技术应用涉及的领域非常宽泛，现有立法的原则性、概括性较强，尤其在落实政府监管部门责任和提升信息技术行业的规制参与意识、推进信息技术立法公开等方面仍显不足。要保证立法得以贯彻实施，客观上要求相关部门结合本行业及本地域发展实际开展配套性立法工作，将原则性条款予以具体化、可操作化。②

鉴于我国幅员辽阔，不同地域的政治、经济、文化差异巨大，为了保障立法的针对性和可行性，我国上位法往往授权中央相关部门或地方制定配套立法，将上位法的抽象原则及要求予以具体化。信息技术立法领域也是如此。信息技术立法是一个系统性工程，需要有一整套的立法规范。然而，现实生活中，一些被授权立法的主体对配套性立法制定缺乏足够重视，没有及时履行法定的配套性立法制定义务，或者虽然进行了配套性立法，但不时出现配套性立法的主体不适格，立法内容不健全，甚至出现越位配套立法等问题。这些现象不仅阻碍到我国信息技术立法的顺利实施，也对整个国家法律制度体系的形成及完善产生了不良影响。

以《电子商务法》为例，我国《电子商务法》几经波折，终于于2018年8月获准通过，并于2019年1月1日起施行。《电子商务法》的出

---

① 张艳. 现代信息技术对我国的挑战与立法应对 [J]. 科学学研究，2019，37（2）：202 - 205.

② 同①.

台，对规范我国电子商务行业的发展发挥了积极的作用。然而，《电子商务法》中很多内容只是原则性宣示，如何在实践中操作还需要配套性立法予以细化，否则难以真正贯彻落实。如该法第 23 条规定："电子商务经营者收集、使用其用户的个人信息，应当遵守法律、行政法规有关个人信息保护的规定。"但是，对于电子商务经营者收集、使用其用户个人信息的程序、前提条件以及收集、使用用户个人信息的范围及限制等都无法从《电子商务法》中找到直接的规范依据，这就需要配套性立法对其进行细化。《电子商务法》第 25 条规定："有关主管部门依照法律、行政法规的规定要求电子商务经营者提供有关电子商务数据信息的，电子商务经营者应当提供。有关主管部门应当采取必要措施保护电子商务经营者提供的数据信息的安全，并对其中的个人信息、隐私和商业秘密严格保密，不得泄露、出售或者非法向他人提供。"但是，对于有关主管部门要求电子商务经营者提供有关电子商务数据信息的目的，程序要求等同样需要配套性立法予以细化。《电子商务法》第 29 条规定："电子商务平台经营者发现平台内的商品或者服务信息存在违反本法第十二条、第十三条规定情形的，应当依法采取必要的处置措施，并向有关主管部门报告。"但实践中，电子商务平台经营所涉及商品及服务信息涉及不同的主管部门，如何来科学界分具体的主管部门？对于向主管部门报告的程序要求是怎样的？这些问题也迫切需要下位法予以细化、可操作化。不仅如此，这部法中对于"平台责任"等的规定较为模糊和笼统，在具体实施中必将面临着很多挑战和困难，迫切需要配套性立法予以明确。实践也证明，信息技术配套法规建设不健全，已在一定程度上影响到我国信息技术研发和应用的法治化和规范化进程。①

三是立法主体多元，立法重叠及冲突等客观存在，对构建协调统一的立法体系带来不利影响。信息技术监管涉及多个部门，不同的部门在其管理权限内出台了一些规范性文件和管理制度。由于各部门制订的规范性文件的侧重点有所不同，规范内容重叠、交叉，甚至相互矛盾等问题时有发生，这就需要针对具体的适用情形和条件予以合理的解释和界定，否则就

---

① 张艳. 现代信息技术对我国的挑战与立法应对［J］. 科学学研究，2019，37（2）：202
－205.

会既浪费了有限的立法资源，又影响了整个国家信息技术立法体系的统一。①

以信息技术时代个人信息保护为例，《全国人大常委会关于加强网络信息保护的决定》第 1 条规定："国家保护能够识别公民个人身份和涉及公民个人隐私的电子信息。任何组织和个人不得窃取或者以其他非法方式获取公民个人电子信息，不得出售或者非法向他人提供公民个人电子信息。"《最高人民法院、最高人民检察院关于办理侵犯公民个人信息刑事案件适用法律若干问题的解释》② 第一条规定，"刑法第二百五十三条之一规定的'公民个人信息'，是指以电子或者其他方式记录的能够单独或者与其他信息结合识别特定自然人身份或者反映特定自然人活动情况的各种信息，包括姓名、身份证件号码、通信通讯联系方式、住址、账号密码、财产状况、行踪轨迹等。"该司法解释第 3 条则进一步规定："向特定人提供公民个人信息，以及通过信息网络或者其他途径发布公民个人信息的，应当认定为刑法第二百五十三条之一规定的'提供公民个人信息'。未经被收集者同意，将合法收集的公民个人信息向他人提供的，属于刑法第二百五十三条之一规定的'提供公民个人信息'，但是经过处理无法识别特定个人且不能复原的除外。"由此可知，《关于加强网络信息保护的决定》《最高人民法院、最高人民检察院关于办理侵犯公民个人信息刑事案件适用法律若干问题的解释》以可识别性作为该规范所保护信息的标准③，将隐私信息和（其他）可识别公民身份的个人信息纳入法律保护的范畴。关于个人信息保护，《征信业管理条例》第 13 条规定："采集个人信息应当经信息主体本人同意，未经本人同意不得采集。但是，依照法律、行政法规规定公开的信息除外。企业的董事、监事、高级管理人员与其履行职务相关的信息，不作为个人信息。"该法第 14 条还规定："禁止征信机构采集个人的宗教信仰、基因、指纹、血型、疾病和病史信息以及法律、行政法规规定禁止采集的其他个人信息。征信机构不得采集个人的收入、存款、有价证券、商业保险、不动产的信息和纳税数额信息。但是，征信机

---

① 张艳. 现代信息技术对我国的挑战与立法应对 [J]. 科学学研究，2019，37（2）：202 – 205.

② 2017 年 3 月 20 日最高人民法院审判委员会第 1712 次会议、2017 年 4 月 26 日最高人民检察院第十二届检察委员会第 63 次会议通过，自 2017 年 6 月 1 日起施行。

③ 叶名怡. 个人信息的侵权法保护 [J]. 法学研究，2018（4）：83 – 84.

构明确告知信息主体提供该信息可能产生的不利后果，并取得其书面同意的除外。"由此可推导出，在征信领域的个人信息管理上，《征信业管理条例》确立了"禁止收集医疗敏感信息"的原则，并明确了"收集财产敏感信息须有主体明示同意"这一前提条件。可见，这些规范虽然都明确了个人信息保护的立场，但其所保护的标准和范围是存在一定差异的。

2. 我国信息技术立法内容不完备

一是缺乏引导、支持行业组织及社会民众参与信息技术风险防范的可操作性规范内容。信息技术的法律规制及风险防范是一个社会系统工程。在我国现行立法并不健全的情形下，仅仅依靠政府的力量来规制信息技术风险往往力不从心，反而容易引发很多社会问题。这时，立法若能积极引导、支持行业组织和社会力量参与信息技术风险防范，会取得更好的实效。尤其是行业组织可通过制定行业规范、规范行业标准、开展行业内部监管等在构建安全信息服务平台、约束信息服务商违规行为方面发挥积极作用。[①] 然而，我国现行立法在如何引导行业组织在信息技术风险防范中发挥积极作用方面却存在严重缺失。以网络服务平台监管为例，近年来，在信息技术的支持下，各种网络服务平台蓬勃发展，涌现出网络订餐平台、网络直播平台、网络借贷服务平台、网络电子交易平台等各种新的网络服务领域。我国《电子商务法》等虽明确了"行业组织开展行业自律，建立健全行业规范，推动行业诚信建设，监督、引导本行业经营者公平参与市场竞争"等内容，但这些条款都非常原则、抽象，对于如何来切实有效发挥行业组织的监管作用仍缺乏具体的、可操作性规定。[②]

另外，无人机、自动驾驶等行业的蓬勃兴起也对用户数据获取、利用等提出了新的挑战。以无人机为例，当下无人机技术日益精进，无人机应用领域不断拓展，其所具备的强大监视技术为其收集个人信息（如物理位置、生物信息等）提供了便利，也严重威胁到个人隐私，极易造成个人信息滥用。对于无人机所采集海量数据的监管问题，仅仅依靠行政机关是难以实现的，相关行业组织必须在其中发挥积极的作用（包括制定无人机动

① 张艳. 现代信息技术对我国的挑战与立法应对 [J]. 科学学研究，2019，37（2）：202 –205.

② 同①.

态数据库系统建设、数据管理的标准及要求，督促无人机提供商为无人机监管机构、机场相关部门提供数据输入接口，对民用无人机驾驶员、无人机运营商数据库和无人机运行动态数据库进行管理，确立无人机提供商之间、无人机提供商与相关部门之间的数据共享机制等）。

实践中，每当出现涉及信息技术产业的，且影响较重大的一些不法侵权或危及公共安全事件后，政府都会颁布一些新的举措来加强信息技术产业监管。而随着这些新监管措施的出台，不少的信息技术企业会抱怨新政策在促进行业监管的同时，也在诸多方面掣肘了其企业经营，限制了信息技术产业发展，阻碍了用户享受信息技术所带来的便利。长期以来，信息技术的风险监管与信息技术企业运营和追求效益之间的矛盾也一直客观存在，这是目前我国信息技术产业发展面临的痛点之一：没有信息技术监管就没有信息技术产业的健康发展，但是如果监管过严又会阻碍整个信息技术产业的发展。那么，如何在信息技术监管和信息技术产业发展间找到平衡点，并在不断实践的过程中寻求信息技术监管的创新与突破？可以说，行业组织在信息技术监管中的积极介入，完全可在缓解这一困境上发挥重要作用。

总之，在现行法律框架下，促进信息技术产业的良性发展势在必行。在不降低现有信息技术应用效果的前提下，迫切需要积极探索行业组织深入参与信息技术产业监管机制建设的路径和方法。而要建立和完善行业组织对信息技术的监管体系，我们就要从行业标准制定入手，注重信息技术产品的生产、销售和使用中的行业规制，明确责任主体、监管主体及监管责任，结合行业实际制定可操作性的惩处规则，从而保障信息技术产业的良性、健康发展，有效规避信息技术应用带来的风险与挑战，保证社会民众的合法权益。

二是未厘清不同监管主体的权责范围，责任追究机制不明晰，影响了执法效果。当前我国信息管理体制实行多部门交叉管理。[①] 实践中，不同主体职能交叉重叠，在一定程度上造成案件处理中部门管辖权冲突，执法效率不高，信息技术监管难及信息安全保障不到位的困境。[②] 以无人机飞

[①]　张艳. 现代信息技术对我国的挑战与立法应对 [J]. 科学学研究，2019，37 (02)：202 – 205.

[②]　何悦，郑文娟. 我国网络信息安全立法研究 [J]. 科技与法律. 2011，(1)：70 – 74.

行监管为例，近期愈演愈烈的无人机"黑飞"现象将无人机监管问题提上日程。然而，相关立法的滞后性以及管理实践的交叉性已严重阻碍了无人机行业的发展。无人机飞行监管涉及国家20多个部委机关，且无人机飞行航线面临着不同地区间的管理和协调，协同监管难度非常大，如"无人机操作涉及公共安全管理，归公安管理；其飞行涉及空域管理，归空军管理；涉及运行资质等问题，归民航局管理。"① 正因如此，个人飞行申请手续烦琐，需要在多个部门间辗转申报。如遇到部门之间相互推诿，则获准飞行更为困难，无法获得合法飞行许可。而要打破这一困境，需要通过立法在无人机监管方面打通空军、民航、公安等多方管理系统，实现无人机飞行数据互联共享，推动多方主体在统一的规则体系下根据各自权责实现协同管理。

三是现行惩罚机制和责任追究制度不健全，缺乏必要的威慑力。一方面，信息网络刑事立法的封闭性、低效性和滞后性，导致其难以应对当下日趋多元化、复杂化的信息网络犯罪行为。我国《刑法》第286条对"破坏计算机信息系统罪"的适用进行了界定，规定："违反国家规定，对计算机信息系统功能进行删除、修改、增加、干扰，造成计算机信息系统不能正常运行，后果严重的，处五年以下有期徒刑或者拘役；后果特别严重的，处五年以上有期徒刑。违反国家规定，对计算机信息系统中存储、处理或者传输的数据和应用程序进行删除、修改、增加的操作，后果严重的，依照前款的规定处罚。故意制作、传播计算机病毒等破坏性程序，影响计算机系统正常运行，后果严重的，依照第一款的规定处罚。单位犯前三款罪的，对单位判处罚金，并对其直接负责的主管人员和其他直接责任人员，依照第一款的规定处罚。"根据该规定，"破坏计算机信息系统罪"的适用限于"对计算机信息系统功能进行删除、修改、增加、干扰""对计算机信息系统中存储、处理或者传输的数据和应用程序进行删除、修改、增加的操作""故意制作、传播计算机病毒等破坏性程序，影响计算机系统正常运行"等行为。然而，这一列举远不能涵盖所有对计算机信息系统和系统数据和应用程序的破坏行为。从国外立法实践及我国相关信息

① 李俊鹏. 无人机管理新规颁布，行业春天已到来？[EB/OL]. (2018-11-23). http://it.sohu.com/20181123/n556246622.shtml.

网络犯罪行为的规制实际来看，一切因"未获授权的访问、使用、披露、劣化、侵扰、修改、破坏信息或信息系统或给其带来威胁、漏洞及其相关后果"① 的行为，均可视为网络安全风险的制造行为。

　　而另一方面，我国现行立法关于信息收集、利用过程中违法责任追究的规定，处罚普遍偏轻，赔偿范围过窄，刑事制裁乏力，且实际执行过程中随意性较大。较低的违法成本无法对违法行为人产生足够的威慑力，无法有效约束服务商超范围或违规收集、加工、使用个人信息的行为。不仅如此，在信息侵权纠纷中，当事人举证负担重，维权成本高，也客观上纵容了侵权行为。② 实践中，导致公民个人信息泄露的环节很多，贯穿于从信息收集源头到信息倒卖整个过程之中。以 2017 年频频曝光的民航旅客订座系统（Eterm 系统）案③为例，在该机票信息泄露事件中，由于当事人通过民航订座系统进行订票，其间经历了中航信、航空公司、第三方航空APP、机票代理商、在线订票网站等多个环节，而其中每个环节都具备信息泄露的潜在可能，这也客观上造成了个人信息泄露后当事人难以获取充分的证据来主张权利，其维权追责诉求难以得到支持。

三、信息技术立法的国际经验与中国道路选择

（一）信息技术立法的国际经验

　　发达国家和地区凭借其技术优势，率先推出其国家信息安全战略，并以此为基础形成系统的信息技术立法体系。例如，美国政府从 20 世纪 90 年代后期开始关注网络空间的威胁，逐步发展出成熟的网络安全战略④，并围绕这一国家战略部署，陆续推动出台《美国爱国者法案》《国土安全法》《电子政府法》《联邦信息安全管理法》《网络安全信息共享法》《国

---

① 陈斌，等. 美国网络安全法［M］. 北京：中国民主法制出版社，2017：38.

② 张艳. 现代信息技术对我国的挑战与立法应对［J］. 科学学研究，2019，37（2）：202 – 205.

③ 王莹. 个人信息泄露法律责任界定日渐清晰：谁收集谁负责［EB/OL］. （2017 – 05 – 29）. https：//tech. sina. com. cn/i/2017 – 05 – 29/doc – ifyfqqyh8918052. shtml.

④ 高荣伟. 美国网络空间安全战略建设［J］. 军事文摘，2018（9）：54 – 57.

防授权法案》等①立法来应对信息技术发展带来的挑战和机遇。欧盟则从维护国家安全和公共安全的角度，加强法律制度框架建设，先后出台了《个人数据保护指令》《电信方面隐私保护指令》②《通用数据保护条例》《网络与信息系统安全指令》③ 等。

其中，成立于 2004 年的欧盟网络和信息安全局（ENISA）④ 是欧盟的一个独立政府机构，其在欧盟网络和信息安全法律的制定和实施中发挥了重要作用，为欧洲国家网络空间战略的推进提供了有力的政策建议支撑。一方面，该机构为欧盟成员国的网络空间战略提供政策建议，并细化和完善相关信息安全规范。"欧盟网络和信息安全局陆续发布了一系列信息化安全发展的建议和指南，有针对性地细化和完善信息安全法律规定，从微观上构筑了欧洲内部互联网安全的又一道严密防线。此外，欧盟网络和信息安全局致力于建立公私合作伙伴（PPP）、信息共享与分析中心（ISAC），提供了许多有关设置和运行的实际建议。"⑤ 而另一方面，该机构为欧盟各成员国制定和实施网络安全政策提供帮助，并对各国国家网络安全战略进行效果评估。"2014 年 11 月 27 日，欧盟网络和信息安全局发布了《国家网络安全战略评估框架》，向欧盟国家引入安全战略评估的概念逻辑模型及关键绩效评估列表。2016 年 11 月 14 日，欧盟网络和信息安全局发布新版《NCSS 最佳实践指南》，更新了原始指南的步骤、目标和最佳实践，分析了欧盟和欧洲自由贸易区的 NCSS 状况，以支持欧盟成员国努力开发和更新其 NCSS。"⑥

2018 年 5 月，欧盟《一般数据保护条例》（General Data Protection

---

① 刘金瑞. 美国网络安全立法近期进展及对我国的启示 [J]. 暨南学报（哲学社会科学版），2014，181（2）：74 – 84.

② 杨国辉. 世界主要国家和地区信息安全法规 [J]. 中国信息安全，2010（7）：16 – 17.

③ 张艳. 现代信息技术对我国的挑战与立法应对 [J]. 科学学研究，2019，37（2）：202 – 205.

④ 欧盟委员会于 2017 年 10 月 4 日公布了关于"修改 ENISA 授权立法和建立信息通信技术产品及服务网络安全认证制度"的立法草案。该法案自称"网络安全法"，根据法案，该机构更名为"欧盟网络安全局"，负责在欧盟层面制定和执行网络安全政策、提升网络安全能力、搜集网络安全信息、构建统一的网络安全产品和服务市场，也涉及研发和、创新等工作。相关信息来源于：张冰，董宏伟. 他山之石：欧盟网络和信息安全局力推网络空间战略 [J]. 通讯世界，2019（1）：33.

⑤ 张冰，董宏伟. 他山之石：欧盟网络和信息安全局力推网络空间战略 [J]. 通讯世界，2019（1）：34.

⑥ 同⑤：33.

Regulation，GDPR）正式生效，揭开了欧盟数据保护的新篇章。该条例对违规收集个人信息、没有保障数据安全的互联网公司规定了严厉的惩处措施，被称为"史上最严数据保护条例"。本着"有效规范个人数据信息的收集使用行为，保障当事人对其个人数据所享有的基本权利"这一宗旨，《一般数据保护条例》在适用范围、数据使用、数据主体权利、数据控制者和处理者责任义务、数据监管，以及法律责任等方面都进行了详尽的规定。具体包括：其一，《一般数据保护条例》借助个人数据处理等概念拓宽适用范围。根据《一般数据保护条例》第 2 条的规定，一切构成或拟构成文件系统的全部或部分以自动化方式处理的个人数据①都被纳入《一般数据保护条例》的适用范围。根据《一般数据保护条例》第 4 条中对于"个人数据"和"处理"概念的界定和解释，立法者欲借助广义解释，涵盖所有个人数据处理行为，扩大管辖范畴并确立高水平保护标准。② 其二，《一般数据保护条例》严格界定数据处理合法理由，提出了处理数据的 6 条合法理由，即获得数据主体同意、为履行数据主体参与的合同必要、为控制者或者第三方追求合法利益必要等。其三，《一般数据保护条例》赋予数据主体更大权利，规定数据主体享有知情权、数据访问权、纠正权、被遗忘权、限制处理权等诸多权利。其四，《一般数据保护条例》严格规制了数据实际控制者的义务，要求控制者承担数据保障措施、数据记录处理、风险数据处理活动，前置数据保护影响评估及事先咨询、数据泄露应及时通知、特定条件下设立数据保护专员等责任以防范安全风险。③

可见，域外国家高度重视信息技术战略规划，在维护本土网络空间安全、加强网络基础设施建设、保障个人信息安全、推进数据正当利用、防范信息网络违法犯罪行为、加强网络危机应急管理机制等方面已积极推进相关立法建设，采取了多种有效措施。总体而言，发达国家和地区在信息技术立法上虽各有侧重，但基本实现了由国家主导型向"立法规制、行业自律、社会参与、技术规范"并举的转型，呈现出体系化、制度化、规范

---

① 金晶. 欧盟《一般数据保护条例》：演进、要点与疑义 [J]. 欧洲研究，2018 (4)：9.

② VOIGT P，BUSSCHE A V D. The EU General Data Protection Regulation（GDPR）. A Practical Guide [M]. Berlin：Springer International Publishing AG，2017：9.

③ 王翔. 欧盟《通用数据保护条例》（GDPR）解读 [J]. 法制博览，2018 (12 上)：195.

化、科学化的特征，为我国提供了有益借鉴。①

（二）完善我国信息技术立法的建议

我国信息技术立法应立足本国国情，同时借鉴域外经验，在与现有信息技术立法体系相衔接、相呼应的基础上优化我国信息法律制度结构及内容，加快实现信息技术应用的科学化、规范化、法制化。为此，需要从以下两方面予以积极回应。②

1. 健全我国现行立法体系

一方面，应结合现实需要，加强针对网约车等新事物、新业态的立法工作，同时进一步完善《电子商务法》及数据信息共享等方面的立法，为相关配套性立法的出台提供更科学的上位法指引。③ 针对网约车等新事物、新业态的立法问题是当下社会关注的焦点之一。以网约车为例，从实践层面考量，传统出租车与网约车最大的区别在于其客源获得方式不同，传统出租车主要通过街道巡游的方式来获得客源，网约车则是通过网络预约的方式获得客源。交通运输部于 2014 年 9 月颁布（2015 年 1 月 1 日实施）的《出租汽车经营服务管理规定》第 30 条规定："预约出租汽车驾驶员只能通过预约方式为乘客提供运营服务，在规定的地点待客，不得巡游揽客。"该规定更是强调了"已经接受预约的出租汽车驾驶员在完成预约服务之前不得再巡游揽客"④ 这一要求。双方客源获取方式及经营方式的差异决定了网约车的市场监管模式必须符合网约车的特点，不能完全等同于传统出租车的监管模式，这也是推动网约车立法出台的现实前提。实务界一些专家也呼吁要对将某些地方"新规"依然将网约车等同于传统出租车的"新瓶装旧酒"的做法保持高度警惕。⑤

就我国网约车的立法而言，2016 年 11 月 1 日，交通运输部等七部委发布的《网络预约出租汽车经营服务管理暂行办法》（以下简称《暂行办

---

① 张艳. 现代信息技术对我国的挑战与立法应对［J］. 科学学研究，2019，37（2）：202 –
205.

② 同①.

③ 同①.

④ 金自宁. 直面我国网络约租车的合法性问题［J］. 宏观质量研究，2015（4）：102.

⑤ 何勇海. 警惕把网约车管理成出租车［N］. 中国工商时报，2016 – 09 – 01（003）.

法》）正式施行。在各地网约车市场快速发展的规则需求和中央部委要求各地尽快出台落地细则的双重作用下，截至 2016 年 12 月 30 日，全国有 42 个城市正式发布了网约车管理实施细则，还有 140 余个城市已向社会公开征求了意见。[①] 从立法主体及立法性质来看，《暂行办法》本质上属于部门规章，其通过"网络预约出租汽车经营许可证""网络预约出租汽车运输证"和"网络预约出租汽车驾驶员证"这"三证"来实现对网约车的规制。《暂行办法》究其本质是通过行政许可的途径来进行网约车监管。然而，根据我国现行《行政许可法》第 15 条关于行政许可设定权的规定，部门规章只能就上位法所设定的行政许可如何执行予以细化和具体化，属于执行性行政立法。因此，该《暂行办法》只能是应对当前我国网约车困境的一种暂时性立法。要从根本上解决当前我国网约车带来的问题，尚需要上位法对相关行政许可事项予以进一步明确规定，为地方的实践操作提供上位法规范。[②]

需要强调的是，数据信息共享既是困扰当前我国信息技术应用的一个关键性问题，也是信息技术风险防范的重点问题之一。从社会长远发展的需求来看，必须逐步建立各级政府决策部门与执法部门之间、执法部门之间、政府部门与社会组织及企业之间的数据信息共享机制。以信息安全事件应急管理为例，信息网络环境下的信息安全事件普遍具有涉面广、传播快、突发性强、发生频率高等特点，为了能尽早预知、尽快防范、及时应对这些信息安全事件，不同主体间的信息共享就非常重要。然而，目前我国对于数据信息共享机制的相关立法还很不完善，实践上仍处于初步探索阶段，缺乏稳定的规范和制度予以支撑。而且，对于数据信息共享中数据信息的安全保密问题、利益分配、程序监管等问题仍缺乏规范层面的可操作性安排，导致数据信息持有方难以积极、自愿、放心地开展数据信息共享。

而另一方面，鉴于当前我国配套立法体系不健全的现状，全国人大及其常委会不仅应督促国务院及各部委科学、合理地制定配套性规范，还应与时俱进，及时检查、督促修改或废止与技术发展或最新立法不相适应的

---

① 42 个城市已发布网约车实施细则 ［EB/OL］．（2017 - 01 - 06）．http：//zizhan. mot. gov. cn/st2010/shandong/sd_ hangyedt/201701/t20170103_2148898. html.

② 郑毅. 中央与地方立法权关系视角下的网约车立法——基于《立法法》与《行政许可法》的分析［J］. 当代法学，2017（2）：13.

配套性立法，以保持全国立法体系的统一。相关部门在制订配套性立法过程中应注重立法的科学性和前瞻性，通过各种渠道提升立法能力，积极出台高质量的，符合行业发展需要和民众需求的配套性立法。① 针对信息时代，信息技术快速更迭、新技术新模式日新月异这一现状，要逐步改进传统的、被动且滞后的立法风格，不再拘泥于针对现实问题展开立法的模式，而是要预测未来新兴信息技术发展可能引发的新风险、新挑战，确立信息技术风险事先法律防范机制，最大程度规避可能出现的技术风险。当下人工智能技术快速发展，由此滋生的人工智能犯罪问题也不容小觑。究其本质，人工智能犯罪涉及人工智能技术，并在一定程度上需要"借助信息网络的数据交换、标记基础"②，其中"人机交互性"的数据分析是其技术特征所在。这就使得人工智能犯罪同现有信息网络犯罪有一定的联系，但现有信息技术立法和司法显然又不足以涵盖和应对所有人工智能犯罪问题。那么，如何在立法层面来应对这些新兴技术发展带来的挑战，是未来我国信息技术立法无法回避的难题。此外，要重视并强化立法实施评估检查机制，及时发现信息技术立法及其配套规范的实施状况，确立长效、多元的实施评估模式，保证已经制定实施的信息技术立法真正能发挥其应有的作用。

2. 完善我国现行立法内容

一是引导确立"政府、行业及社会共治"型信息技术风险防范体系。要有效应对信息技术所引发的社会风险，必须在政府主导下，依靠政府、行业组织和社会民众的共同努力，集合社会各界的力量，构建"政府、行业及社会共治"型风险防范体系，同时支持和帮助信息技术行业不断改进技术来降低风险隐患，真正实现信息技术为民服务。③

我国目前实行的是政府绝对主导型信息技术监管模式，中央及地方各级政府在信息技术风险防范中起到了关键性作用。然而，政府不是万能的，其监管作用无法覆盖到信息技术风险防范的每一个环节。在某些具体

---

① 张艳. 现代信息技术对我国的挑战与立法应对 [J]. 科学学研究, 2019, 37 (2): 202 – 205.

② ANDREY F, LIDIA P, JAN Ž. Artificial Intelligence and Natural Language [M]. St. Peterburg: Springer International Publishing, 2017: 3.

③ 同①.

的信息技术风险防范环节中，行业组织、技术联盟、私营企业等反而能展现出较大的影响力。这些组织或部门可借助其在行业规则、技术标准等制定中的积极推动作用，有效防范信息技术风险。确立"政府、行业及社会共治"型信息技术风险防范体系，就是要求我国在完善政府主导的信息技术风险防范模式的同时，吸引行业组织、社会民众等多元主体参与其中，明确各自的职责范畴，注重信息技术风险防范中的协调配合，实现多元主体共同监管，不断提升行业组织和其他社会力量参与风险监管的积极性和互动性。①

尤其是对于以网约车为代表的新业态而言，确立"政府、行业及社会共治"型信息技术风险防范体系尤为关键。确立"政府、行业及社会共治"型信息技术风险防范体系能够更好应对新业态新模式的特殊性，降低行政执法成本，同时提高监管质量，提升监管效率。以网约车为例，面对数量庞大的网约车，政府行政监管面临很多困难，这就迫切需要借鉴美国等国家的做法，建构政府监管部门与交通网络公司相互合作的共治模式，即在政府监管部门层面，对进入网约车系统的车辆和网约车司机等制定细致的准入标准、汽车保险和运营要求等，健全相关行政许可制度；在交通网络公司层面，推进实施车辆、司机等的规制标准，也可根据本行业实际细化制定一些行业规范。为了防范网约车风险，还可在相关立法中明确交通网络公司的平台责任，对其运营过程予以规制。尤其是要确立交通网络公司的平台数据提交制度，即要求交通网络公司必须依法及时向监管部门提交详细的运营数据，包括本公司网约车运行的小时数、里程数、收费标准、接到多少约车请求，乘客搭车的时间、地点，完成接送乘客的数量，车费如何支付，有多少残障乘客，以及司机的定期接受培训的证明，否则要承担法律责任。②

二是协调信息技术监管中的多头管理体制，形成良好的多元主体协作机制。针对实践中监管体制不顺畅、机构设置和职责划分不科学等问题，应通过立法推动我国信息技术管理体制改革，在充分吸收实践经验的基础上，整合、优化政府信息技术监管职能，尤其是要尽可能厘清部门的权责

---

① 张冰，董宏伟. 他山之石：欧盟网络和信息安全局力推网络空间战略 [J]. 通讯世界，2019（1）：35.

② 方俊. 网约车的规制困境与法律应对 [J]. 苏州大学学报（法学版），2017（2）：85 – 86.

范围，规范部门职能衔接，同时完善部门协调机制，推动部门执法资源共享，确立综合执法机制，切实解决信息技术监管领域条块分割问题。① 我国十八届四中全会要求，深化行政执法体制改革。根据不同层级政府的事权和职能，按照减少层次、整合队伍、提高效率的原则，合理配置执法力量。信息技术监管涉及多个部门的多方主体，不同监管部门所持的立场和利益也不尽相同，在监督执法过程中难免会产生摩擦和矛盾，因而对信息技术监管可能产生不利影响。针对在信息技术监管领域客观存在的不同部门之间权责交叉、多头执法等问题，为了避免执法冲突，节约执法成本，必须科学界定不同部门间的执法权限，从组织层面理顺不同部门间的职权关系，合理配置执法资源，真正确立权责统一、运行高效的执法机制。同时，针对现实需要，要不断探索推进跨领域、跨部门、跨地域综合执法模式创新，建立完善信息技术综合执法主管部门、信息技术行业组织、综合执法队伍之间协调配合机制、执法信息共享机制和跨部门、跨地域的联动执法机制，有效防范信息技术执法中政出多门、权责不明、推诿扯皮甚至各机构之间互相掣肘等问题。另外，要不断推进行政监管体制改革，不断完善执法监管工作，要特别重视信息技术监管中执法程序的完善，通过完善执法程序，严格执法责任，实现严格、规范、公正、文明执法。

三是优化我国信息网络侵权立法，改革现有信息侵权纠纷举证责任制度和责任追究制度，强化信息侵权主体的责任追究。一方面，要改革现行信息网络侵权立法，完善信息网络侵权行为责任追究制度。面对当前我国信息网络犯罪行为的多元化现状，传统的类型化的犯罪行为列举无法契合有效打击我国信息网络犯罪的现实需要，更无法为及时追究形形色色的、新形式信息网络犯罪行为的刑事责任提供规范指引。我国现行的"概括列举式"信息网络刑法立法无法实现"刑法立法类型化的技术性表达。"② 现有信息网络刑法立法的概念界定不明、内容模糊不清，难以给司法实践提供清晰的指导，如现有立法中频频出现"情节严重"等字眼，并将其作为定罪量刑的重要依据。然而，究竟何谓"情节严重"，其判断标准的尺度如何？对这些关键性问题反而缺乏充分的立法和司法解释，往往需要法官

---

① 张艳. 现代信息技术对我国的挑战与立法应对 [J]. 科学学研究, 2019, 37 (2): 202 - 205.
② 熊波. 信息网络刑法立法类型化的症结与化解———基于信息网络犯罪技术性差异的考量 [J]. 学习论坛, 2019 (6): 88 - 96.

在具体案件审理中借助其他相关罪名的司法解释来类推适用。① 这无疑有碍于形成对特定信息网络犯罪行为成立条件的统一认知，也不利于公平、和谐的司法秩序的形成。

而另一方面，要改革现行信息侵权纠纷举证责任制度。传统举证规则下，"举证难、维权难"一直是阻碍原告维权的重要因素之一。为此，可结合现实需要，对信息侵权纠纷中的举证责任制度实行"举证责任倒置"原则，即"原告只要提供了被告联系其这一事实即可以被告非法获得身份信息为由提起民事诉讼，被告需要承担提供其合法获得原告身份信息的证明"②，如果被告不能提供充分证据证明其行为的合法性则要承担败诉的风险。这一举证制度改革举措会大幅减轻信息侵权纠纷中被害人的举证责任，同时增强对违法行为人的威慑力。③

---

① 熊波. 信息网络刑法立法类型化的症结与化解——基于信息网络犯罪技术性差异的考量 [J]. 学习论坛，2019（6）：90 –91.

② 刘艳. 百万问卷揭示个人隐私泄露现状 [N]. 科技日报，2016 –11 –22（1）.

③ 张艳. 现代信息技术对我国的挑战与立法应对 [J]. 科学学研究，2019，37（2）：202 –205.

第十二章

生物技术发展的法律规制

现代生物技术的突破带来了一系列革命性成果，同时也带来了诸多风险。与其他高新技术相比较，生物技术既具有独立研发、隐蔽性强、监管难的特点，又具有高风险、宽潜力、高投入、低回报性特点，且生物技术是典型的"两用"技术，在给人类带来巨大福祉的同时，也可能因为误用或滥用而给人类健康和社会发展带来巨大威胁。因此，为促进生物技术及相关产业的健康发展，迫切需要加强法律的规制与保障。

一、生物技术及其发展

（一）生物技术的概念和特点

1. 生物技术的概念

目前国内学术界对于生物技术并没有统一的定义。现代生物技术是自20 世纪 50 年代，在分子生物学发展基础上发展起来的，至今不到 70 年的时间，技术发展速度之快出乎意料，每一次技术的突破性进展都会引起哗然，使我们在应对上稍显茫然。所以，有关现代生物科技的立法研究显得亦步亦趋，只是针对一些已经引发较为严重问题的技术或者应用做出规定，无论国际上还是国内与现代生物科技发展相关的立法从某种程度上说都只是处于探究的阶段。

一般认为，生物技术是应用生物学、化学和工程学的基本原理，利用生物体（包括微生物，动物细胞和植物细胞）或其组成部分（细胞器和酶）来生产有用物质，或为人类提供某种服务的技术。

2. 生物技术的特点

生物技术作为发展快速的并与人类关系十分密切的高技术，具有如下特点。

（1）广泛应用性。现代生物技术已经从单纯的科学问题逐渐演变为关乎政治、经济、法律、伦理等多因素作用的复杂社会问题。现代生物技术的突破带来了一系列革命性成果，同时也带来了诸多风险。

（2）生物技术是典型的"两用"技术。纵观科技发展史，"科学技术是一把双刃剑"已经是不争的事实。科技能给人类带来无止境的财富，也会带来惨痛的灾难和损失。与其他高新技术相比较，生物技术是典型的"两用"技术，既具有独立研发、隐蔽性强、监管难的特点，同时又具有高风险、宽潜力、高投入、低回报性特点。

（3）研究的个体化加大了监管的难度。研究的低成本化、隐蔽化以及个体化，增加了监管机构或者共同体对研究过程的监管难度。生物技术引致的安全风险是多层次多维度的。其安全风险的来源主要有二：一是因技术缺陷而导致的不良后果；二是因行为人对生物技术的滥用而导致的风险。具体表现为任意操控遗传物质的风险，对生命过程进行过度干预的风险，人工选择下的物种进化和有害物种传播的风险，以及破坏生态环境的风险。最大的风险在于看不见的风险，深度认识"基因编辑婴儿"事件体现的多重风险并加以规制，从教训中汲取经验是增强防控能力的明智之举。这件事说明，在运用最新科技成果的时候，加强监管，强化伦理规制是确保现代高科技朝着有利于人类文明方向发展的必要举措。

（4）生物技术是与人的伦理关系最为密切的高技术。"伦理"和"道德"密切相关，但有明显区别是与人的伦理关系最为密切的高技术。在中国古文中，"伦理"一词，是由"伦"和"理"这两个独立的单字组成的复合词。在中文中，"道德"一词的本义是指人们行道过程中内心对道的体认、获得以及由此形成的内在品质；"伦理"一词的本义是指人伦关系及其内蕴的条理、规律和规则。①中国传统文化中所称的"学"是以经、史、子、集来划分的，有经学、子学等，而不曾有"伦理学"这样的术语。"伦理学"一词来源于近代的日本。②伦理学阐明人伦关系之理，并引导人们去认识并实现人伦关系中的应该和善。③ 伦理学具有知识的理想性、历史的传承性、普适性和知行统一性的特点。

生物技术因其与人的身体以及人类延续生命关系密切，更使得其具有显著的伦理特征而在发展中必须加以关注。因为，生物技术对全人类的影响深远，不限于部分地区或者国家。同时，在利用高新技术干预人体过程中涉及的不确定因素众多。评价与生物技术有关行为的伦理框架仍然是：不伤害人（non‐maleficence），尊重人（respect），有益于人（benefi-cence），公正对待人（justice），以及人与人之间互助团结（solidarity）这五项基本原则，从而体现人类及其社会的本性、价值和尊严。④"尊严"是生命伦理学中的一个特别重要的概念。

（二）生物技术的快速发展及其应用

1. 生物技术发展的速度日益加快

近年来，生物技术发展迅猛。以 2017 年为例，2017 年最神奇的四大生物技术突破，具体包括首次成功编辑人类胚胎，首次编辑人体内部基因，促进器官发育和再生人体组织，人造子宫孕育出健康羔羊。

2017 年 7 月 27 日，美国俄勒冈州波特兰市的研究人员在基因编辑技术上取得了重大突破。他们成功地将一个与心脏病有关的基因从类胚胎中删除。这就说明，那些有心脏遗传病的人们可以拥有一个完全健康的宝宝！这项技术还需要时间检验，但其意义非常重大。这和编辑胚胎基因不同，科学家们首次在人体内部使用基因编辑技术。这项人体试验旨在清除HPV 病毒，将 DNA 编码送入到子宫颈中以瘫痪肿瘤生长机制。

---

① 焦国成. 论伦理——伦理概念与伦理学［J］. 江西师范大学学报（哲学社会科学版），2011（1）：23.

② 同①：24.

③ 同①：26.

④ 邱仁宗. 高新生命技术的伦理问题［J］. 自然辩证法研究，2001（5）：21.

2017 年 5 月 1 日，再生科学领域取得突破性进展。这项成果可以加速人工培育的人体组织生长，甚至在实验室中培育器官。在未来，残疾人或许可以重新长出完整的四肢，病人可以换上自己的器官。美国费城儿童医院用合成装置模拟子宫环境，并成功使羔羊胚胎生存。研究试验中的 8 只小羊羔，在人造子宫中存活了四周时间，在此过程中，羊羔们健康且发育正常。如果能获得政府批准，体试验将在三到五年内进行。这项技术如果成功应用于人体，可以帮助早产儿生存。

2018 年于中国而言是不平凡的一年，在生物技术领域更是如此。2018 年 11 月 26 日，南方科技大学副教授贺建奎宣布——世界首例免疫艾滋病的基因编辑婴儿在中国诞生。此举一出，立刻成为全球关注热点，在世界引起强烈反响。① 国际学术界也高度重视，贺建奎主导的基因编辑婴儿事件进入了《科学》杂志的榜单，被认为是 2018 年显著的"科学崩坏"（science breakdown）事件。这一事件的出现不是偶然的，除了暴露出科研监管的漏洞外，也反映了我国在科技人员伦理教育以及科技伦理规制上的缺陷。

2. 生物技术在引领未来经济社会发展中的战略地位日益凸显

现代生物技术的一系列重要进展和重大突破正在加速向应用领域渗透，在革命性解决人类发展面临的环境、资源和健康等重大问题方面发挥了巨大的作用。生物技术产业也展现出巨大的发展前景。现代生物技术迅猛发展，如今已经应用到工业、农业、医药、化工、矿业、能源、生态等诸多领域。一般认为，生物技术包括基因工程、细胞工程、酶工程、发酵工程、生物电子工程、生物反应器、灭菌技术以及新兴的蛋白质工程等。生物技术无论是在解决人的生存问题，如粮食、健康、环境污染，还是在促进经济发展提高公民整体的生活水平和国家的竞争力方面都起着重要的作用，因此在当前的形势下，我们对待生物技术的态度一定是要促进其发展。但技术从最初产生就具有"双刃性"，在现代生物技术发展的背景下其"双刃剑"的特征体现得尤为明显，在不断取得进步的同时，也引发了

---

① ENSERINK M. An ethically fraught gene – editing claim ［EB/OL］. https：//vis. sciencemag. org/breakthrough2018/finalists/#crispr – baby.

许多问题。

(1) 生命健康领域

在生命健康领域，生物技术在治疗肿瘤、癌症、帕金森病等影响人类健康的重大疑难疾病以及一些遗传性疾病的研究、治疗上都取得了一定的突破。2017 年我国"干细胞移植治疗致盲性眼病"获得突破，当前已经完成 8 例基于胚胎干细胞来源的视网膜色素上皮细胞的移植手术，以及我国正在进行的世界首例人胚胎干细胞来源的神经前体细胞治疗帕金森病研究。近年来，基因编辑技术规律成簇间隔短回文重复（Clustered Regularly Inter-spaced Short Palindromic Repeats，CRISPR）技术发展迅速。除了 CRISPR - Cas，科学家们还开发出了 CRISPR/Cpf1、仅靶向 RNA 的 CRISPR/C2c2 以及只编辑单个碱基 CRISPR/Cas9 等新的基因编辑系统。在一系列基因治疗的应用领域都展现出强大应用前景。特别是 2015 年，通过回输基因编辑免疫细胞治疗，患白血病的小女孩莱拉（Layla）体内已经检测不到白血病的迹象，并且我国也已经开展了 CRISPR 的首次临床试验。另外再生医学也成为生命科学接下来的热点研究方向，利用生物学及工程学的理论方法创造丢失或功能损害的组织和器官，使其具备正常组织和器官的机构和功能。例如，用来研究治疗糖尿病，将患者体细胞变成诱导多功能干细胞，再培育成胰岛素分泌细胞移植到患者体内。再如，研究用它治疗心脏病，先在体外培育心脏细胞，再将其注射或移植到心脏病变部分，取代失活细胞。来自美国和英国的两个研究小组将人类胚胎体外发育的时间提高到 10 天以上，有利于更好地了解人类早期发育过程，预测遗传性疾病。这两项研究不仅突破了此前难以超越的 7 天之限，还将曾经遥不可及的"14 天规则"一下拉近到了眼前。问世 30 余年的人类胚胎研究"14 天规则"或因此面临修订。① 美国加州大学伯克利分校的神经学家正在研发一种能够破解人类大脑的装置，这样人们就能"编辑"自己的感觉和记忆。研究人员目前着眼于在近期就能实现成功的研究，如让截肢者拥有控制假肢的能力的研究，而最终目标是能够实时监控和记录大脑进而可以随意支配大脑。

---

① 腾讯科学. 人类胚胎体外发育首次突破 10 天触国际规则极限 ［EB/OL］. (2016 - 05 - 17) ［2020 - 02 - 22］. http：//www. kepuchina. cn/qykj/swjs/201605/t20160517_11023. shtml.

（2）生态环境与农业领域

生物技术在生态环境以及农业领域的研究、应用对于解决水污染、固体废弃物污染、土壤污染等各类环境污染问题发挥了重要作用；并且在优质大豆、水稻等粮食的增质增产研究上不断取得突破，包括对其他珍贵植物品种的培育等都起到重要的作用。2018 年 4 月 26 日由中国主导的国际间科研大协作项目"3000 份水稻基因组研究"结出硕果，该研究针对水稻起源、分类和驯化规律进行了深入探讨，揭示了亚洲栽培稻的起源和群体基因组变异结构，剖析了水稻核心种质资源的基因组遗传多样性，而这将推动水稻规模化基因发掘和水稻复杂性状分子改良，提升全球水稻基因组研究和分子育种水平，使水稻育种由传统的手工筛选走向基于大数据的精准设计。① 2018 年安徽农业大学茶树生物学与资源利用国家重点实验室研究团队，联合深圳华大基因等单位，破解了世界上分布最广的中国种茶树的全基因组信息，这一成果对促进山茶属植物的物种进化、茶叶风味物质形成机理、分子育种、茶树种质资源利用与保护的研究，以及茶文化的繁荣与传播等具有重要意义。

（3）生物产业发展领域

生物技术研究的不断突破也促进了我国生物技术产业的发展，生物技术产业已成为我国经济的一个重要增长点，并形成了一批如上海张江、天津滨海、泰州医药城、本溪药都、武汉光谷、苏州生物纳米园等有代表性的专业化高新技术园区；以及以长三角地区、环渤海地区、珠三角地区为核心的生物医药产业聚集区。各个国家和地区也都纷纷制定各项战略，如美国发布了《国家生物经济蓝图》，欧洲推出《工业生物技术路线图》，印度公布《国家生物技术发展战略》，德国政府发布《生物经济战略》，俄罗斯通过了《俄罗斯联邦生物技术发展综合计划（2012—2020）》，韩国制定了面向 2016 年的《生物经济基本战略》，日本政府将"绿色技术创新和生命科学的创新"作为国家的重点战略，加速抢占生物技术的制高点，加快

---

① 瞿剑. 基因组研究让水稻育种走向精准设计 [EB/OL]. (2018 – 04 – 27) [2022 – 02 – 22]. http：//scitech. people. com. cn/n1/2018/0427/c1057 – 29954137. html.

推动生物技术产业革命性发展的步伐。① 我国也同样重视生物技术产业的发展，2017 年 1 月，国家发改委印发了《"十三五"生物产业发展规划》，提出到 2020 年，生物产业规模达到 8～10 万亿元，生物产业增加值占 GDP 的比重超过 4%，成为国民经济的主导产业，生物产业创造的就业机会大幅增加。

二、生物技术发展带来的伦理及安全问题

生物技术的快速发展给人类社会带来福祉的同时，也引发了日益严重的伦理及安全问题，有可能给人类社会带来严重的风险，需要对生物技术的研究和应用进行规制。

（一）生物技术带来的伦理问题

1. 科学与伦理的关系

科学关注的是事实，伦理关注的是价值，科学是求真，伦理是求善，而事实和价值是密不可分的，并且只有真与善并举才能真正地让科学为人类发展带来福音，因此无论科学技术发展到何种程度必须要接受伦理价值的审判，不能损害到人类的生存条件，特别是不能损害到生命健康，从而保障人类的切身利益。另一方面，科学技术与伦理道德要形成良性互动，实现科学技术与伦理道德共同进步，从而既能使科学技术更好的服务人类，又能使伦理真正成为正确指引科学技术发展的前导，而不是成为其发展的羁绊。

在科学技术发展的早期，其在很大程度上是具有中立色彩的，而伴随着人类智慧的不断强大，人们需求的多样化，包括政治需求、经济利益、个人利益（贪欲）需求等，技术发展逐渐复杂化，使每一项技术的产生、运用都有一定的目的性、导向性，现代科学技术并不具有纯粹的中立性，其对人们的行为选择、价值取向也会产生重要的影响。早在 18 世纪中期，

---

① 科技部. 科技部关于印发《"十三五"生物技术创新专项规划》的通知［国科发社〔2017〕103 号］［EB/OL］.（2015 - 05 - 27）［2020 - 02 - 22］. https：//www. sohu. com/a/143247064_368007.

卢梭在其《论科学与艺术》一文中就曾指出："科技的进步伴随着道德的退步，随同蒸汽机一同到来的是世风日下，人心不古。"其深层意思也正是指科学技术的发展所带来的负面的道德伦理问题、社会关系问题等。通常科学技术发展对人类自身权利的影响是通过改造生产和生活方式来实现的，并且新技术的产生与突破通常会激发人们新的权利欲望、控制欲望，从而对基本权利产生影响，促使新的社会关系、生产关系的产生。然而无论技术发展到何种程度，社会关系、生产关系如何变化都不能对人类尊严造成破坏。在生物技术领域尤其是在生命科学研究领域更容易产生挑战人类伦理道德、人类尊严的问题。科学技术的迅速发展和科技成果的广泛运用或多或少地都与人类既有的道德观念发生了冲突。当今生物技术的发展特别是基因工程技术的普遍应用就给社会大众带来了一定程度的道德恐慌。[1]怎样避免生命科学技术被人们用来轻易地危害人类？这是伴随生物技术发展急需思考的科学和伦理问题。

2. 生物技术发展带来的伦理挑战

现代生物技术的研究和应用涉及尖锐的社会伦理价值观念冲突和社会冲突。基因治疗技术、辅助生殖技术、克隆技术、器官移植技术和人类基因组计划等典型的现代生物技术可能操纵基因、精子或卵子、受精卵、胚胎、甚至人脑和人的行为，对传统生命伦理观提出了前所未有的挑战。生物技术应用可能会带来生命随机选择、代际混乱、器官商业化、基因歧视等问题，在伦理上带来人类自然选择的颠覆以及人类属性的混乱。而不法研究者和机构对生物技术的反人类利用，有可能颠覆人类社会至高无上的人性尊严和生存价值。

"科学的前沿是伦理的边缘。"现代生物技术的快速发展尤其是克隆技术、基因工程技术对传统生命伦理观提出了前所未有的挑战。以 CRISPR 为代表的基因编辑技术已经大大降低了遗传操作的技术门槛，因此更需要研究人员自律、敬畏生命、遵守规则。法律的滞后性及强制性决定了立法规制不能快速解决技术发展带来的问题。伦理规制新技术带来的新风险具有快速和长效的优点。但随着技术成熟和商业集团的推动，功利主义价值

---

① 侯玲玲. 科学技术对道德的影响研究［D］. 北京：中国地质大学，2015.

评判标准为科技伦理规制设置了障碍。德国著名哲学家埃德蒙德·胡塞尔说，"在 19 世纪后半叶，现代人让自己的整个世界观受到实证科学的支配，并迷惑于实证科学所造就的'繁荣'。这种独特的现象意味着，现代人漫不经心地抹去了那些真正的对于人至关重要的问题。只见事实的科学造就了只见事实的人。"① 追求利润和资本增值的动机往往让人"一叶障目"，夸大科学技术的积极作用而忽略其对人伦底线的挑战以及可能带来的不可预测的风险。因而，亟需加强对生物技术领域相关利益主体的伦理规制和教育。对科研的主体——科研人员来说，应通过通识教育、普及教育大力培养其伦理意识，培育其科学文化、科学道德。对国家来说，通过伦理规范及立法处理好生物科技良性发展和监管的关系，在规范和约束新技术应用的同时，也要积极鼓励科研工作的新探索，为新兴技术健康发展保驾护航。对科学界来说，要充分发挥科学共同体的自治监督作用，将遵循科技伦理作为科研的底线，评判科学家诚信的黄金标准。对社会公众来说，国家需要大力加强生物技术以及其他科学前沿领域的知识传播和普及，提高公众的认知水平，形成制约机制。

人类在生物技术研究和应用中具备的道德感和伦理准则虽然会起一定作用，但是难以具有强制约束力。强化生物技术的伦理规制，必须在条件成熟时通过立法来进行规范。通过立法决定生物技术的发展方向，保护人类文明的延续和发展是最后的选择。

克隆技术可能带来人伦关系的破坏，利用干细胞替代受精卵跨越受精阶段，通过培育形成胚胎并通过单倍体干细胞实现同性生殖，这些都颠覆了传统生殖理论。另外基因编辑技术的应用使得基因美容、功能增强、"定制婴儿"等同样也颠覆人类传统的自然繁殖、孕育理念。

人工授精技术与试管婴儿的诞生颠覆了传统的婚姻观念与亲权关系，以及其他如人类胚胎干细胞相关研究中对胚胎的破坏，不能保证其发育及对于生命之初的尊重等相关的伦理问题，甚至可能改变人类种系遗传特性、将人类胚胎干细胞用于商业目的、改变动物基因特征；基因遗传信息的应用和隐私权、基因公平与基因歧视等问题。引起的人类对纯粹意义上

---

① 何士清，徐勋. 科技异化及其法律治理——基于以人为本的视角［M］. 北京：中国社会科学出版社，2010.

的"人"的思考。在人类无节制地追逐技术的发展过程中，人是否最终会被技术异化？一旦这些科学技术失去了控制或者是遭遇人为的破坏，人类对于这种情形将会无所适从，甚至成为技术的奴隶，结果可能导致难以想象的灾难。

生物科技的不断发展，也是对人类传统的伦理道德、生存法则甚至是信仰的不断挑战。然而历史与实践已经证明，科学技术前行的脚步是无法阻挡的，我们不可能一味地遏制，但必须通过伦理智慧的引导与规范，在哲学的层面，摆正现代生物技术的位置，① 并将伦理智慧融入到法律中去，通过制定相应的法律规定，明确生物技术研究的界限，对不合理的科技研究、应用行为进行规制，从而实现有效的引导，与人类发展形成良性的互动。②

（二）生物技术带来的安全问题

生物技术所带来的安全问题包括生态环境问题、人体健康问题、国家安全问题（包括公共安全与国防安全）等。

1. 生态环境问题

主要表现在借助现代生物科技对物种的"优化"，特别是将各类转基因活生物体释放到环境中对非靶标生物产生误杀，从而对生物多样性产生威胁；由于转基因农作物种植而引发的杂草化问题以及外来物种入侵可能对生态系统的稳定带来威胁。

2. 人体健康问题

主要涉及转基因食品对人体健康影响的不确定性，另外，为便于人工筛选，细菌往往被导入抗生素抵抗基因，如果这些细菌被释放到环境中，这些抗生素基因有可能通过基因的水平转移（horizontal gene transfer）被致病菌获得，从而使得致病菌具有抵抗抗生素的能力，给细菌感染的治疗造成很大的困难，危害人类的健康。另外，现有技术可以将常见的如葡萄糖

---

① 蔡君. 科技的伦理危机及其出路探析 [J]. 湖湘论坛，2013 (06)：88.
② 同①.

等化学品通过生物合成而形成如鸦片类分子、高毒性分子的违禁药品，同样会给人类健康带来一定的威胁。①

3. 国家安全问题

对公共安全以及国防安全最具威胁信号的就是基因武器。基因武器包括微生物武器、毒素武器、种族基因武器。微生物武器主要是制造致病基因的微生物；毒素武器是利用生物技术将天然毒素的毒性增强或者是制成自然界所没有的毒性更强的混种族基因武器；基因毒素通常会造成大范围的危害。例如，2005 年美国科学杂志刊发，美国疾病控制中心（CDC）成功合成了西班牙流感病毒，而该病毒曾在 1918 年爆发并造成了全球大约 5000 万人死亡。② 2012 年，美国和荷兰的科学家分别发现通过改造禽流感病毒 H5N1，可以使之获得在哺乳动物雪貂中传播的能力。③ 另外种族基因武器是针对某一特定民族或种族群体的基因武器，其只对某特定人种的特定基因、特定部位有效，而对其他人种完全无害，可以实现对一个种族的精准残害，并且基因武器具有无形性，只有制造者才知道它的遗传"密码"，其他人很难破译和控制，并且可以通过日常的方式进行扩散，使被侵害对象无从察觉，这也正是我们呼吁要做好中华人种基因保护的一个重要原因。另外基因武器也很可能被种族主义者和恐怖主义分子所利用，他们可以根据不同种族基因组多样性特点，采用基因工程技术手段，设计、研制出针对某一种族的基因武器，从而对某一种族或整个国家的安全造成潜在和巨大的威胁。例如，据英国《星期日泰晤士报》1998 年 9 月披露，以色列曾试图研制一种仅能杀伤阿拉伯人而对犹太人没有危害的基因武器。④ 另外，基因工程技术可以打破种属之间的遗传屏障而进行各种遗传重组，从而制造出可怕的"怪物"，直接威胁人类安全。

---

① 马延和，江会锋，娄春波，等. 合成生物与生物安全 [J]. 中国科学院院刊，2016，31 (04)：432 - 438.

② TUMPEY T M, BASLER C F, AGUILAR P V, et al. Characterization of the reconstructed 1918 Spanish influenza pandemic virus [J]. Science, 2005 (310)：77 - 80.

③ IMAI M, WATANABE T, HATTA M, et al. Experimental adaptation of an influenza H5 HA confers respiratory droplet transmission to a reas - sortant H5 HA/H1N1 virus in ferrets [J]. Nature, 2012 (486)：420 - 428.

④ 李志伟. 未来战争的神秘杀手 [N]. 光明日报，2000 - 08 - 09.

另外近些年各国政府都在制定政策、战略支持合成生物学的发展，一方面在有效促进生物技术发展的同时，也使其带来的生物安全问题更加显著。最近几年，国内外的一些研究小组开展了脊髓灰质炎病毒人工合成、噬菌体 φX174 基因组合成、1918 年西班牙大流感病毒合成、蝙蝠 SARs 样冠状病毒合成、H5N1 遗传改良和重配、世界上第一个人造细胞"辛西娅"的合成等研究，这些研究结果有助于进一步阐明病原体的致病机理，为疾病的预防和控制提供科学依据和技术方法，同时也增大了可能因误用和滥用而对社会稳定和国家安全带来的危害。[①]

（三）生物技术的风险及规制的必要性

1. 生物技术可能的风险

由于生物技术存在的伦理和安全问题，很有可能给人类社会带来严重风险。生物技术风险的来源主要有二：一是因技术缺陷而导致的不良后果；二是因行为人对生物技术的滥用而导致的风险。前者随着人们对技术理解的深化而有可能消除（如杂菌导致的发酵失败）；但是，后者则是始终存在的隐患。[②] 具体而言当前生物技术风险主要表现在以下四个方面。

第一，任意操控遗传物质的风险。由于生物机体的复杂性，生物学家对于经遗传改变的个体与未经改变的个体在表型特征上有何差异，并不是总能根据理论做出完整的判断。因此，大规模生产转基因生物带来的不确定性是绝对的，它们的安全性始终都需要谨慎实验、严格证明。

第二，对生命过程进行过度干预的风险。出于增加产量、提高品质、节省成本等目的，在生产实践中人们经常采取药物、激素、控制生长条件等手段直接干预动植物的生命过程。在农作物种植和畜类饲养中，农药的不当使用所产生的恶劣影响已经广为人知。同时，对人类而言，人类自身对药物的依赖，以及过度医疗等行为，某种程度上也是生物技术带来的不良后果。另外，随着生物技术的发展，人们对他人意识的控制也逐渐成为可能。2014 年，华盛顿大学研究团队完成了人脑直连实验，证明两个大脑

---

① 梁慧刚，黄翠，宋冬林. 合成生物学研究和应用的生物安全问题［J］. 科技导报，2016（34）：307－312.

② 李昂，高璐. 试论生物技术风险的类型［J］. 未来与发展，2016（10）：33.

可以直接连接，获取对方的意识。这种新的技术势必然带来对生命过程更深程度的干预，而其后果和风险则更为严重。

第三，人工选择下的物种进化和有害物种传播的风险。生物（微生物）的分离培养技术，虽然可以筛选出有益于人类社会发展的新生物，但也有可能分离出对人类生存构成重大威胁的新生物。如何控制危害人类安全的新生物的筛选和传播，亦是生物技术规制的一个重大问题。

第四，破坏生态环境的风险。任何物种都不能单独存活，必须依赖一定的生态环境，并且它们之间会相互影响。例如，转基因农作物有逃逸到野生环境的风险，农药的过量使用会加害食物链下游的生物，均有可能引发生态失衡。同时，一些专门针对生态治理的技术手段，同样可能带来负面的影响。例如，2011 年，昆明市政府决定在滇池广种水葫芦以吸附水中的氮磷及蓝藻，然后采收上岸，达到治污效果。然而水葫芦生长失控，加之采收不及时，植株腐烂下沉，造成了二次污染。①

2. 加强生物技术规制的必要性

面对生物技术可能带来的风险，我们有必要加强对生物技术的规制，完善生物技术研究、试验和应用的相关规制，在促进生物技术发展的同时，防范生物技术发展带来的风险。

现代生物技术的迅猛发展，让人们对生物技术本身存在的合理性与合法性产生了质疑，必须有更加明确的机制来保障诸如 DNA 重组技术、克隆技术、生物工程等开展的合理性，并使相关技术应用的权利受到保障。而由于生物技术本身具有高创新性、高风险性和一定的难以预见性，其发展对于现有的安全保障和社会伦理也产生着强烈的冲击。基于以上目的，为了保障生物技术的健康发展，必须着眼于生物技术前沿的发展动态，进行法律调控，进而为其安全运用提供法制保障。

如何既促进生物技术及其产业的发展又对其发展带来的风险加以规制，是科学治理和社会治理共同面对的问题。法律具有强制性、指引性，虽然不是唯一的规制手段，但确实能够在一定程度上有效控制和保障生物技术及其产业的健康发展。发达国家在完善生物技术领域立法，规制风险

---

① 李昂，高璐. 试论生物技术风险的类型 [J]. 未来与发展，2016（10）：34 – 36.

方面已经多有探索。我国应借鉴其他国家的经验，针对我国的实际情况，完善生物技术的有关规范。

三、国外生物技术的法律规制

伴随着生物技术的迅速崛起，生物技术领域科技创新的争夺不断加剧。一方面要确保生物技术的健康发展，另一方面也需要立法对生物技术给予合宜的保护。这二者之间存在很大的张力，因而生物技术的伦理和法律规制受制于很多因素。由于不同国家或地区对生物技术及其安全性的理解不同，各国生物技术及其产业的发展程度、转基因作物市场占有率及发展前景、国内民众的认识与理解程度、相关法制的发达程度各不相同等，各国在生物安全方面的法律与实践也具有较大的不同。目前，不同国家或地区管制转基因生物安全的立法模式不尽相同，呈现出较大的差异性。在此主要选取美国、欧盟、日本作为主要研究对象。考察研究他们对于生物技术发展的规制经验，对我们有借鉴意义。

（一）美国

美国对生物技术的研究一直处于世界领先的地位，经过20多年的快速发展，生物技术产业已成为美国高新技术产业的主要分支领域。美国生物技术的发展，与美国保护和促进生物技术发展的法律法规和政策分不开。同时，美国是最早开展生物安全研究和立法工作的国家，美国也重视对生物技术的规制，制订了大量关于规制生物技术发展的法律法规。

1. 关于生物技术伦理的规定

1976年7月7日美国国立卫生研究院首先公布了有关实验室重组DNA安全操作的一套规则——《重组DNA分子研究准则》，这也是世界上第一个有关生物技术的安全管理规定。该准则按四个危险等级划分了重组研究可能出现的危害，并规定了一系列的限制性、禁止性条款，建立重组DNA技术研究实验的组织管理体制和严密的生物和物理保护制度，来对这类研究实验加以严格的控制与管理，预防其对人类与环境造成的不可逆转的消极后果。该准则规定，任何接受国立卫生研究院资助的涉及核酸分子的试验,都需要提交至国立卫生研究院或具有审批权的其他联邦行政机关审批。否则,可能面临研究资助被中止、取消等不利后果。《重组 DNA 分子研究准则》已被多次修订,2012 年被修订为《重组或合成核酸分子研究准则》,管理对象扩大到包括合成核酸研究。美国国家科学院 2005 年发布了《人类胚胎干细胞研究指导原则》。美国 2008 年的《遗传信息非歧视法》旨在制止基因歧视,如果团体健康计划和健康保险公司因为携带某种特定疾病基因而对健康人拒付保险,或要求其支付高额保险费,将成为违法行为。上述规定为生物技术的研究制订了行为和伦理准则。

2. 关于生物技术安全的规定

1986 年 6 月 26 日,美国政府颁布了生物技术管理协调大纲(Coordinated Framework),这是一部比较完善的生物安全管理法,是美国生物安全管理政策的开端。对于后来发展的各类法规具有重要的指导意义,是基础性法规。2017 年 1 月 4 日,白宫发布了《2017 年生物技术协调合作框架法规》最后修改版,包含了各种生物技术产品以及相关部门管辖的产品和法规,包含了 195 篇有关的法律文件的参考资料,以及详细的审批监管流程图解,在保护健康和环境的同时,减少法规和不合理的法律抑制创新发明,打压、指责新技术或者制造贸易障碍。

美国负责生物安全的管理部门主要有五个:食品与药物管理局(FDA)、美国农业部(USDA)、环境保护署(EPA)、职业安全与卫生管理局(OSHA)和国际卫生研究院(NIH)。这些部门所颁布的有关法规、标准和指南,是美国生物安全立法的重要组成部分。

3. 关于植物和微生物安全的规定

美国环保署主要负责植物和微生物的生物安全,其主要法律依据是《联邦杀虫剂、杀真菌剂、杀啮齿类动物药物法》和《毒物控制法》。环保署下设农药办公室和毒物办公室。环保署农药办公室依据《联邦杀虫剂、杀真菌剂、杀啮齿类动物药物法》,负责对植物农药和微生物农药的扩散、销售、使用和试验进行安全管理,并提供与粮食作物及食品有关的农药标准。

1997 年 4 月,美国环保署依据《有毒物质控制法》第 5 部分规定的报告和审查制度发布了《生物技术微生物产品准则》《关于新微生物申请的准备要点》和《微生物的报告要求和评估程序》，同时还规定了一系列通报制度和一些特定的赦免情形。其目标是在不增加生物技术产业监管压力的基础上，防止部分转基因微生物对人体和环境产生不合理风险。《生物技术微生物产品准则》包括规定了该准则的主要条款和适用范围、与商业秘密有关的事项、生产前报告和明显新用途的报告和申请要求、针对《毒物控制法》实验释放申请的报告程序、免除微生物商品化试验测试的条件、某些微生物商品化获得相应等级的豁免所应该具备的条件、微生物显著新用途的报告所需的附加程序，并列出了微生物名单及其显著新用途。

4. 关于农业生物安全的规定

美国农业部负责动植物基因重组体、粮食作物和农产品的安全。在生物安全领域，农业部的具体执行机构是动植物检疫局（APHIS），其主要法律依据是《植物检疫法》《联邦植物有害生物法》以及《病毒—血清—毒素法》等。

美国农业部于 1987 年制定了《作为植物有害生物或有理由认为植物有害生物的转基因生物和产品的引入规定》，对转基因植物的进口、州际运输、田间试验进行管理。该法经多次修订，于 1993 年增加了通告制度，规定六类作物可以适用通告制度，1997 年进一步简化转基因植物的申请要求和程序，规定通告制度可以适用于所有转基因植物，2007 年的修订内容涵盖转基因植物的范围、记录保存制度、低水平无意混杂制度等。

1987 年，动植物检疫局依据《联邦植物有害生物法》制定了《通过遗传工程产生或改变的属于植物害虫类有机体的引入规定》。依《病毒—血清—毒素法》，动植物检疫局还对兽用生物技术生物制品进行管理和安全评价。此外，动植物检疫局还根据《生物技术管理协调大纲》颁布了一系列有关植物病虫害基因工程生物及其产品向环境释放的管理规定。1995 年7 月，美国农业部农业生物技术研究咨询委员会（ABRAC）的水生生物技术和环境安全工作组提出了转基因鱼类和甲壳水生动物研究安全实施的执行标准。1997 年 6 月，美国农业部公布了《基因工程生物及其产品管理条例》。

5. 关于食品和药品生物安全管理的规定

美国食品和药品管理局主要负责食品添加剂、药物等遗传工程产品的安全性和有效性，其法律依据是《公共卫生服务法》和《联邦食品、药物和化妆品法》。在转基因药品方面，食品和药品管理局所属的生物制品评价和研究中心（CBER）、药品评价中心（CDER）和兽医学中心（CVM）负责对生物制品和药品进行管理，建立安全评价体系，并规定相应的安全评价标准。

在转基因食品方面，食品与药品管理局依据《联邦食品、药品和化妆品法》于 1992 年颁布了《源于转基因植物的食品的管理政策》，阐明了其管理转基因食品的原则和方法。食品与药品管理局认为，对转基因食品的管理应着眼于预期特性和食品的组成，而不是加工方法。新食品只要化学成分与传统食品相似，就说明其与传统食品具有实质等同性，不需要接受比传统食品更严格的监管。1992 年政策规定，如果由引入新基因产生的食品添加成分在结构和功能方面与现有食品该组分非常类似，则无需在进入市场前进行审查；但是，如果与现有食品的该组分存在显著差异，则须获得批准方可投放市场。1998 年，食品与药品管理局所属的食品安全与应用营养学中心发布了转基因植物应用抗生素标记基因的行业指南（草案），提出了衡量标记基因安全性的标准。食品与药品管理局于 2009 年 1 月发布了《关于包含可遗传重组 DNA 构件的转基因动物的指导原则》，为系统地评估转基因动物的安全性提供了参考。

在转基因食品的标识方面，2016 年之前，转基因食品的标识也是自愿的，食品与药品管理局不强制要求所有的转基因食品在上市时注明其含有转基因成分。但在 2016 年通过的《美国国家生物工程食品信息披露标准法案》规定食品生产者需要针对转基因食品进行标识，显示食品为生物工程食品，但是他们可以自由决定标识的形式。食品生产者可以选择披露信息的形式有：文本、符号，或者电子或数字链接，因此食品生产者仍然享有一定程度的自由。

（二）欧盟

欧盟的生物技术管理政策以技术为基础，认为生物技术对不同的产品和过程有重大的影响，本身具有潜在的危险性，应当持谨慎态度，强调风险预防。欧盟是目前全球生物安全管理最为严格的地区，采用的是以技术为基础的管理模式。为此，欧盟制定了一系列的条例、指令和标准，欧盟各成员国或者直接适用欧盟的相关条例，或者依据相关指令建立本国的法律制度。其与生物技术相关的法规包括两大类：一是水平系列的法规，二是垂直系列法规。

1. 水平立法

欧洲的水平系列立法主要包括以下几个方面。

（1）关于转基因微生物封闭使用的立法。

1990 年 4 月 23 日《关于封闭使用转基因微生物的第 90/219 号指令》适用于任何使用到微生物且该微生物是因为基因改造而得到的所有活动或者在操作过程中就转基因微生物予以培养、储存、运输、破坏、弃置或其他方式使用的活动；而且从事这些活动时必须采取隔离措施，防止转基因微生物与一般大众或环境接触。此后，随着基因科技的迅猛发展，欧共体通过第 98/81 号指令对上述指令进行了修正，该指令的主要更新之处包括：规定了涉及第四风险等级微生物工作的管理程序和通报要求；明确了分析评估的一般要素；改进了物理控制措施要求，统一了环境保护标准；规定在一定标准下对人类健康和环境安全的微生物的豁免；简化管理程序，缩短审批或通报周期等。

（2）关于转基因生物体有意释放的立法。

欧共体第 2001/18 号指令主要规定了标准的授权程序、修改和处理新信息、向公众咨询和公布信息、环境释放报告、主管当局与欧委会的信息沟通等事项。"将转基因生物或含有转基因生物的产品投放市场"部分主要规定了通告程序、标准程序、关于反对意见的程序、转基因生物的标准和信息的规定、许可及其更新、监控和处理新信息、标识、自由销售、安全以及通知公众等方面的问题。该指令的一个显著特点是对附件充实了大量的内容，对正文提及的相关问题作出了进一步规定。

（3）关于转基因产品从业者环境责任的立法。

2004 年通过的《关于预防与救济环境损害之环境责任的第 2004/35 号指令》将转基因生物体对环境的可能影响纳入到规范之中。该指令最大的特色在于，以"环境责任"的概念赋予事业经营者有维护环境不受损害的义务，其实际上是企业社会责任法制化的体现，区别于一般的民事责任。因此，转基因活动对于个人财产或身体所造成的损害，仍然属于传统的民事责任，但不属于该指令的调整范围。

2. 垂直立法

（1）关于转基因食品与饲料的上市管理的立法。

2003 年 9 月欧盟通过了 1829/2003/EC 条例，规定了转基因食品上市审批制度，即所有转基因食品在进入欧盟市场之前，必须经过严格的安全评估和申请审批程序。根据 1829/2003/EC 条例，转基因食品在进入欧盟市场之前，申请人必须向目标成员国提出申请，同时附上该转基因食品的详细数据信息，包括该转基因食品的产品特征、转基因成分、制造该转基因食品所涉的生物技术方法等相关说明。并且 1829/2003/EC 条例使那些已通过其他国家上市审批程序的与传统食品"实质相似"的转基因食品在进入欧盟市场之前，必须再次通过欧洲食品安全局的风险评估程序及欧盟上市审批流程。

在 1829/2003/EC 条例通过之后，欧盟随即又出台了 1830/2003/EC 条例。该条例旨在建立欧盟转基因食品标识制度，通过对转基因食品的准确标识规范转基因食品在欧盟境内的流通，强化转基因食品安全监管。同时，通过对转基因食品的强制标识，欧盟建立起了一套可追溯制度，当已被批准上市的转基因食品危及公众健康或对环境造成危害时，欧盟能够迅速将该不安全转基因食品从市场召回。

（2）关于转基因生物体越境转移的立法。

欧盟《关于转基因生物体越境转移的第 1946/2003 号条例》建立了各成员国对于转基因生物体越境转移的通知与信息交流机制，确保欧盟各成员国遵守《生物多样性公约》的相关义务，使转基因生物体的转移、处理和利用等各种可能对生物多样性的保护与持续利用产生严重影响的行为，获得安全上的保障。2009 年 5 月 6 日欧盟议会及欧盟委员会通过了 2009/41/EC 指令对 90/219/EEC 指令进行第四次修订。该指令重申了欧盟预防原则，要求转基因生物技术的使用必须以预防、保护及改善环境和保护人类健康为目的，防止转基因生物技术可能产生的负面影响。该指令对转基因微生物环境释放具体操作程序及风险应对进行了制度建设，要求委员会与各会员国协商构建转基因事故信息交流机制，设立事故登记程序。并且还要求各会员国定期向委员会进行报告，对转基因微生物用途、目的和风险问题进行说明，以保证对区域内转基因微生物使用的有效监控。2015 年 3 月 11 日，欧盟通过 2015/412/EC 指令对 2001/18/EC 指令进行了修订，允许成员国限制或禁止在其境内种植转基因农作物，即便该农作物已获欧盟委员会批准在欧盟境内种植。2015 年 3 月 11 日，欧盟通过 2015/412/EC 指令对 2001/18/EC 指令进行了修订，允许成员国限制或禁止在其境内种植转基因农作物，即便该农作物已获欧盟委员会批准在欧盟境内种植。

（三）日本

日本生物安全法规体系起初以各省厅颁布的一系列技术导则为主，后来相关领域的专门立法逐渐受到重视，并成为生物安全法规体系的有机组成部分。其主要法律法规如下。

1. 关于转基因生物工业化安全管理的立法

1986 年，日本通产省颁布了旨在推动和规范生物技术在化学药品、化学产品和化肥生产领域应用的《转基因生物工业化准则》，其主要内容有三：第一，安全性评价。根据受体的安全性、所重组 DNA 分子的特性和转基因生物与受体性质的比较等因素进行安全性评价，并规定了五类安全性等级。第二，控制设备与操作规程。对于每一安全性等级，该准则都规定了相应的操作规则，其中主要包括设备维护、工作人员的保健和免疫接种、转移、采样、废弃物处理以及储存和运输等方面的内容。第三，管理和责任体制。该准则对法人、经营者、业务主管、工人、安全生产委员会和安全负责人的职责以及教育培训和健康管理等问题作出了较为详细的规定。

2. 关于转基因生物实验室研究安全管理的立法

1987 年，日本科学技术厅颁布了适用于在封闭设施内重组 DNA 研究的《重组 DNA 实验准则》，其主要内容包括四个方面：第一，等级划分和试验要求。该准则将重组 DNA 实验划分为七个物理控制等级和两个生物控制等级。第二，安全评估。该准则要求，在实验之前，从事该项工作的研究机构必须依据受体、外源 DNA、载体和转基因生物的特性进行安全评估，并据此选择相应的物理和生物控制等级。第三，责任规定。该准则规定了研究机构主管人员、生物安全委员会、实验室及研究机构主管人员的相关责任。第四，审批程序。该准则规定，农林水产省负责重组 DNA 活动的审批，审批工作应在一至两个月内完成。

3. 关于转基因农业和食品安全管理的立法

1992 年，日本颁布了《农林渔业及食品工业应用重组 DNA 准则》，并于 1995 年修订。该准则适用于三个方面，即在本地培养的转基因生物或进口的可在自然环境中繁殖的转基因生物；用于制造饲料产品的转基因生物；以及用于制造食品的转基因生物。

在 2001 年 4 月之前，日本对转基因食品实行自愿性标识制度。自 2001 年 4 月 1 日起，日本实施了《转基因食品标识法》等一系列强制性标识法规，需要强制标识的转基因食品类别包括可直接食用的转基因农产品，由转基因生物直接制作的食品且经过加工后仍存在外源基因或蛋白质，外源基因份额高于法律规定数额的食品，在生产阶段未将"转"与"非转"生物进行区别的食品四类。

4. 其他有关生物安全管理的相关立法

1989 年，科学技术厅颁布了《转基因生物野外试验管理准则》；1991 年，厚生省又颁布了《转基因食品管理准则》等。

四、我国生物技术领域立法现状及立法建议

现代生物科技本身具有的危险性如果不加以控制，很可能会出现失控的局面。为了不使现代生物科技的发展出现随意性，必须将其置于人类理性的监督之下。事实证明，从人类社会的可持续发展的角度来讲，对于利益关系的妥善协调，立法是目前最有效的途径，法律作为一种公共判断的标准，具有强制性、指引性，能够一定程度上有效控制现代生物科技的发展出现随意性和负面效应，使得现代生物科技朝有利于人类整体的方向

发展，为了达成现代生物科技的无害性目标，而完全符合人类的根本福祉。

（一）我国生物技术的立法现状

中国目前已出台了包括《药品管理法》《中医药条例》《农业转基因生物安全管理条例》《病原微生物实验室生物安全管理条例》等与生物技术有关的法律法规。这些法律法规为生物技术产业的发展提供了良好的法律保障。[①] 中国将生物保护重点放在了专利保护的范畴，对于生物技术基本法并不十分明晰，不同领域的生物技术保护规范散见于各部委规章中。

1. 生物技术风险的规制方面

当前我国生物安全立法已经远远落后于生物技术的发展。我国有关生物技术风险与安全的立法主要有两个行政法规，即《农业转基因生物安全管理条例》与《病原微生物实验室生物安全管理条例》。而对其他领域的生物技术则没有法律或行政法规加以明确规制，只有一些部门规章，如《农业转基因生物安全评价管理办法》《农业转基因生物加工审批办法》《进出境转基因产品检验检疫管理办法》《农业转基因生物标识管理办法》《造血干细胞移植技术管理办法（2017 年版）》等。

2. 生物技术伦理的法律规范方面

我国已经确立的禁止生殖性目的的人类基因编辑、禁止培养嵌合体胚胎和克隆人等基本法律立场，但我国生物技术立法涉及伦理方面的规则比较少。我国原卫生部[②]颁布的《人类辅助生殖技术管理办法》和《人类辅助生殖技术和人类精子库伦理原则》的相关规定中，禁止胚胎买卖、赠送以及代孕等。2016 年原卫计委[③]发布的《涉及人的生物医学研究伦理审查办法》，对涉及人的生物医学研究的伦理审查、知情同意以及监督管理和

[①] 郭洪波. 生物技术产业法律制度比较研究［J］. 法治社会，2017（6）：32.

[②] 2013 年，国务院将卫生部的职责、人口计生委的计划生育管理和服务职责整合，组建国家卫生和计划生育委员会。2018 年 3 月，根据国务院机构改革方案，组建国家卫生健康委员会，不再保留国家卫生和计划生育委员会。

[③] 同②.

法律责任做了规定。但是，与生物技术发展的领域比较，该规章缺乏对生物技术研究的总的监管原则，同时其规范内容仅属于研究范围，对于临床应用、基因治疗、基因增强等问题缺少调整的内容。尤其是对已经处于热点的缺失基因编辑技术、胚胎干细胞等研究缺乏规定。规制的对象以及规制的手段都非常局限，操作性不强。生物技术伦理规则的缺失，容易使得我国成为他国生物技术的"试验田"。例如，哈尔滨医科大学任晓平团队与意大利原神经外科医生塞尔吉·卡纳韦罗在两具遗体上进行"异体头身重建"（俗称"换头术"）的解剖学研究，被称为中国已经实施第一例头移植，从而引发了"在国外不允许的研究可以在中国做"的争论。另外，在基因歧视方面，我国在《宪法》《侵权责任法》以及《民法总则》层面上并没有对由基因技术发展带来的诸如平等、隐私、知情同意等问题做出规定，从而导致因基因歧视而带来就业、教育等不平等问题。

3. 生物技术领域立法存在的问题

从整体来看，当前我国生物技术领域的立法存在以下问题：一是缺乏系统性、综合性，协调性。现有相关生物技术的规定散见于多个部门规章，不仅法律效力层级较低，而且存在多头管理、重复管理或者互相推诿责任的情形。这种情形一方面会浪费管理资源，另一方面在如果出现重大突发性生物安全事故，这种职责交叉、管理不明确的立法及管理模式不能及时有效应对突发状况，无法有效发挥法律制度的调节作用。二是规制刚性不足。生物技术最主要的风险是人们对生物技术的滥用，而防范和制止人们滥用生物技术，已有制度必须具有较强的刚性。否则，相关规制规范就会成为一纸空文，甚至会导致违规者获利、守规者吃亏的"劣币驱逐良币"现象。防范和制止人们滥用生物技术不可避免地要减损公民或法人的权利、增加公民或法人的义务。对生物技术进行刚性的规制，仅靠部门规章是不足的，而必须通过全国人大制定法律或国务院制定行政法规。

（二）生物技术发展对法律提出的新要求

1. 生物技术伦理规制法治化的必要性

科技伦理是科学研究中的重要规范手段。如前所述，面对现代生物技术给伦理观念带来的挑战，很多国家通过立法规范生物技术研究和应用中的伦理问题。我国已经确立禁止生殖性目的的人类基因编辑、禁止培养嵌合体胚胎和克隆人等基本法律立场。但我国生物技术立法涉及伦理方面的规则比较少，尤其是对已经处于热点的基因编辑技术、胚胎干细胞等研究缺乏规定。

2. 生物技术安全立法势在必行

对生物技术研究进行刚性规制，法律或行政法规起着关键性作用。为了防范和化解新的科技创新成果可能带来的重大风险，必须加快推进相关科技领域的立法工作，从法律制度层面制定一个明确的规则，确保新技术、新产品科学规范合理运用，避免误用滥用。当前我国生物安全立法已经远远落后于生物技术的发展。生物技术在引领未来经济社会发展中的战略地位日益凸显，生物产业已经成为国家战略性新兴产业的重要组成部分，生物技术带来的产业革命将有可能改变现有世界经济格局，带来一系列经济风险、发展机遇和重大变革。

我国当前还没有系统的生物安全立法，但对于生物安全立法的讨论近两年比较多，在第十二届全国人民代表大会第三次、第四次、第五次会议上已经有多位人大代表提出生物安全立法的建议。并且在相关部委的征求意见中都表明生物安全立法对保护生态安全、应对外来物种入侵、防止转基因污染等有重大意义，有利于确保生物技术健康发展、全面履行生物安全国际法义务、解决我国现在生物安全法律法规方面存在的问题。

但基于生物安全的威胁，我们不得不产生更多的担忧，无论是生物技术研究带来的伦理问题，还是有关人体健康安全、生态安全、公共安全、国防安全等生物技术发展带来的安全问题，都是维系一个国家甚至是整个人类可持续生存与发展的基本问题，应当通过法律予以规制与引导，以有效控制生物安全风险和伦理失范。通过制定国家层面的生物安全法规，使任何生物技术的研究以及应用都必须满足法规的安全要求和遵守严格的安全程序，同时政府对待生物技术问题应当时刻保持审慎态度。只有这样才能保证相关政策以及立法的科学性、合理性，既能够有效规制生物技术研究带来的风险，又能够不阻碍其发展与进步。

法律具有强制性、指引性，能够一定程度上有效控制现代生物科技的发展出现随意性和负面效应，使得现代生物科技朝有利于人类整体的方向发展，从而达成现代生物科技的无害性目标。其他国家在生物技术立法中积累了丰富的经验，而我国的立法还明显不足。针对生物技术带来的伦理问题和安全问题，有必要从法律层面上进行解决，建立健全政策法规和相应的管理办法是保障生物技术安全发展最有效途径之一。

3. 保障基本人权的现实需要

生物技术发展对基本人权的挑战重点体现在生命权、平等权、隐私权等方面。关于克隆技术已经明确规定不能进行生殖性克隆、人兽杂交克隆，但是应用于医学领域未解决遗传性疾病以及生育问题的治疗性克隆同样会产生有关生命权的问题。例如，利用人工辅助生育技术而产生的试管婴儿、冷冻胚胎权属及是否可以随意处置等问题。

基因信息会带来基因隐私权以及基因歧视问题，并且基因歧视的问题已经在就业市场和保险业中凸显出来。2010 年我国广东佛山的三名公务员由于在体检时被查出携带"地中海贫血基因"而遭拒录的案件曾引起的很大的争议。① 美国北圣菲铁路公司对部分雇员进行基因检测，对存在基因缺陷的受测者拒绝雇用。另外，乔治敦大学一位社会学家对 332 个有遗传病史的家庭所做的调查显示，22% 的家庭被拒绝于医疗保险之外，13% 的家庭失掉工作或有失业之虞。②

我国在《宪法》《侵权责任法》以及《民法通则》层面上并没有对由基因技术发展带来的诸如平等、隐私、知情同意、专利等新兴权利进行明确，有关基因权利中的平等、隐私、公开等权利能否被既有的法律权利体系所包括以及如何进行保护，并不能从当前的法律规定中找到依据。

随着生物技术的发展，对人类基因秘密的研究将会更加深化，将来基因歧视问题也许会与种族歧视、性别歧视、宗教歧视等一样成为一种新的社会问题。从当前的技术看已经能够实现"定制婴儿""基因治疗"，父母

---

① 2010 年 8 月 11 日，"中国基因歧视第一案"在佛山市中院二审开庭审理。三位大学毕业生在佛山市公务员考试体检中被查出"携带地中海贫血基因"而遭拒录，三人不满人事部门的健康歧视，将佛山市人力资源和社会保障局告上法庭。在一审败诉后，不服判决的小周等人又向法院提出了上诉。2010 年 9 月 5 日上午，佛山中院对该起"中国基因歧视第一案"作出驳回上诉，维持原判的判决。

② 林平. 克隆震撼 [M]. 北京：经济出版社，1997：292.

可以为后代选择样貌、身高、智力、甚至是特长，虽然对大多数人来说进行基因治疗非常昂贵，但随着技术越来越成熟很有可能更多的人会选择"定制婴儿"，那么将来可能会形成改良基因社群主义，从而形成一种特殊的阶级分化，这些都应当成为立法要思考的问题。因此，非常有必要在当前对这些可能出现的问题做出价值的判断，从法律的途径做出明确的法律规定。

总的来说，随着技术的发展一些新兴的社会问题不断涌现，成为"人权"新内涵的组成，这必然要求法律的理论与制度也随之发生变化。

（三）完善规制生物技术的立法建议

1. 法律对生物技术的规制应当遵循的原则

第一，发展与规制并重。如何既促进生物技术及其产业的发展又对其发展带来的风险加以规制，是科学治理和社会治理共同面对的问题。生物技术立法应当既能够规避技术本身可能带来的风险，又不能阻碍生物技术的进步以及生物产业的发展，我们需要考虑制定完善的生物技术、生物安全法律体系，为建设生物技术强国提供法律保障、制度保障，同时也能够有效解决生物技术发展带来的一系列问题，从而有效控制和保障生物技术及其产业的健康发展。

第二，明确生物技术发展的根本目的是服务于人类。要维护人类的尊严，始终使生物技术或者是生物产品处在为人类服务的界限内，不能超越于人，更不能颠覆人性。

第三，生物技术的立法要保持中立性。既要对生物技术发展所带来的危害进行有效的规制，限制对人类生存发展可能带来危害的生物技术研究以及应用的行为，又要能够促进并引导其发展，服务于人类健康发展、促进生物技术产业的进步、促进经济的增长、激励生物核心技术的突破以避免受制于人，增强综合国力，提高国际竞争力。

第四，体现国际间的平等原则。由于各国生物技术的发展水平具有很大的差异性，因此很容易出现技术发达国家对技术、经济相对落后国家的基因资源的掠夺、人体器官的转移、以及一些特殊生物技术的垄断等行为，各个国家应当相互尊重，更多地进行谈判、磋商、合作，力于求淡化现代生物科技的经济利益色彩，使得现代生物科技在全人类得到普及，更有利于人类整体的发展。

2. 需要立法的领域

当前，我国在生物技术立法方面存在缺乏高层次统一的基本法、专门立法层次偏低杂乱、立法技术不成熟、立法明显滞后等几方面的问题。我国应根据生物技术发展的需求，借鉴其他国家的经验，加强生物技术领域的立法。

第一，我国应制定生物技术安全法，统一生物技术安全法的效力体系。[①] 对生物技术本身的研发原则、研发范围、研发管理体制、研发主体、技术转移管理以及研发的风险管理等作出明确规定，并对生物技术产品的中试、商品化做出准入规定、生产企业的资质要求、生产过程管理、产品标识、安全评估、产品进出口管理及其相关法律责任等作出明确规定。主要内容可以包括：安全标准制度，即生物技术本身和生物技术产品的安全标准，应尽量与国际统一标准接轨；安全评价制度，即对生物技术本身和生物技术产品进行风险预防评价的强制性法律制度；安全等级和标志制度，即对生物技术本身和生物技术产品所作的安全等级分类和判断识别规定；许可证制度，即对生物技术从研究到生物技术产品的生产、加工、经营、使用和进出口的行政许可规定。

第二，我国应制定基因隐私保护和反基因歧视法和生物技术研究运用伦理审查办法。通过基因隐私保护和反基因歧视法，将基因作为个人隐私给予保护，禁止非法披露、传播，禁止在保险、入学、就业等事项中根据基因信息进行区别对待。在《涉及人的生物医学研究伦理审查办法》的基础上，扩大适用范围并上升为行政法规，将所有生物技术研究和运用中的伦理准则形成文化，成为有约束力的行为准则，确保我国生物技术研究和应用符合伦理准则。

---

① 2020 年 2 月 14 日，中共中央全面深化改革委员会第十二次会议中强调：要从保护人民健康、保障国家安全、维护国家长治久安的高度，把生物安全纳入国家安全体系，系统规划国家生物安全风险防控和治理体系建设，全面提高国家生物安全治理能力。要尽快推动出台生物安全法，加快构建国家生物安全法律法规体系、制度保障体系。习近平. 完善重大疫情防控体制机制 健全国家公共卫生应急管理体系 ［EB/OL］. ［2020 – 02 – 22］. http：//www. gov. cn/xinwen/2020 – 02/14/cntnet_5478896. htm.

　　第三，我国应完善生物技术风险防范的规则。在生物技术安全法的基础上，各管理部门可以借鉴其他国家的法规，并结合我国的实际情况，制定实施细则或办法，落实生物技术安全法的有关规定，完善防范生产技术风险的规则，保障生物技术的研究、开发和应用中的安全。

第十三章

人工智能的法律规制

　　近年来随着人工智能在语音识别、图像分类、机器翻译、可穿戴设备、无人驾驶、医疗诊断等方面取得的突破性进展，再加上大数据技术物联网时代的推波助澜，人机之间的连接越来越密切。人工智能被认为是未来可能改变人类世界的重大科技变革，引起了全球范围内思想家和科学家的广泛关注和思考。人工智能创新和人工智能安全的赛跑，被认为是人类历史上最重要的一次竞争。人工智能被认为是未来可能改变人类世界的重大科技变革，随着技术的发展和应用，其社会影响引起了全球范围内的广泛关注和思考，人工智能的法律问题也随之得到高度重视。

　　人工智能的法律问题是双向的，既有法律对人工智能社会问题的规制，也有人工智能对现有法律制度的挑战以及对法律职业的影响。前者如无人驾驶汽车、自动化交易、自动化武器等带来的新型法律问题及其规制，机器生产的社会后果及治理，超级智能的风险及其应对，算法歧视、算法黑箱、算法规制等问题；后者如人工智能作品著作权问题，人工智能的法律主体性拟制问题，机器人法官和机器人律师等问题。本章主要探讨第一个问题——人工智能的法律规制。

一、人工智能法律规制的几点基础性认识

　　我们正处于数字革命（the digital revolution）的浪潮之中。数字革命的影响力，足以媲美历史上发生的工业革命，人类的生活和工作越来越可以被用0和1所表达的数据来进行处理，这将会给我们带来各种便利，同时也带来各种挑战，这种挑战包括两种具体的表现形式：人工智能和机器人，而这两者并非易于界定。人工智能又叫机器智能，集中体现为计算机

216

自我学习的技能，如从错误中学习的能力。从现在来看，人工智能还仅仅存在于不同领域的计算机系统，如计算机可以在棋类游戏中打败人类，在一些专门领域的具体项目中超过人类。机器人并不是外形像人类才叫机器人，但是不排除未来出现长得很像人类的机器人，甚至可能在能力上全方位超越人类的人工智能。迄今为止，真正的超级人工智能①还没有出现。

近年来无人驾驶和机器人的责任事故频出，人工智能和机器人的法律责任与规制更是引起了国际社会的高度重视和密切关注。例如，比尔盖茨提醒人们警惕人工智能，物理学家霍金与哲学家诺姆·乔姆斯基、技术专家伊隆·马斯克和数千名知识分子在一封联名公开信中警告：必须取缔"机器人杀手"的研发和应用，人工智能方面的军备竞赛可能是人类的灾难，它将助长战争和恐怖主义，加剧世界动荡局势。

全球各界在积极探索人工智能的伦理法律问题，政府也给予了高度的重视。应对智能社会的伦理和法律及其标准问题，应当坚持伦理法律演进的保守主义立场还是激进主义立场？我们应该怎么界定人机共存社会的中国语境？人机共存社会伦理法律及其标准治理的中国道路的进口如何确定？这些问题虽然看似前瞻，但相比于国际上的一些行动和成果，在治理的前瞻性研究的中国贡献上，迄今为止可能存在一些紧迫性，同时也是一个良好的机遇。

虽然全球立法进程缓慢，但当前对上述这些问题的思考和讨论却紧张而激烈。这些讨论有期待，也有忧虑；有乐观主义，也有悲观主义；有法律想象，也有现实的事故及诉讼。简言之，既有远虑也有近忧。例如，对于全自动机器的法律责任，以当前最受关注的无人驾驶车为例，由于完全不需要驾驶员操作的无人驾驶车目前还没有出现，因此对法律最大的挑战——交通事故的主要责任者界定——目前也尚未出现。如果发生事故，且被判定为无人驾驶汽车负主要责任时，汽车能否成为法律责任的主体？两辆无人驾驶汽车相撞②，保险损失理赔责任如何划分等，尚未成为眼前需要面对的现实问题，属于远虑。而全球范围内无人驾驶技术和市场的激烈竞争态

---

① 所谓强人工智能，根据提出"奇点理论"的库兹韦尔之观点，2045年将出现超越人类智力的人工智能，并且将两者的差距不断拉大。

② 这个问题在特斯拉无人驾驶致人死亡事故发生之前，曾是美国法律界探讨无人驾驶法律问题的主要假想情景。

势、特斯拉两起无人驾驶致人死亡事故等则是近忧。

我们需要多维度多视角的关注和探讨，因为这是人类谋远虑、解近忧，寻求理性共识的必经历程。人机共存社会的伦理道德法律的前瞻性研究，有助于谋人工智能的远虑，也有助于解互联网的近忧，从而可为缓解当下我国社会有技术发展带来的一些社会问题而探索一些新的治理策略。但是笔者认为。作为起点，对于人工智能法律问题的探讨首先应该基于以下四个基本认识：

第一，先不做奇点到来的想象，回归现实问题；

第二，人工智能兼具技术属性和社会属性；

第三，人工智能的社会问题虽然具有全球性，但法律规制首先需要基于中国语境的本土阐释；

第四，互联网是人工智能的基础，人工智能是互联网的下半场，我国互联网技术的负面效应和社会问题近来层出不穷，对人工智能的伦理道德等社会问题及其治理的前瞻性研究有助于为制定当下紧迫性的治理策略提供参考和建议。

二、各国及国际组织关于人工智能法律规制的主要探索

对人机共存社会问题的治理最早源于阿西莫夫提出的著名的机器人三定律：第一定律：机器人不得伤害人类个体，或者目睹人类个体将遭受危险而袖手不管；第二定律：机器人必须服从人给予它的命令，当该命令与第一定律冲突时例外；第三定律：机器人在不违反第一、第二定律的情况下要尽可能保护自己的生存。近年来，美国、德国及欧洲等国家和地区对于人工智能与机器人，进行了大量的研究探索，概述如下。

（一）美国

2016 年 10 月，白宫发布了一份名为《时刻准备着：为了人工智能的未来》① （*Preparing for the Future of Artificial Intelligence*） 的研究报告，主要

---

① Preparing for the Future of Artificial Intelligence ［EB/OL］. （2016 – 10 – 20）. https：// scipol. duke. edu/track/preparing – future – artificial – intelligence – agency – report/preparing – future – artificial.

阐述了人工智能的发展状况、现存及未来可能的应用方向，以及因人工智能进步对社会及公共政策可能带来的问题。报告认为法规需要在保证公众安全的大前提下评估风险。此外，政策应该首先考虑现有的监管制度的界限何在，并根据内容决定是否要对政策进行调整，以规避引进人工智能后可能带来的风险。

2018 年 10 月 4 日，美国交通部发布《准备迎接未来交通：自动驾驶汽车 3.0》鼓励美国各方通力合作，扫清阻碍自动驾驶发展的障碍，为开创一个交通创新和安全的新时代铺路，以确保美国在自动驾驶领域的全球领先地位。州层面上，加州放开自动驾驶车辆道路测试，还允许开展试点项目逐步推进自动驾驶的商业化进程。加州机动车管理局（DMV）在自动驾驶监管法规中新增第 227.38 条，"自动驾驶（无驾驶员）道路测试"中，将公共道路测试许可对象扩充至完全无人驾驶车辆。

美国 2018 年 5 月开始组建人工智能特别委员会（Select Committee on Artificial Intelligence），由国家科学与技术委员会（National Science and Technology Council）管理，主要负责向白宫提供政府层面的有关人工智能研究与发展方面的建议，同时将帮助政府、企业和独立研究者建立合作伙伴关系。

（二）欧盟

2018 年 12 月 18 日，欧盟人工智能高级别专家组（AI HLEG）正式向社会发布了一份人工智能道德准则草案①，该草案被视为是欧洲制造"可信赖人工智能"的讨论起点。这份草案为"可信赖人工智能"提出了一个官方解释。草案认为，"可信赖人工智能"有两个必要的组成部分：其一，它应该尊重基本权利、规章制度、核心原则及价值观，以确保"道德目的"；其二，它应该在技术上强健且可靠，因为即使有良好的意图，缺乏对技术的掌握也会造成无意的伤害。

2019 年 4 月 8 日，欧盟委员会发布一份人工智能道德准则，该准则由前述人工智能道德准则草案演变而来，提出了实现可信赖人工智能的七个

---

① AIHLEG. Draft Ethics guidelines for trustworthy AI ［EB/OL］. （2018 – 12 – 18）. https：// ec. europa. eu/digital – single – market/en/news/draft – ethics – guidelines – trustworthy – ai.

要素，要求不得使用公民个人资料做出伤害或歧视他们的行为。

（三）德国

2017 年，德国交通部下属的伦理委员会——德联邦交通部伦理委员会成立，由 14 名来自伦理、法律与技术界的科学家与专家构成（交通专家、法学家、信息学研究者、工程师、哲学家、神学家以及消费者保护协会和企业界的代表），制定了《自动和联网驾驶》报告，提出了自动驾驶汽车需要遵守的 20 条伦理规则，这是全球首个自动驾驶汽车伦理原则。

（四）英国

英国于 2017 年 6 月 29 日由英国上议院任命英国议会人工智能特别委员会（Select Committee on AI），任务是"考虑人工智能发展的经济、伦理和社会影响"，该委员会 2018 年 3 月提交给英国议会上院报告《英国的人工智能：准备好了吗？是意愿，还是能力?》，建议把伦理道德放在发展人工智能的核心地位。

（五）日本

2015 年 1 月 23 日，日本发布《机器人新战略》①，总结了日本国内的机器人发展现状和国外的发展动态，提出了"机器人革命"的理念，并制定了详细的未来 5 年行动方案。该战略提出完善法律法规的计划，修改不利于机器人技术研发和普及的法律法规，构建"机器人应用零障碍"社会，包括使用无线通信实现机器人便捷操作的电波法、加速新医疗器械审核的药品和医疗器械法、有利于机器人行驶的道路交通法和道路输送车辆法、有利于无人机使用的航空法等。

2016 年 5 月，日本文部科学省发布了《科学技术白皮书》②（2016版），描绘了未来"超智能"社会的景象、特点，并部署了应对挑战的措施，其中包括健全个人信息为大数据所用的制度、保护个人隐私不被非法

---

① ロボット革命実現会議：『ロボット新戦略』［EB/OL］.［2015 - 01 - 23］. http：//www. meti. go. jp/press/2014/01/20150123004/20150123004 b. pdf.

② 文部科学省. 平成 28 年版科学技術白書、「超スマート社会」の到来［EB/OL］. http：//www. mext. go. jp/b_menu/hakusho/html/hpaa201601/detail/1371168. htm.

利用的制度等法律制度。

2017 年 3 月 27 日，日本综合科学技术创新会议（CSTI）发表报告《人工智能与人类社会》，阐述了发展人工智能技术应妥善处理的 6 个问题。报告认为应该评估人工智能可能产生的风险，有针对性地修订相关法规，如自动驾驶发生事故时的责任划分、赔偿责任等问题。

（六）国际组织

2016 年 4 月 5 日，国际电信联盟（ITU）发布了题为《2016 年电信改革趋势》的最新年度全球信息通信技术监管报告。报告以"探索监管激励措施，把握数字机遇"为主题，揭示了当前宽带投资趋于多元化、网络共享将成为基础能力、物联网增长迅速、互操作概念更加广泛的趋势，在此基础上提出了信息通信技术监管机构所面临的挑战和监管建议。

2016 年 12 月 8 日，经济合作与发展组织与欧盟联合发布《2016 经合组织科学、技术与创新展望》，分析了经合组织以及主要新兴经济体（巴西、中国、印度、印尼、俄罗斯和南非）的科技创新动向及未来 10 ~ 15 年全球科技创新政策的发展趋势。报告分析认为，新兴技术带来的风险和不确定性要求对技术变革进行相应的治理，未来新兴技术的发展需要加强监管和治理。

电气和电子工程师协会（IEEE）于 2016 年 12 月发布了《合伦理设计：利用人工智能和自主系统（AI/AS）最大化人类福祉的愿景（第一版)》，鼓励科技人员在人工智能研发过程中，优先考虑伦理问题。该标准包括一般原则、伦理、方法论、通用人工智能（AGI）和超级人工智能（ASI）的安全与福祉、个人数据、自主武器系统、经济或人道主义问题、法律等，并就这些问题提出了具体建议。

三、从自动驾驶看我国自动驾驶法律规制的个性和难点

2017 年 12 月 18 日，北京市交通委联合北京市公安交管局等部门，正式印发了《北京市关于加快推进自动驾驶车辆道路测试有关工作的指导意见（试行)》，这是中国第一个自动驾驶车管理规范，正式给北京地区的自动驾驶路试做了规定。自动驾驶被认为是人工智能技术最大的应用场景，

据麦肯锡预测到 2025 年无人驾驶汽车将会产生近 2000 亿～1.9 万亿美元的产值①。由于巨大的市场前景和激烈的科技竞争，自 2016 年起，自动驾驶成为人工智能的主战场之一，也成为全球汽车制造商的下一个主战场，同时也是全球的关注热点。

2018 年自动驾驶依旧是科技界、业界及公众的热门话题之一，但是和 2016 年、2017 年不同的是，话题的中心已经从自动驾驶时代会不会五年内到来、自动驾驶的市场规模多大，以及谁将赢得自动驾驶时代等变成了自动驾驶是否安全、可以信赖的自动驾驶什么时候会来，以及如何规制自动驾驶等问题。这种转变的主要原因是近年来自动驾驶事故频发，最值得关注的事故是美国特斯拉和优步（Uber）的两起致人死亡的自动驾驶事故及其调查和处理。与此同时，与事故一起受到关注的还有自动驾驶的法律责任。

（一）从特斯拉和优步（Uber）自动驾驶事故谈起

1. 特斯拉自动驾驶事故案例

2016 年 5 月 7 日，约书亚（Joshua）驾驶一辆特斯拉 S 型轿车在佛罗里达的一个交叉路口与一辆拖挂车发生了剧烈碰撞，导致其不幸丧生。由于碰撞发生时这辆特斯拉 S 型轿车处于自动驾驶模式下，驾驶员没有做出任何规避动作。随后美国国家公路交通安全管理局（NHTSA）介入了这场事故的调查，在经过历时 7 个月的漫长调查之后，2017 年 1 月国家公路交通安全管理局公布了对特斯拉自动辅助驾驶系统（Autopilot）的调查结果：未检测到特斯拉自动紧急制动系统与自动辅助驾驶系统中存在任何设计与表现的缺陷。美国国家运输安全委员会（NTSB）关于特斯拉事故的调查报告认为，此次事件产生的可能原因是卡车司机未能让路给汽车，加之汽车司机对汽车自动化的过度依赖而缺乏注意，从而导致汽车司机对自动驾驶系统的提醒缺乏反应。导致汽车驾驶员过度依赖车辆自动化的原因是汽车的操作设计，这使得他能够长时间脱离驾驶任务，最主要的是并没有按

---

① MANYIKA J, CHUIM, BUGHIN J. Disruptive technologies: Advances that will transform life, business, and the global economy [J]. McKinsey Global Institute, 2013: 1-23.

照制造商指导和警告的方式和要求使用自动化系统。^① 美国国家运输安全委员会在报告最后给出了建议性结论：第一，建议国家公路交通安全管理局开发一种方法，以验证配备二级车辆自动化系统的汽车制造商是否纳入了将自动车辆控制系统的使用限制在其设计条件下的系统保障措施。第二，建议美国交通部定义所需的数据参数，以了解事故中涉及的自动车辆控制系统。这些参数必须反映车辆的控制状态以及控制动作的频率和持续时间，以充分表征驾驶员和车辆在碰撞前和碰撞过程中的相关因素和数据。第三，建议二级汽车制造商将自动车辆控制系统的使用限制纳入到其设计条件下的系统保障措施，并开发应用程序，以更有效地感知驾驶员的参与度，并在使用自动车辆控制系统时，在缺乏参与度时向驾驶员发出警报。第四，建议汽车制造商联盟和全球汽车制造商协会告知成员纳入系统保障措施的重要性，这些系统保障措施将自动车辆控制系统的使用限制在其设计条件下。简言之，从法律责任层面上看，特斯拉事故中车辆和司机都有责任。

2. 优步自动驾驶事故案例

2018 年 3 月 26 日，一辆 L4 自动驾驶汽车（改造于沃尔沃 XC90）在亚利桑那州的公共道路上撞击一位行人并致其死亡。这也是世界首例 L4 车辆因车祸致人死亡事件。2018 年 5 月，美国国家交通安全局发布的关于优步事故的初步报告中指出，优步的自动驾驶软件没能在赫茨伯格（受害者）横穿马路时准确识别出来。报告同时指出，当优步的系统出现任何问题或突发状况时，其系统完全依赖于集中注意力的操作人手动介入。

事故发生后优步宣布关停在亚利桑那州的自动驾驶汽车项目，同时伴随着近 300 名员工被裁，其中大多数是测试驾驶员或者车辆操作员。

事故后四个月内，亚利桑那州政府也禁止优步开展任何自动驾驶测试。同时取消了匹兹堡自动驾驶研究中心附近路段的公路测试。

2018 年 5 月，美国国家运输安全委员会针对优步自动驾驶汽车在美国亚利桑那州发生的撞人致死事故发布了的初步调查报告。报告认为在 2018

---

① NTSB. Highway Accident Report Collision Between a Car Operating With Automated Vehicle Control Systems and a Tractor – Semitrailer Truck Near Williston, Florida［EB/OL］.（2017 – 09 – 12）. https：//www. ntsb. gov/investigations/AccidentReports/Reports/HAR1702. pdf.

年 3 月份亚利桑那州发生的致命事故中，优步自动驾驶汽车未能识别出行人，也未能自动紧急刹车。报告写道："……在车辆以时速 43 英里行驶时，该系统是在发生撞击前大约 6 秒钟记录到雷达与光达（LiDAR）发现行人；当车辆与行人的路径会合，自动驾驶系统软件先将行人归类为未知物体、车辆，然后是未来行进路径有不同预期的自行车。在撞击发生前 1.3 秒，自动驾驶系统决定需要采取紧急刹车操作以减轻撞击。"

这还不是最受关注的自动驾驶技术不成熟的证据，最受关注的是报告显示优步决定将该沃尔沃制造测试车辆出厂配备的先进辅助驾驶（ADAS）功能停用，包括自动紧急刹车（AEB）。这带给人们两点疑问：第一，自动驾驶的测试是真的测试吗？第二，这样做是否具有逃避法律责任的嫌疑[①]？

3. 几个问题

从事故调查报告可见，人们之前最关注的法律问题——两辆无人驾驶汽车相撞的责任分配——并没有出现。由于完全不需要驾驶员操作的自动驾驶车还比较遥远，因此对法律最大的挑战——交通事故的主要责任者是汽车本身——目前也尚未出现。之前人们关心并探讨的一些问题，如果发生事故，且被判定为自动驾驶汽车负主要责任时，汽车能否成为法律责任的主体；两辆无人驾驶汽车相撞，保险损失理赔责任如何划分等，这些尚未成为眼前需要面对的现实问题，还属于远虑。那么，下面这些问题就应运而生。第一，相比于全球自动驾驶民事责任主体的共性，我国的突出特性是什么？第二，在这样的特性之下，规制我国自动驾驶的难点有哪些？第三，应采取怎样的措施？

（二）我国自动驾驶民事责任主体的突出特性

1. 车企和相关科技机构等主体在技术竞争上实力较弱

对于自动驾驶这一全球争夺激烈的领域，知识产权整体数量上的优势

---

① 美国司法机关对优步无人驾驶车撞死行人的案件的判决结果显示，优步自动驾驶车辆属于正常行驶，在该起案件中不承担任何刑事责任；车上安全员拉斐尔·瓦斯奎兹（Rafael Vasquez）在事发时看手机的行为将由警方进一步调查，可能面临过失杀人的指控；而行人赫兹伯格由于横穿公路同时也负有一定责任。由于尚未见到判决，笔者将跟踪关注。

并不具有技术生态竞争上的比较价值，为简便起见，这里选取三个指标——自动驾驶专利海外布局、高质量专利分布和学术论文影响力进行分析。

第一，自动驾驶专利海外布局态势。从图 13－1 可见，我国专利申请人在自动驾驶领域申请的专利，绝大多数都是在本国申请，在海外布局比例不到 3%，远低于其他主要国家申请人。[①]

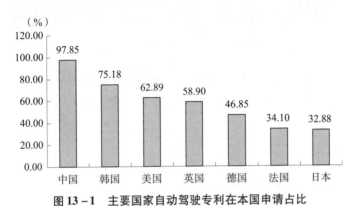

图 13－1　主要国家自动驾驶专利在本国申请占比

数据来源：中国科技法学会人工智能法专委会《自动驾驶全球前沿跟踪分析报告》。

第二，高质量专利分布态势。考虑到专利公开和被引证的时效延迟特点，选取 2010 年至 2016 年的全球发明自动驾驶专利申请数据，按修正的被引用次数排序 TOP 500，筛选出相对质量较高的 500 个专利进行分析。由图 13－2 可见，在相对价值较高的专利申请中，美国申请人占比较大，随着专利技术先进性降低，中国、日本和德国申请人的占比逐渐升高，美国申请人占比逐渐缩小。越是位列前面的专利中，中国申请人的占比和美国、日本及德国的差距就越大。为了更直观，做平均修正引证的考察发现，我国相对高质量专利的平均引证量仅有全球平均值的一半，而美国申请人专利的技术先进性则远高于日本、德国及我国（见图 13－3）。

---

① 相比之下，日本的自动驾驶专利接近三分之二都是在外国申请，海外布局意识明显优于我国。

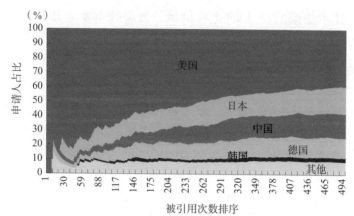

图 13 – 2　全球自动驾驶高质量 TOP500 专利分布占比

注：数据来源于中国科技法学会人工智能法专委会《自动驾驶全球前沿跟踪分析报告》。

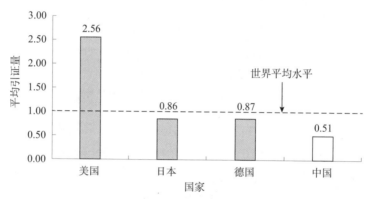

图 13 – 3　平均修正引证的全球自动驾驶 TOP500 专利分布

注：数据来源于中国科技法学会人工智能法专委会《自动驾驶全球前沿跟踪分析报告》。

　　需要特别指出的是，结合图 13 – 1 各国在国外专利布局态势看，中国的高质量专利的实际情况，可能会比图 13 – 2 和图 13 – 3 按照专利被引用情况考量的更差。因为自动驾驶在海外的布局太少，远远低于其他几个主要国家，按此推测，我国专利被引用主要属国内被引，这又是一个需要考虑的明显差距。

　　第三，相关学术论文影响力。在最初的历史梳理中发现，中国国家自然科学基金（以下简称 NSFC）2008 年启动的"视听觉信息的认知计算"重大研究计划，在我国自动驾驶上技术历史上具有重要的地位。将世界相对引文影响力水平作为基准比较分析，中国整体影响力未达到世界平均水平，但中国 NSFC 论文影响力远超过中国非 NSFC 论文；美国 NSFC、非 NSFC及整体水平的影响力都远超世界平均水平（见图 13－4）。进一步分析发现，中国无论是 NSFC、非 NSFC 论文的篇均被引频次都远远低于美国的 NSFC 和非 NSFC，再结合研究团队的比较分析发现，基础研究美国占据压倒性的优势，应用技术研究上日本可以和美国分庭抗礼。

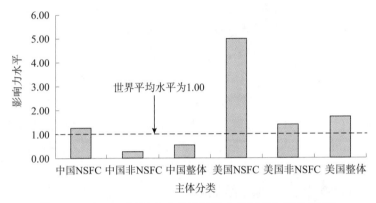

图 13－4　2010—2016 年自动驾驶论文相对引文影响力对比

数据来源：中国科技法学会人工智能法专委会《自动驾驶全球前沿跟踪分析报告》。

需要特别说明的是，即使考虑到在人工智能领域可能有相当数量的发明创造以技术秘密的形式存在①，仅仅以专利数据难以准确衡量一国在技术上的创新实力和积累，但是由于我国自动驾驶技术在技术上的后发劣势较为明显，这些主体不仅包括自动驾驶汽车的设计和制造商，还包括测试机构、数据公司和地图公司等机构，而这些机构都可能是自动驾驶事故民事责任承担者。同时对自动驾驶安全的测试标准、测试管理都是以技术为基础，技术水平会限制测试监管水平。笔者以为，这些构成了我国自动驾驶民事责任主体的首要特性。

2. 我国路权争夺激烈和路况复杂加大了测试和商业化的技术难度

道路测试是开展自动驾驶技术研发和应用的关键环节，包括虚拟测试、封闭园区测试、指定道路测试以及公开道路测试四个阶段。总体上来看，美国、欧盟、日本等国家或地区已基本上进入公开道路测试阶段。

---

① 就实证调查来说，技术秘密的数据难以获得并分析。

当前，我国自动驾驶道路测试正处于封闭园区测试向开放特定道路测试的过渡阶段。我国中央和地方纷纷出台自动驾驶道路测试规范，已在多地开展自动驾驶道路测试。2018 年 4 月 12 日，工业和信息化部、公安部、交通运输部联合发布了《智能网联汽车道路测试管理规范（试行）》（以下简称《管理规范》），共 6 章 29 项条款，对测试主体、测试驾驶人及测试车辆，测试申请及审核，测试管理、交通违法和事故处理等方面作出规定。地方政府也在大力推进自动驾驶道路测试，北京、上海、保定、重庆、深圳、长沙、长春、平潭、天津、广州以及肇庆等多座城市先后出台了各地道路测试管理规定，对测试主体、测试车辆、测试员、许可方式以及测试区域等内容作出具体要求与规定。截至目前，已有北京、上海、平潭、长春、重庆以及深圳在内的多座城市发放了自动驾驶路测牌照。其中，北京经济技术开发区、顺义区和海淀区确定了 33 条首批开放测试道路，上海划定了全球首个全面支持多种通信模式 V2X 测试的智能道路，福建平潭的平潭岛中西部的麒麟大道西段成为首期测试场地，礼嘉环线成为重庆首个自动驾驶开放路段。

我国《道路交通安全法》第 38 条规定："车辆、行人应当按照交通信号通行；遇有交通警察现场指挥时，应当按照交通警察的指挥通行；在没有交通信号的道路上，应当在确保安全、畅通的原则下通行。"该规定体现了各行其道的路权原则。但是，根据公安部交通管理局 2017 年 4 月公布的数据，我国目前 2 亿辆汽车、2.5 亿辆电动自行车、5000 万辆电三轮车，再加上超过 400 万辆被投放的共享单车及众多行人，共同构建出一幅自动驾驶将要来临的路况场景。这些车辆和行人，是以不同的样态出现的：既有抢灯过马路的行人，又有被挤占道路而向机动车"借道"的自行车和其他非机动车；既有缺乏文明驾驶礼仪和习惯的小汽车，也有不懂或者无视规则而乱窜的各种电动自行车，还有各种"心怀不满"的行人和自行车等。这些由多样心态、多重习惯的人们控制的多种交通工具，再加上停放的占道车辆等，在拥挤的道路上相互交织、纠纷不断，构成了我国自动驾驶汽车需要面对的道路场景，对自动驾驶技术提出了更高的要求。本质而言，这才是我国自动驾驶技术和法律共同的真实语境。①

---

① 刘朝. 我国自动驾驶民事责任主体的个性和格局——基于技术生态的视角［J］. 社会与科学，2018，8（1）:49 – 58.

3. 索赔方将以行人、自行车和电动车为主

美国自动驾驶公司 Waymo 2017 年发布专门的安全报告宣示安全是 Waymo 的使命的核心，并把安全定义为"从那些可能导致死亡、伤害、职业病、损坏设备财产或破坏环境的条件中获得自由"。

相比之下，我国大城市交通拥挤，人口密集。我国《道路交通安全法》第 47 条规定："机动车行经人行横道时，应当减速行驶；遇行人正在通过人行横道，应当停车让行。机动车行经没有交通信号的道路时，遇行人横过道路，应当避让。"该规定体现了我国对数量巨大的自行车和行人的关注和特殊保护，但现实中他们和机动车的纠纷不断，可以预测我国未来自动驾驶事故的受害者更可能是这一群体。"技术发展原本是一种破坏，而社会生成则重新适应这种技术生成。"①对这些新技术的潜在受害者的安全和利益的保障应该是我国自动驾驶的首要议题，索赔方将主要以行人、自行车和电动车为主。

4. 我国自动驾驶民事责任主体的基本格局

第一，自动驾驶民事诉讼中可能承担责任的有坐在驾驶位的人、计算机编程员、计算机系统公司、汽车制造商、保险公司、数据和地图公司、测试机构，以及行人、占道者等事故参与方，这些主体之间经由自动驾驶交通事故，构成了民事责任的多种关联关系。

经由上文分析，可以推断在我国目前的经济和社会发展水平下，占城市人口绝大多数的普通市民，短时期内难以成为自动驾驶便利的受益者，反倒很可能是自动驾驶事故的受害者，虽然民事诉讼在法律上主体平等，但是不可否认的一点是，这些索赔方相比于以自动驾驶车企和科技公司为代表的赔偿方，诉讼实力存在云泥之别。

第二，自动驾驶民事责任体系与其他体系的嵌含关系需要重视。自动驾驶虽然是新技术，但是自动驾驶交通事故民事责任问题却带有深刻的历史印记。自动驾驶民事责任体系，嵌含在技术标准体系、测试监管体系、司法鉴定体系、保险理赔体系、交通事故行政调解等体系之内，而环绕在

---

① 贝尔纳·斯蒂格勒. 技术与时间［M］. 赵和平，印螺，译. 南京：译林出版社，2010.

这些体系之外的，则是整个社会对于自动驾驶的认知。这些看似各自独立的体系之间，一旦发生自动驾驶事故，则形成一种不可分割的联系。我国技术标准体制长期缺乏市场参与，目前正处于改革中；保险体系在交通事故保险理赔中发挥的实际效用有待提高，证据之一是保险方经常出现在交通事故民事诉讼中；我国交通事故民事诉讼量大，而我国司法鉴定体系的质量、效用和诚信都亟待提高；行政调解体系目前在交通事故争端中发挥的作用也不尽如人意，否则相关民事诉讼不会如此多发；关于社会认知，虽然我国目前尚未见到这对自动驾驶公众认知的社会调查，但从网络发言上可以推测出，社会公众对自动驾驶安全的担忧似乎超过了对这一新科技的期待。

（三）初步的思考和建议

经由以上分析发现，我国自动驾驶民事责任主体具有与美国和德国等非常不同的特性，我国现在面临的挑战是双重的：既有自动驾驶带给全人类共性的挑战，也有我国的特性带来的挑战。

具体而言，在这样的格局中，我国自动驾驶的规制应该首先关注如下问题。

第一，车企和相关科技公司如何承担更大的注意义务的问题。具体而言，在我国现在的主体格局下，即使法律给强势方以更大的注意义务，民事责任处理中的各种体系的运行现状，又能否保证这种注意义务落在实处呢？

第二，自动驾驶民事事故处理不当有可能激发社会矛盾的问题。弱势的受害方若长期得不到救助，导致社会矛盾加剧甚至激化将只是时间和概率的问题。

第三，如何坚持现代民法保护弱者，维护公共安全的价值取向的问题，在我国自动驾驶上具有特别重要的意义。

自动驾驶民事责任问题，既是科技和法律的结合，也是法律和治理的结合。这样复杂和交互变化中的问题，需要持续地关注和思考。

第十四章

科技创新法律保护制度

一、科技创新的法律保护

（一）科技创新法律保护的需求

第一，科技发展政策上升为国家大政方针，需要依法明确界定其权限和职责。当今世界主要国家大大提高了科学技术在经济社会发展中的战略地位，科技发展政策纷纷上升国家大政方针，重大科技决策提升到国家最高层。美国、日本、德国、英国、韩国、巴西等国家都成立了由国家元首或政府首脑挂帅，工业、财政、金融、教育、国防等多部门首长组成的科技委员会或专门机构。这些机构的决策具有高度的权威和效能，与此相适应，需要依法明确界定其权限和职责，强化国家科技部门对科技活动的宏观协调与管理。

第二，建设国家创新体系和优化创新环境，需要科技法律与政策提供保障。在国家创新体系中，政府扮演的角色主要是制定政策和提供服务，如营造自由宽松的科研环境、有序的竞争环境和知识产权的保护环境，促进基础设施和创业平台建设，实现科技资源全社会共享与集成，推动中介机构向专业化、社会化和网络化方向发展，加强产学研的联合与协作等。这些具体目标和任务的实现，都需要科技法律与政策提供保障。

第三，科技创新产出的成果，需要科技法律制度保护知识产权和应对权利滥用。多种具有产出能力的科技创新主体，无论个人、高校和科研机构、科技型中小企业、国有企业集团还是跨国公司，其知识产权等创新成果都需要科技法律政策提供保障，同时防止知识产权权利滥用对其他主体的损害，需要保护创新成果和保障公平竞争的科技法制和政策法律环境建设。

第四，经济全球化和科技国际化的态势，需要对科技创新的国际合作提供法律保护。经济全球化和科技国际化催生的推进原始创新、集成创新和战略高技术的研发、兼并，以及促进本国产业技术在全球范围内的竞争与合作，都需要相对完备和完善的科技法律体系提供与科技创新相适应的国际条约、区域协定和政策工具。

（二）保护科技创新的主要法律制度

科技保护的法律制度体系框架主要由八个部分构成：

（1）基本法律和综合性的法律、法规、规章。这些是涉及面较为宽广、带有龙头性和基础性的法律与政策。

（2）促进科技研究开发的法律、法规、规章，即针对研究开发的组织、人员、活动、事项所制定的法律、法规、规章。

（3）保护科技成果的法律、法规、规章，即有关科技成果的管理、保护（知识产权保护等）、保密、转化与推广使用以及标准化、计量等方面的法律、法规、规章。

（4）促进和保障技术市场与技术贸易法的法律、法规、规章，即有关技术市场管理、技术贸易中介服务、技术贸易仲裁与反垄断、技术监督与检测、技术合同制度等方面的法律、法规、规章。

（5）保障科技创新条件的法律、法规、规章，即为科技活动提供条件保障以及相应激励与约束措施的法律、法规、规章，如科技投入法、自然科学基金法、科技资源共享法、国家重点实验基地条例、动植物新品种保护法、实验动物保护条例、科技奖励条例、自然资源及环境保护法等。

（6）促进和保护高新技术创新发展的法律、法规、规章，指高新技术研发及其产业发展相关的法律、法规、规章，如原子能法、信息法、生物技术法、高新技术产业开发区法等。

（7）促进和保护国际科技合作的法律、法规、规章，包括签订、加入的国际条约、协定，国际间普遍遵守的惯例以及有关技术、种质资源进出口，进行国际合作研发、对外技术援助、对外科技成果展示等方面的法律、法规、规章。

（8）其他的法律、法规、规章。除了专门性的科技法律、法规、规章以外，其他法律、法规、规章中有关科技促进和保护方面的制度，也属科技法律保护体系的有机组成部分。

（三）新科技革命中主要国家的科技创新法律发展概况

（1）促进创新体系建设和优化创新环境，是发达国家科技法律与政策的重要目标。

1950 年，美国著名战略家范·布什向国会提出了《科学：永无止境的前沿》的报告，阐述了基础研究对科学技术发展的先导和源泉作用，主张国家有责任向有抱负的科学家和工程师提供研究基金，有责任支持大学基础研究，以及应当在科研项目的组织上遵循科学自治的原则。美国政府采纳了这一建议，由国会通过立法建立了自然科学基金制度，确定政府资助基础科学研究的职责和以获得学科优势为目标的发展战略，为美国在基础科学领域取得领先地位奠定了基础，并对欧洲和其他拉美国家产生了深刻的影响。其他主要发达国家也纷纷通过国家大型科研计划来促进基础科学研究的发展。国家科技立法和政策由"二战"期间的军事技术研发为主开始向科学研究倾斜。英国 20 世纪 60 年代出台的科学技术法也曾成为各国效仿的楷模。

20 世纪后期，创新已经成为全球工业信仰，成为社会财富创造中最具神秘色彩的部分。[①] 发达国家和新兴工业化国家，技术创新政策成为其科技政策的重中之重。鼓励发展新兴产业的技术创新政策成为发达国家、新兴工业化国家和许多发展中国家科技政策的核心，这些国家通过立法把这些重要政策条文化、规范化、制度化，以提高就业率和生活质量、实现可持续发展为目标，促进科技、经济与社会的协调发展。例如，美国 1980 年出台的 Stevenson – Wydler 技术创新法、Bayh – Dole 技术转移法和日本随后出台的产业活力再生特别措施法等，都通过技术创新政策的法律化，营造了良好的创新环境。各国的科技立法纷纷出台，制度创新与科技、经济发展相辅相成，风险投资十分活跃，推动了以信息技术、生物技术等高技术产业的发展。

---

① N. 瓦莱里. 工业创新［M］. 战洪起，译. 北京：清华大学出版社，1999.

（2）保护知识产权和应对权利滥用成为发达国家科技法制关注的焦点问题。

世界贸易组织（WTO）《与贸易有关的知识产权协议》（TRIPS）的出台使得国际贸易规则体系形成货物贸易、服务贸易和知识产权贸易三大贸易制度鼎立之势，且后者渗透于前两者之中。在WTO大幅度降低关税和提升知识产权保护标准的情况下，知识产权成为十分重要的无形资产。由此，加强知识产权的创造、保护及利用，成为各国将科学技术优势转变为产品优势、产业优势与市场优势的重要措施。一些发达国家的主要政策手段包括：一是对专利审查采取实际上的双重审查标准，使本国企业的申请明显处于有利地位；二是利用技术优势，把知识产权与技术标准、产品标准和产业标准结合起来，将技术优势转化为产品优势和产业优势；三是在知识产权纠纷的处理上，搞经济霸权，动辄以贸易报复相威胁，迫使贸易伙伴接受其苛刻的条件；四是在国际规则的制定和适用上，大肆推行强权政治，不仅将本国立法直接进行域外适用，而且试图将保护知识产权和应对权利滥用成为科技法制关注的焦点问题。有竞争力的发达国家力争把对本国有利的主张写进国际条约，对此，我国、印度、巴西等发展中国家也与之针锋相对，反对知识产权的滥用，针对诸如美国"特殊301条款"等单边主义政策进行着有理有节的斗争。

国家层面特别具有代表性的是日本分别制定了《科学技术基本法》（1995年）和《知识产权基本法》（2002年），提出科技振兴、知识产权立国的推进计划。瑞典、芬兰、爱尔兰等国推出了一系列促进和保护国家创新体系行动计划。同时，在创新主体的保护和促进上，俄罗斯、加拿大、瑞士、印度、古巴等国出台了防止科技创新人才外流的政策措施。

（3）中国致力于加快科技法制与政策环境的建设和优化。

"依法治国，建设社会主义法治国家"是我国宪法确定的治国方略。科技立法作为社会主义法制建设的重要组成部分，从20世纪80年代起步，《技术合同法》（后纳入统一的《合同法》）的成功制定开辟了运用法律手段巩固和发展科技改革重大成果的先河；《科学技术进步法》揭开了通过基础性科技立法指导科技工作的序幕。此外，《农业技术推广法》《促进科技成果转化法》《科学技术普及法》等科技法律和有关科技行政法规相继出台；《专利法》《著作权法》《计算机软件保护条例》《植物新品种保护条例》《集成电路布图设计保护条例》等知识产权立法与国际基本接轨；《公司法》《中小企业促进法》《政府采购法》等法律也包含了促进科技发展的相关条款。除中央立法外，尚有多项地方性立法，有效地保障了区域科技发展。这些法律法规调整领域广，为建立我国科技法律体系进行了有益的探索与尝试，为新时期科技立法工作积累了宝贵经验。

此外，我国注重建构国家技术标准法律体系，通过修改《标准化法》和完善相应的制度，激励我国原始创新和技术集成的成果转化为国际先进标准，形成我国的产品优势、产业优势和外贸优势。同时我国实施正确的技术标准策略，充分利用 WTO/TBT 协定确定的有限干预原则和对发展中国家的优惠政策，建立自己的技术壁垒制度体系，防止外国跨国公司的知识产权滥用和技术标准滥用，维护我国产业发展的安全和利益。

目前，我国正在逐步完善国家科技计划管理和知识产权保护制度，不断加强知识产权法规建设。表现在：一是适应新科技革命，加强对高技术前沿的知识产权保护，制定补充性的行政法规，包括职务发明条例等；二是立足我国资源优势，制定保护遗传资源（包括人类遗传资源保护及其利益分享机制）、传统知识和生物多样性的法律规范；三是保护知识产权与限制权利滥用并重，充分利用 WTO 安全例外条款，维护我国企业和公众合法权益，建立我国的知识产权安全制度；四是不断完善适时完备的专利和非专利文献查询系统、实时高效的知识产权动态监测和预警制度等；五是通过制度建设不断提高知识产权的创造、管理、利用和保护能力，实施和修改国家知识产权战略等。

二、案例和调研：新技术新业态创新成果的知识产权保护需求

作为新一轮科技革命的重要代表的信息技术、生物技术和人工智能等正由科技研发走向行业应用，成为全球经济发展的新动力。新技术新业态的创新成果具有集合性、复杂性和动态性。从新技术特点的视角看，新技术具有高度的产业融合性和发展态势的复杂多变性。新技术不是一项单一的科技产业，而是将其他行业进行融合的工具；从新业态商业模式的视角看，新技术具有交叉复合和态势多变的特点，新业态的产业信息和数据多

源多类，科学、技术、技术应用、市场和资本等多元数据紧密交织且复杂多变，这些都和新业态商业模式具有密切关系，调研需要多源信息数据的融合、关联与分析，才能进行趋势判断和决策。

本部分参照调研材料和案例，尝试探究商业模式、人工智能、大数据等新业态创新成果的知识产权保护问题。虽然专利法、著作权法、反不正当竞争法、电子商务法、商业秘密法、侵权责任法等我国现行法律制度对新技术新业态创新成果能给予一定的保护，但是难以满足不同创新主体对于新业态成果保护的不同需求，本部分的案例和调研，尝试为未来的知识产权保护方案和现行法律的修改完善提供一些背景材料。

（一）人工智能新技术的传播速度对专利制度在操作层面做出调整的需求

案例1：调研某高科技民营企业——对专利保护人工智能和智能互联网的反馈①

该企业创新能力强，自主研发的智能操作系统和人工智能技术承担多项国家安全和军口项目。调研和访谈发现，该企业的创新成果丰富，技术迭代快，但并不采用专利保护，企业创始人认为，与其花时间和精力去申请专利，还不如把力量花在技术研发上，他认为技术的快速更新和迭代，比专利更能有效保护他们的创新成果。

案例2：特斯拉和谷歌自动驾驶成果保护的一些动向②

在相关专利分析中笔者发现，特斯拉自2012年起，专利申请量急剧下降，既和全球总体态势不符，也和近年来特斯拉在无人驾驶上的活跃态势不符，这样的异动具有特殊意义。笔者专门建立了特斯拉专利态势的个案追踪档案，将做出进一步分析，但无论结果和原因如何，都要借助其他知识产权信息或技术产业信息而不是专利信息。

相比之下，在域名上更能直观反映出的谷歌对我国的知识产权策略异

---

① 案例来源：中国科技法学会人工智能法专委会报告《人工智能医疗领域全球前沿跟踪报告》。

② 同①.

常。谷歌是无人驾驶领域的先行者，以及目前自动驾驶技术的领跑者。谷歌 2016 年把无人驾驶业务纳入新成立的公司 Waymo。域名属于知识产权范畴，我们发现，谷歌早已注册了 waymo. com，并且在 2016 年注册了 way-mo. net/. co/. tv，但是对于 . cn 以及 . com. cn 都未保护，这一点笔者建立了异常档案并将进一步追踪分析。

以上调研发现，人工智能技术对专利的负面反馈需要在制度层面进行变革。专利制度保护创新成果的负面反馈在人工智能领域正在逐渐显现。主要原因有三：

第一，在创新层面，人工智能技术的快速发展和转换迭代打破了产品、技术、服务等单一要素之间的界限，如大数据、云计算、物联网、虚拟现实。

第二，在交易结构层面，人工智能技术打通了产品、技术、服务等要素的边界或壁垒，和商业结合越来越紧密和迅速。

第三，在思想意识层面，人工智能新技术带来的思想意识上的跨界学习和互动、连接，打破了价值创造逻辑层面上产品、技术、服务要素之间的界限，并深刻地改变着企业的知识产权保护模式。

人工智能技术生命周期短，技术传播速度快，需要专利在不改变或者尚未改变现有制度的情况下，在操作层面做出一系列的调整，以适应人工智能技术的迅速发展。调适的核心有三点：第一，缩短人工智能技术的专利审查周期；第二，简化人工智能技术的专利申请手续；第三，从各个流程上降低人工智能技术专利申请的制度成本。

围绕上述三个核心，在人工智能相关专利战略的具体调适中，建议重点考量人工智能以下三方面特性。

第一，从整体技术视角看，人工智能具有高度的产业融合性和发展态势的迅速、复杂和多变性。作为新一轮科技革命的重要代表之一，人工智能正由科技研发走向行业应用，成为全球经济发展的新动力。在业内人士看来，人工智能不是一项单一的科技产业，而是将其他行业进行融合的工具。

第二，从专利审查的视角看，人工智能的交叉符合态势多边的特点，使得传统科技领域专利查新的手段和现有的文献、专利等机构化数据分析工具均难以满足准确把握人工智能技术新颖性和创造性的需求。这是因为人工智能的数据多源多类，科学、技术、技术应用、市场和资本等多元数据紧密交织且复杂多变，前沿跟踪时更需要强调多源数据的融合、关联与分析，才能进行趋势判断和决策。

第三，从技术自身的内涵外延视角看，人工智能技术具有多维度特性，在专利中介和审查实务中需要给予特殊的把握。从自动驾驶中涉及的人工智能技术看，涉及算法（深度学习），数据（视觉大数据，点云大数据，驾驶行为大数据等），计算（移动端、云端芯片或加速器），通信（基于 5G 的移动端到云端的通信）和垂直整合等 5 个维度，几乎是下一代信息技术的全部。

基于此，建议专利操作层面专门尝试探索适合于人工智能领域的调整。

（二）全球范围内商业秘密保护对于人工智能显示出特殊的重要性

案例 3：美国人工智能技术和商业秘密保护的发展历程及近年来的动态①

1979 年前，美国各州主要通过普通法对商业秘密进行保护，侵犯商业秘密案件的被害人只能在各州提起诉讼，而各州在各自先例中确立的关于商业秘密认定标准、举证责任的规定存在很大差异。对于跨州进行商业活动的主体而言，相同案件在不同州法院审理结果可能大相径庭，涉案当事人对于案件的处理结果难以预测。1979 年美国统一州法委员会发布统一商业秘密法，试图在学理上对各州立法进行示范，统一各州关于保护商业秘密的法律规定，但其作为示范文本并没有直接的法律效力，各州在司法实践中的判案标准仍千差万别。1996 年美国总统签署经济间谍法，第一次将侵犯商业秘密规定为联邦刑事犯罪，并将保护范围扩展到美国域外。但该法律内容仅限于刑事领域，侵犯商业秘密的民事救济尚存诸多限制。重要的改变发生在被认为全球人工智能元年的 2015 年之后。

从 2015 年到 2016 年，人工智能尤其是自动驾驶是科技界和业界最热门的话题之一，但是和 2015 年不同的是，话题的中心已经从人工智能尤其

---

① 案例来源：中国科技法学会人工智能法专委会报告《新技术新业态创新成果知识产权保护报告》。

是自动驾驶会不会到来，变成了人工智能尤其是自动驾驶时代会不会五年内到来、人工智能尤其是自动驾驶的市场规模多大，以及谁将赢得人工智能尤其是自动驾驶时代等。据波士顿咨询公司（Boston Consulting Group）预测，到2025年，自动驾驶汽车市场规模将增长至420亿美元，到2035年将占到全球汽车销量的四分之一。2016年在全球范围内已呈现出国家和企业等层面为了取得这一快速增长领域的主导权而激烈竞争的明显态势，2016年《中国制造2025》重点领域技术路线图已经将无人驾驶汽车作为汽车产业未来转型升级的重要方向之一。

也是在2016年，美国共和党与民主党共同提交商业秘密保护法，以求弥补立法上的不足，加强对商业秘密的保护力度。2016年4月4日，美国参议院以87比0一致通过商业秘密保护法。2016年4月27日，美国众议院以410比2通过了商业秘密保护法。2016年5月11日，美国总统奥巴马正式签署商业秘密保护法。

案例4：某致力人工智能的大互联网公司对商业秘密的认识和实践①

调研和高管访谈显示：第一，该企业注重生态一体化创新，把某个业务的创新和本企业的整体业务联系起来，因此创新中仅仅专利是不够的，会产生大量的商业秘密。第二，该企业近来对商业生态和商业秘密给予特别的重视，在内部和外部都积极作为。例如，国家保密局新设的保密协会在杭州成立，会长和副会长均为该企业高管。

从以上案例可以看出，首先，人工智能技术的人员流动和创业表现突出，商业秘密具有特殊的重要性。人工智能技术主要有三类企业：传统制造业采用人工智能技术、新人工智能企业和跨界科技企业。以无人驾驶为例，除了特斯拉、谷歌、丰田、苹果等领军企业之外，近期全球无人驾驶中表现突出的是新创企业，尤其是从大公司出走的人员创业的企业。在这些人员流动过程中，商业秘密的保护是突出问题，也是争讼焦点。

其次，从上文探讨的人工智能对专利技术的负面反馈，也导致人工智能技术对商业秘密的依赖。

---

① 案例来源：中国科技法学会人工智能法专委会报告《新技术新业态创新成果知识产权保护报告》。

　　最后，从国际竞争态势发展上也能显示出人工智能领域商业秘密的重要性。以引领全球人工智能技术发展前沿的美国看，其人工智能技术和商业秘密保护的发展历程在近年来显示出高度的态势趋同性。

第十五章

生物遗传资源的法律保护

随着现代生物研发技术的发展，生物遗传资源作为一种重要的战略性资源引发了人们的深切关注。[①] 我国作为一个生物遗传资源较为丰富的发展中大国，如何保护好本国的生物遗传资源，并充分利用好本国的生物遗传资源，对于我国未来生物技术产业的发展关系重大。也正因如此，加强我国生物遗传资源法律保护问题的研究不仅必要，而且迫切。

一、生物遗传资源及其法律保护之缘起

对于遗传资源的概念界定，《生物多样性公约》[②] 第 2 条采用了递进式定义的方式[③]：首先定义了"遗传材料"（genetic material）的概念，即"来自植物、动物、微生物或其他来源的任何含有遗传功能单位的材料"；接着在此基础上，将"遗传资源"（genetic resources）界定为"具有实际或潜在价值的遗传材料"。如将两者结合起来，我们就可自然推导出遗传资源是"具有实际或潜在价值的来自植物、动物、微生物或其他来源的任何含有遗传功能单位的材料"的结论。其中，从遗传科学的角度来说，"遗传功能单位"主要是指遗传信息的基本单位——基因。不仅如此，包

---

① 目前对遗传资源的表述有多种，如"基因资源""遗传基因资源"等，在不同的国际国内立法及研究性文章中，表述可能存在差异，但其本质基本相同。为了表述的方便，本章中统一使用"遗传资源"的称谓。鉴于人类遗传资源的特殊性，本章所讨论之遗传资源仅限于人类遗传资源之外的动、植物遗传资源。

② 本章中所有《生物多样性公约》的条款内容来自："Convention on Biological Diversity"，http://www.cbd.int/doc/legal/cbd - en. pdf，下同。

③ 国家知识产权局条法司. 关于遗传资源保护的相关规定 [J]. 电子知识产权，2010（4）：23 - 26.

含基因的 DNA 片段、蛋白质、细胞、组织、器官、生物体也都可以归入"遗传功能单位"的范畴。遗传资源的载体是遗传材料，核心是遗传信息。① 欧盟《关于生物技术发明的法律保护指令》② 并没有对"遗传资源"予以界定，但明确了"生物材料"（biological material）的内涵。该指令第2 条第 1 款 a 项规定："生物材料"是包含遗传信息并且能够自我复制或者在一个生物系统中被复制的材料。我国《专利法实施细则》中对"遗传资源"的概念界定充分借鉴和吸收了《生物多样性公约》的相关规定，但没有简单照搬，而是根据我国的具体国情增加了新的内容。③ 我国现行《专利法实施细则》第 26 条规定："专利法所称遗传资源，是指取自人体、动物、植物或者微生物等含有遗传功能单位并具有实际或者潜在价值的材料。"

当下国内外学界和实务界对于生物遗传资源法律保护的理论认知和实践措施存在严重分歧，生物遗传资源法律保护也面临着很多实际困难。生物遗传资源法律保护中所遇到的理论和实践问题，很大程度上可归因于人们对遗传资源的本质属性认识不清。换言之，遗传资源的本质属性决定了遗传资源法律保护的路径选择。只有在把握遗传资源本质属性的基础上才能阐释遗传资源法律保护的缘由，才能结合我国当下实际选择适合我国国情的遗传资源法律保护路径。

其一，遗传资源的高价值性与稀缺性是遗传资源法律保护的前提和基础。遗传资源作为人类资源遗产的重要组成部分和基因科技发展的物质基石，是无数代人们智慧和劳动的结晶，是自然界赋予人类的宝贵财富，是基因科技得以延续的基础。作为一种稀缺资源，遗传资源的经济价值开发必须以一定的主客观条件，尤其是科技研发条件为前提。在特定条件不具备的情况下，其巨大的经济价值仅仅是一种潜在的可能性。尤其是在当前

---

① 颜晶晶. 欧盟遗传资源专利法保护之研究——与中国比较的视角［J］. 研究生法学，2011（1）：101－110.

② 全称为：《欧洲议会和欧盟理事会 1998 年 7 月 6 日关于生物技术发明的法律保护的第 98/44/EG 号指令》（Directive 98/44/EC of the European Parliament and of the Council of 6 July 1998 on the Legal Protection of Biotechnological Invents），它是欧盟直接调整遗传资源获取与惠益分享的重要法律文件。

③ 国家知识产权局条法司. 关于遗传资源保护的相关规定［J］. 电子知识产权，2010（4）：23－26.

生物科技突飞猛进的时代背景下，遗传资源所具有的原创性和不可再生性使得其稀缺性更加突出。换言之，当下许多优质遗传资源的经济价值可能还未能被人们意识到。这也意味着，为了保证遗传资源在未来被充分利用，必须将遗传资源保护与利用有机统一起来，充分协调各方利益关系。

　　然而，现代化浪潮下人们对于环境的破坏，加上自然气候变化的猛烈冲击使一些遗传资源逐渐失去其生存的基础和条件。部分传统的、有巨大商业价值的遗传资源正面临着退化甚至灭失的风险，遗传资源的可持续发展遭到前所未有的威胁。无数的实践教训证明，要保护遗传资源，实现基因科技的可持续发展就必须强调代际间的利益协调，强调以遗传资源为基础的基因科技的发展和应用不能超越资源和环境的承载能力。从更深层次而言，要保证遗传资源的可持续发展，就需要在开发和利用遗传资源过程中谋求利益平衡，使我国丰富的遗传资源不仅能满足当代人的基因科技发展需求，还应该为后代人的持续发展提供可能。

　　其二，遗传资源的地方性与公共性决定了遗传资源公权保护的必要性和迫切性。虽然遗传资源开发利用后形成的科技成果多采用私权保护的方式，然而，由此来否定遗传资源的公共属性或遗传资源公权保护是不明智的。从世界范围来看，生物遗传资源法律保护是全球化时代强调生物多样性保护和社会可持续发展的必然要求，其中不仅蕴涵着生态意义，由于这一运动在社会现实语境下展开，因此也被赋予了复杂的社会意义。

　　就地方性而言，遗传资源是一定群体对本区域内生物物种经过长期生产和生活实践而积淀下来的资源。遗传资源总是形成于一定的自然地理环境和社会文化环境中。遗传资源离不开人类的创造性劳动。遗传资源的贡献者是生活于该地域空间内的人民群众。在不同的区域内，遗传资源的内容不同，表现形式也不同，受自然环境与社会环境的影响也不同。这些因素导致了遗传资源的差异性，使遗传资源呈现出鲜明的区域特色，如我国西北地区的生物遗传资源就同西南地区的生物遗传资源存在着本质差别。

　　就公共性而言，遗传资源承载着社会公共利益，符合公共产品的属性。对于物品公共性的阐述，代表性人物是美国著名学者萨缪尔森。萨缪尔森认为，公共物品是指增加一个人对该物品的消费，并不同时减少其他人对该物品消费的那类物品。① 根据萨缪尔森最早的阐释以及后来公共物品理论的发展，公共物品的涵义可以由它的两个关键特征②来界定：（纯）公共物品就是在消费上具有非竞争性和非排他性的物品和服务。所谓消费的非竞争性，是指在总量既定的情况下，新增一个消费者不会减少原有消费者对该物品的消费水平，新增一个消费者的边际成本为零。所谓消费的非排他性，是指无法或难以排除（包括不付费者在内的）任何人享用该物品。③ 自萨缪尔森最初明确公共物品的内涵特征以来，从物品自身的消费特性来界定公共物品的方式一直为大多数公共经济学者所沿袭。可见，作为与私人物品相对应的经济学概念，公共物品是指用于满足公共需要的物品，它不具有竞争性和排他性，权利主体与客体不够明确且范围广泛。④这就意味着，公共物品可以同时为多数人享用，且其供给成本和使用效果并不因使用人数的变化而变化。遗传资源承载着社会公共利益，符合公共产品的属性。无论从遗传资源的本质属性还是从其功能和价值的角度而言，遗传资源都关系到国家、社会的公共利益而非私人利益。同样，从经济学的角度而言，遗传资源属于典型的公共物品。其理由如下：第一，在传统的观念中，作为祖辈世代相传，长期培育而保留下来的遗传资源已经融入了人们日常生活中（如传统中医药知识），当地人们可以根据自己的需要来利用这些资源和知识，满足自身需要，它是带有公共性特征的资源。第二，遗传资源呈现出集体性特征。遗传资源往往是某一社区或群体数代人共同努力和集体贡献的结果。它同一个民族甚至一个地区、国家共同的传统、习俗、生活密切相关，完全符合公共物品的"权利主体与客体不够明确且范围广泛"的特征。第三，加强遗传资源保护和利用关系到国家利益、文化传承以及基因科技的可持续发展。作为公共物品，遗传资源保护是实现生物多样性和推进遗传资源充分造福人类的基础，与社会公共利益密切相关。

---

① 马珺. 公共物品问题：文献述评 [J]. 中华女子学院学报，2012（1）：5 - 17.

② 吕普生. 公共物品属性界定方式分析———对经典界定方式的反思与扩展 [J]. 学术界，2011（5）：73 - 78.

③ 同②.

④ 吕忠梅，陈虹. 经济法原论 [M]. 北京：法律出版社，2009：15.

二、我国现行遗传资源立法的梳理与反思

自从我国批准加入《生物多样性公约》之后，围绕着贯彻履行《生物多样性公约》的义务，保护和改善我国资源生态环境，各级政府做了大量的工作，相关立法也在原有基础上得以逐渐完善。围绕着环境资源问题我国先后出台了近30部法律法规（如《森林法》《草原法》《种子法》《野生动物保护法》等）以及一些行政规章（如《自然保护区条例》《野生植物保护条例》《农业转基因生物标识管理办法》《濒危野生动植物种进出口管理条例》等）。不仅如此，我国还先后制定和实施了一些行之有效的行动计划和规划（如《中国生物多样性保护行动计划》《国务院办公厅关于加强生物物种资源保护和管理的通知》《中国生物多样性保护战略与行动计划》① 等）。这些行动计划的制定和实施为我国生物多样性保护与遗传资源的可持续利用发挥了非常重要的作用。

我国宪法从宏观层面，对包括遗传资源在内的自然资源的监管进行了原则性规定。我国现行《宪法》第9条规定："国家保障自然资源的合理利用，保护珍贵的动物和植物；禁止任何组织或者个人用任何手段侵占或者破坏自然资源。"《宪法》第26条规定："国家保护和改善生活环境和生态环境，防治污染和其他公害。"这些规定为保护我国动植物遗传资源及其生物载体提供了根本法依据。我国《刑法》也从保护环境资源以及珍稀野生动植物的角度为遗传资源保护提供了间接依据。我国《刑法》增加了破坏环境资源罪，对非法猎捕、杀害野生动物等破坏生物资源的行为规定了相应的惩处措施，如现行《刑法》第341条第1款规定了"非法猎捕、杀害珍贵、濒危野生动物罪"和"非法收购、运输、出售珍贵、濒危野生动物、珍贵、濒危野生动物制品罪"。根据该规定，非法猎捕、杀害国家重点保护的珍贵、濒危野生动物的，或者非法收购、运输、出售国家重点保护的珍贵、濒危野生动物及其制品的，处五年以下有期徒刑或者拘役，并处罚金；情节严重的，处五年以上十年以下有期徒刑，并处罚金；情节特别严重的，处十年以上有期徒刑，并处罚金或者没收财产。《刑法》第

---

① 国务院常务会议第126次会议审议通过，2010年9月17日颁布实施。

341 条第 2 款规定了"非法狩猎罪",根据该规定,违反狩猎法规,在禁猎区、禁猎期或者使用禁用的工具、方法进行狩猎,破坏野生动物资源,情节严重的,处三年以下有期徒刑、拘役、管制或者罚金。《刑法》第 344 条规定了"非法采伐、毁坏国家重点保护植物罪""非法收购、运输、加工、出售国家重点保护植物、国家重点保护植物制品罪",根据该规定,违反国家规定,非法采伐、毁坏珍贵树木或者国家重点保护的其他植物的,或者非法收购、运输、加工、出售珍贵树木或者国家重点保护的其他植物及其制品的,处三年以下有期徒刑、拘役或者管制,并处罚金;情节严重的,处三年以上七年以下有期徒刑,并处罚金。第 346 条则进一步规定:"单位犯本节第三百三十八条至第三百四十五条规定之罪的,对单位判处罚金,并对其直接负责的主管人员和其他直接责任人员,依照本节各该条的规定处罚。"这些规定在保护濒危野生动物的同时,也为该物种的遗传资源保护提供了规范依据。除此之外,我国结合动植物种质资源以及植物新品种保护的需要,相继颁布了一系列政策法规,如《中华人民共和国进出境动植物检疫法》《野生植物保护条例》《中华人民共和国植物新品种保护条例》《中华人民共和国种子法》《农业转基因生物标识管理办法》以及《农业转基因生物进口安全管理办法》等。虽然这些政策法规随着社会发展先后经历了多次修正完善,但无可否认,这些政策立法从不同的领域、不同的视角为我国生物遗传资源的全面保护提供了规范依据。尤其需要强调的是,为了贯彻实施《生物多样性公约》等国际法文件所确立的国家主权、知情同意和惠益分享三原则,有效保护我国遗传资源,制止非法窃取我国遗传资源进行科技开发并申请专利的行为,我国现行《专利法》就遗传资源获取、保护等问题进行了专门性规定,明确了"违法不授权"和"来源披露"的要求。

尽管如此,但总体而言,当前我国遗传资源立法仍存在很多问题。无论在立法体系上,还是立法内容上,现行遗传资源立法仍存在一些缺失。当下这些立法层面的缺失和司法解释上的局限性进一步加剧了我国遗传资源法律保护的困境。

在立法体系上,未能合理把握遗传资源的公共属性和私权属性,因而无法构建公权保护与私权保护相辅相成的,符合我国国情的综合性遗传资源保护法律体系。鉴于遗传资源涉及多元利益主体之间复杂的利益关系,遗传资源立法体系构建既需要国家层面的统筹性顶层立法安排，也需要配套性立法的支撑；既要立足本土遗传资源保护与应用的实际，也要具备国际视野，面向全球性的遗传资源交流与合作。遗传资源的公法保护与私法保护在保护对象、保护内容、保护重点、保护路径等方面各有侧重。只有根据我国遗传资源保护的现实需要，充分发挥遗传资源公权保护与私权保护的优势，才能真正确立起完备的遗传资源立法体系，推进我国遗传资源保护与应用。

在立法内容上，主要存在以下问题。其一，涉及遗传资源的关键性概念混杂，无法应对新时期遗传资源保护面对的挑战。在我国现有遗传资源立法中，是将"种质资源""动植物资源""生物物种""遗传资源"等概念混杂着使用，虽然其他几个概念同"遗传资源"有一定的关联性，但在具体内涵上存在很大差异，无法为遗传资源保护和利用提供充分的规范依据，更无法应对新时期、新形势下愈来愈隐蔽、愈演愈烈的遗传资源流失问题。其二，涉及遗传资源的权利（权力）、义务关系没有界分清楚，缺乏有效的监督制约机制。要推进遗传资源立法，必须把法律的规范性和引领性结合起来，通过设定不同主体的权利义务，将立法规范的内容转化为具有权威性、引导性、激励性、约束性的行为准则。而我国现行立法在这块存在明显不足。以遗传资源保护为例，我国现行遗传资源立法未能清晰界分不同级别政府及其职能部门在遗传资源保护上的权责，没有形成有效的制约机制和监督机制，导致部分遗传资源监管机制形同虚设，甚至沦为不同职能部门权力争夺的场地，客观上激化了我国遗传资源流失及灭失问题。其三，针对遗传资源违法行为的责任追究机制不健全，违法成本过低。责任追究机制是加强遗传资源执法监督，预防和纠正一切窃取或侵犯遗传资源权益的不法行为的有利保障。但在我国现行立法框架下，遗传资源违法成本太低，而维权成本和执法成本又太高，导致对一些遗传资源犯罪行为打击不力，无法切实维护遗传资源合法权利人的利益，不能对犯罪嫌疑人形成威慑力，更损害了我国立法的威严。

三、推进我国生物遗传资源综合性立法体系建设

遗传资源立法是一项具有重要意义的系统工程，兼具复杂性和综合

性。遗传资源立法既涉及公权力与私权利之平衡，也涉及法律与伦理之交叉；既需要从公法层面予以立法保障，也要从私法层面予以立法规制。当下，推进遗传资源立法有助于完善我国遗传资源法治体系，构建遗传资源保护与利用的基本规则，有利于促进我国生物多样性保护及遗传资源国际交流与合作。从我国遗传资源保护的现状和实际需求出发，推进遗传资源立法应从两方面着手：

（一）以遗传资源及其载体的保护与利用为核心，加强我国遗传资源公权保护之立法体系构建

如前所述，遗传资源作为一种具有公共性的特定资源形态，依附于特定载体而存在。"一旦作为遗传资源物质载体的生物物种走向灭绝，则该物种所携带的遗传资源则会永久性消失，无法再次获得。因此，加强遗传资源及其生物载体的公权保护制度建设是当前的紧迫任务。"[1]

要加强遗传资源公权保护，一方面，我们需通过遗传资源立法，保护生物物种的多样性，防范遗传资源的灭失和流失。当前，我们必须根据具体情况，对不同形态的遗传资源采取相应的保护措施，尤其要对濒危的遗传资源物种采取抢救性保护措施。截至目前为止，我国在自然保护区建设方面已有一定基础，且现有自然保护区在维护生物多样性方面正发挥着积极作用。为了更有效整合、利用现有资源，我们可以适当扩大自然保护区的范围，将一些生物物种丰富、遗传资源保存状况比较完整、富含具有重要价值遗传资源的特定区域划为遗传资源重点保护区，同时加大对这些保护区的资金投入，完善相关保护措施，充分发挥它们在遗传资源保护方面的作用。另外，加大对遗传资源保护的资金支持，健全完善遗传资源奖惩制度。对在保护、培育遗传资源过程中作出突出贡献的单位或个人进行奖励，当然也要对负有遗传资源保护责任而没有尽到保护义务，或者对遗传资源的灭失和流失事实负有责任，甚至严重破坏遗传资源的单位或个人进行处罚。[2] 而另一方面，要立足本国国情，通过立法积极推进国际间遗传资源的共享与利用。保护遗传资源是利用遗传资源的前提和基础，是为了

---

[1] 张艳，闫文军，李玲娟. 我国遗传资源公权保护之法理探究与制度构建 [J]. 湖南大学学报（社会科学版），2016，30（05）：146－150.

[2] 同①.

今后能够更好发挥遗传资源的利用价值；而利用遗传资源是保护遗传资源的目的所在，同时也可以为保护遗传资源提供更多的经济支持。从全球性视角确立遗传资源保护的共同准则，最佳选择就是将遗传资源的保护纳入国际法的调整轨道，通过国际谈判来制定为国际社会所普遍遵循的遗传资源保护及利用国际法规范是实现这一目标的基础。客观而言，当下在遗传资源的共享与利用问题上，发达国家与发展中国家之间的分歧和矛盾客观存在。如果单纯从知识产权制度的角度来分析，源于西方的知识产权保护体系无法为遗传资源以及作为遗传资源提供方的发展中国家提供充分的保护。这一现实要求政府在国际间遗传资源的共享与利用问题谈判中发挥主导作用。因此，有必要根据我国国情确立政府在全国遗传资源中的统一监管职能，由政府以国家遗传资源利益代表的身份参与国际遗传资源问题的协商和谈判，维护我国的根本利益。[①]

（二）以遗传资源惠益分享为核心完善我国遗传资源私权保护机制

遗传资源所蕴含的遗传信息的无形性特点，决定了它在私权保护手段上与知识产权法律制度相契合。将遗传资源中的部分要素转化成知识产权，实质上就是将公共物品的某些要素变成私人物品，是公共资源的私有化，但这并不会影响遗传资源作为公共物品的完整性。[②]

作为无形智力资产的一种，遗传资源具有巨大的潜在经济价值，对遗传资源的商业性使用往往能够产生一定的经济利益。通过遗传资源的私权保护，明确遗传资源的产权关系，授予相关权利人特定的经济权利，从而有利于遗传资源的保存与发展。[③] 对遗传资源的权利归属、获取条件、遗传信息价值的尊重以及遗传资源商业化利用后的利益分享等重要问题，从私法的角度予以规制，可以激励遗传资源权利人的积极性，从而有效防止对遗传资源的不正当使用或贬损性使用，促进遗传资源的保存、发展和有

---

①　张艳，闫文军，李玲娟. 我国遗传资源公权保护之法理探究与制度构建［J］. 湖南大学学报（社会科学版），2016，30（5）：146–150.

②　张艳，宦吉娥. 中国遗传资源私权保护之正当性与路径［J］. 内蒙古社会科学（汉文版），2011，32（5）：54–57.

③　黄玉烨. 论非物质文化遗产的私权保护［J］. 中国法学，2008（5）：136–145.

效利用。① 具体而言，在遗传资源的知识产权保护中，需要平衡遗传资源专有权利与义务之间的关系和遗传资源所有者（或贡献者）、研发者、使用者三者之间的关系以及私人利益与公共利益之间的关系，在保护遗传资源的同时，促进遗传资源的正当利用，避免发生遗传资源垄断行为。② 落实到遗传资源惠益分享制度的构建问题上，应当通过立法来明确遗传资源的获取、披露和使用的条件，严格规定对任何获取、披露和使用遗传资源的行为都必须取得事先知情同意③，逐步确立和完善旨在保证对一切研发及利用遗传资源所获得的惠益予以公平和公正分享的制度。同时，对于那些未经遗传资源所有权人授权，窃取他人遗传资源而开展的研发和利用行为予以必要的惩处措施。④

---

① 张艳，宦吉娥. 中国遗传资源私权保护之正当性与路径 [J]. 内蒙古社会科学（汉文版），2011，32（5）：54 – 57.

② 同①.

③ 黄玉烨. 论非物质文化遗产的私权保护 [J]. 中国法学，2008（5）：136 – 145.

④ 同①.

第十六章

新科技革命下的知识产权保护客体

知识产权是人们对其智力成果所享有的权利。知识产权保护客体必然会随着科技发展进步而不断进行扩展和变化。特别是近年来，科技进步呈现出迭代迅速发展之势，科技对经济、社会、文化的影响越来越大、越来越快。因此，必须认真分析科技快速发展对知识产权保护客体提出的新要求、新挑战。

一、知识产权保护客体发展变化的历史脉络

知识产权并非起源于任何一种民事权利，也并非起源于任何一种财产权。知识产权起源于封建社会的特权，① 并且随着资本主义市场的发展而逐步萌发和发展。无论是专利、著作权，还是商标，其保护客体亦均是随着科技的发展而不断扩展和变化。

特别是专利法，它必须随着科学进步和社会发展所提出的新问题而变化，因此，与商标法或版权法相比，专利法的修订以及相关实践会更加频繁。例如，中华人民共和国成立后专利法律制度虽然到现在仅有 30 余年，但是却已经历了三次修改，当前正在进行第四次修改。针对专利保护客体而言，1984 年专利法将"食品、饮料和调味品"和"药品和用化学方法获得的物质"排除在保护客体之外，1992 年专利法则将"食品、饮料和调味品"和"药品和用化学方法获得的物质"纳入到专利保护客体之内，2008 年专利法则将二维的主要起标识作用的设计排除在专利保护客体之外。同时，对于专利保护客体新颖性的判断，1984 年专利法规定的是相对

---

① 朱谢群. 郑成思知识产权文集——基本理论卷 [M]. 北京：知识产权出版社，2017：2.

新颖性标准，而 2008 年专利法则提高到绝对新颖性标准。又如，美国对生物技术专利保护的态度也经历了怀疑—开放—谨慎的过程。1972 年，美国专利与商标局在接到第一个生物专利申请后，以专利法不保护生物为由，拒绝授予专利权。而到了 1980 年，美国联邦最高法院在 Diamond v. Chakrabarty 一案判决中将转基因微生物纳入专利保护，并声称"阳光下一切人造物皆为合格专利主题"。之后，转基因生物体、基因序列、商业方法的可专利性渐渐被美国肯定，大大拓宽了生物技术领域可专利客体的范围，也极大促进了生物技术的飞速发展。2013 年，美国最高法院判定，Myriad 公司持有的 BRCA1 和 BRCA2 DNA 序列测试专利无效，其给出的理由是自然形成的 DNA 片段是大自然的产物，并不能仅仅因为被分离出来，就符合专利申请的资格。① 2015 年 6 月，美国联邦巡回上诉法院维持了地区法院判决，认为 Sequenom 公司的无创产前筛查（NIPT）为人体内的自然现象，属于不可被专利保护的范围。该案所涉及的专利主要是保护一种无创检测胎儿遗传疾病的方法，此方法抽取母体血清或血浆样本中游离的胎儿 DNA，并进一步放大。传统的产前检测，如羊膜穿刺，对母亲与胎儿有一定程度的风险，其他检测方法取得的母体血液样品则是直接丢弃。因此，该专利最大的贡献就在于发现存在母体血液中游离的胎儿 DNA，并利用 PCR 等基因放大与侦测技术，检测胎儿的遗传疾病，不仅提高检测准确率更大幅降低了风险。但是，就如任何一位生技领域的从业人员所能想象，母体血清中存在有游离的胎儿 DNA 是一种再自然不过的现象，所有怀孕的妇女皆是如此。因此，联邦巡回上述法院认为该专利尽管在权利要求的内容上加入了 DNA 放大的步骤（即透过 PCR 方法广增 DNA）以及侦测特定遗传疾病，仍然没有改变它保护自然现象的本质，况且 DNA 放大的步骤与检测疾病的方法早就是生物领域熟知的，该专利并没有在这些方法上有任何突破，因此该专利被判无效。② 通过美国法院对上述案件的判决可以明显看出，美国对生物技术的可专利性问题在前期的开放态度之后有了明显的收紧趋势。

---

① 徐新明. 美国、欧洲、中国生物专利制度之间的差异 [EB/OL]. (2014 – 11 – 11). http：//tech. southcn. com/t/2014 – 11/11/content_111942406. htm.

② 吴丰江. IVD 专利布局与维权——Sequenom 无创产前检查美国专利被判无效域外法治 [EB/OL]. (2015 – 10 – 12). http：//www. chinaiprlaw. cn/index. php? id = 2735.

同时，在著作权和商标领域，其保护客体亦与科技进步密不可分。我国《著作权法》第 3 条规定了该法所保护的 9 类客体，分别是：文字作品，口述作品，音乐、戏剧、曲艺、舞蹈、杂技艺术作品，美术、建筑作品，摄影作品，电影作品和以类似摄制电影的方法创作的作品，工程设计图、产品设计图、地图、示意图等图形作品和模型作品，计算机软件，法律、行政法规规定的其他作品。传统著作权法保护的文字作品、音乐作品、美术作品等，之所以有保护之必要，最主要的原因就是资本主义萌发以来印刷复制技术有了快速发展，使文字等作品的复制变得廉价和快捷，进而可以产生可观的市场利益，所以才需要进行版权保护。而摄影作品、电影作品、计算机软件等进入著作权保护客体范围的前提必须是摄影技术、电影技术和计算机技术的出现和发展。

另外，商标权保护的客体有：文字、图形、字母、数字、三维标志、颜色组合和声音以及上述的结合等，而商标法对上述客体提供保护的前提亦是当时的技术必须达到一定程度，市场主体可以将上述标志运用到相关产品或服务之上，并且上述标志必须可以保持和再现。否则，很难想象在录音设备发明之前，会有哪个国家对声音提供商标法的保护。

因此，无论是专利法、著作权法，还是商标法，其保护客体均与科技发展进步密切相关。

二、未来科技发展趋势

2016 年 4 月，未来侦察（Future Scout）战略与分析公司受美国陆军负责研究与技术的副部长助理委托，撰写并发布了《2016—2045 年新兴科技趋势报告》。[①] 该报告是在美国过去五年内由政府机构、咨询机构、智囊团、科研机构等发表的 32 份科技趋势相关研究调查报告的基础上提炼而成，并通过对近 700 项科技进行对比分析，最终筛选了 20 项最值得关注的

---

① FutureScout, LLC. Emerging Science and TechnologyTrends：2016—2045A Synthesis of Leading Forecasts. ［EB／OL］. http：//www. defenseinnovationmarketplace. mil/resources/2016 _ SciTechReport _ 16June2016. pdf.

科技发展趋势。[①] 上述 20 项科技发展趋势可以进一步概括为以下几类。

（1）信息与网络技术，主要包括量子计算、大数据分析、网络安全、先进数码设备、社交网络等技术。量子计算是通过叠加原理和量子纠缠等次原子粒子的特性来实现对数据的编码和操纵。虽然在过去的几十年里，量子计算只存在于理论上，但近些年的研究已经开始出现有意义的结果。量子计算机在未来的成果，将极大地提升现有人类计算能力，给人类带来革命性的变化。当前，人类数据正以每两年翻一倍的速度增加。这些数据中隐藏了各种关于消费习惯、公共健康、全球气候变化以及其他经济、社会、政治等方面的深刻信息。虽然"大数据"已经成为一个热点，但每年只有不到 10% 的数据会被分析，因此，大数据分析技术在未来必然将有突破。网络的广泛应用，使网络安全成为社会中的一个重要问题，社会亦需对此技术进行深入研发。同时，未来 30 年里，人们将会拥有更多的计算能力以及更广的数码资源。另外，随着社交网络的快速发展，社交科技将会给人们带来可以创造出各自微型文化圈的力量，人们将会使用科技形成社会契约和基于网络社区的社交结构，颠覆许多传统的权力结构。

（2）人工智能及相关技术，主要包括机器人与自动化系统、智能手机、智能城市等技术。未来 30 年，机器人和自动化系统将无处不在，人工智能软件将被广泛应用到各种商业活动中。机器人则会负责日常生活中大量的任务，如照顾老人与买菜，也能承担工业中的职责，如收获农作物，维护公共设施等。同时，智能手机与云端计算正在改变人类与数据相处的方式。随着智能手机功能越来越强，各种具有可以测量天气、位置、光度、声音、以及生物特征的探测器的智能手机层出不穷，移动网络的铺展也将加速。另外，未来城市将更广泛利用信息通信和人工智能技术，通过大数据以及自动化来提高城市的效率和可持续性。

（3）物联网与人类增强技术。到 2045 年，最保守的预测也认为将会有超过一千亿的设备连接在互联网上。这些设备包括了移动设备、可穿戴设备、家用电器、医疗设备、工业探测器、监控摄像头、汽车以及服装等。它们所创造并分享的数据将会给我们的工作和生活带来一场新的信息

---

①　江苏省科技创新协会. 美国发布《2016—2045 年新兴科技趋势报告》：未来 30 年最值得关注的 20 项新兴科技 [EB/OL]. （2017 – 07 – 27）. https：//www.sohu.com/a/160430224＿816228.

革命。同时，人类增强科技将带领人类突破人类潜力的极限甚至生物的极限。我们甚至可以幻想：由物联网连接的可穿戴设备将会实时把有关信息直接打入我们的感官中。外骨骼和与大脑连接的假肢将会使我们变得更加强大，为老弱病残恢复移动力。装有探测器和嵌入式计算机的隐形眼镜或者被永久植入在体内的装备将给我们带来可以穿墙的听力、天然夜视，以及可以嵌入虚拟和增强现实系统的能力。益智药品将会扩大我们的思维能力，改变工作和学习的方式。

（4）混合现实技术。混合现实技术主要包括虚拟现实（VR）和增强现实（AR）技术。虚拟现实和增强现实技术已经在消费电子市场激发了极大的热情，各科技公司开始迅速进入这个市场。在 2014 年收购 Oculus VR 之后，Facebook 在 2016 年推出了他们的首款 VR 眼镜。资本的涌进代表了 VR 将会成为新一代的主流娱乐技术。同时，VR 在娱乐之外也有应用。美国第二大家居装饰用品公司 Lowe's 公司正在开发名为 Holoroom 的一款 3D 增强现实科技。Lowe's 的客户将可以设计一个空间，然后使用 Holoroom 进入一个 3D 模型，体验他们设计的空间感觉如何。另外，增强现实技术是一种实时地计算摄影机影像的位置及角度并加上相应图像、视频、3D 模型的技术，这种技术的目标是在屏幕上把虚拟世界套在现实世界并进行互动。随着增强现实技术的发展，其用途将会越来越广。

（5）先进材料技术。在过去的 10 年里，材料科学的突破给我们带来了许多种先进的材料。从可以自我恢复和自我清理的智能材料，到可以恢复原本形状的记忆金属，再到可以利用压力发电的压电陶瓷材料、拥有惊人的结构和电力性能的纳米材料。尤其是纳米材料，它有着广泛的应用价值。在未来的 30 年里，纳米材料以及其他新材料材料将会被应用在从衣服，到建材、车辆、公路以及桥梁中，将无处不在。

（6）太空科技。新科技的涌现，如机器人、先进的推进系统、轻便的材料以及元件小型化正在减少把人和物送入太空的成本，而这则会开启太空探险的新机会。在未来的 30 年里，科技的研发也许将会带领人类重返月球。除此之外，更加伟大的探险，如人类登陆火星、开采小行星中的矿物也都有可能出现。

（7）增材制造。增材制造（3D 打印）已经在工业界作为制造限量设计原型的技术而被使用超过 30 年了。但是，在近十年里，3D 打印技术获得了惊人的发展。如今，随着 3D 打印机价格的下降以及大量开源工具和付费模型的出现，世界上已经出现了一个庞大的"创客"群体，无时无刻不在突破这项技术的极限。

（8）医学与生物科技。随着对遗传学认知的加深，人类已经可以通过搭建新的 DNA 来实现无中生有，创造出新的生物。基因改造农作物则是此项科技的先锋。当我们跨入生物科技的新时代时，生命将有可能成为信息，如同电脑程序的代码一样，成为可以被改写的信息。同时，在未来的 30 年里，各种科学技术上的突破将改变医学。通过基因组学，每个人将有可能得到真正的私人药物。在未来，癌症、心肺疾病、阿兹海默症，以及其他目前看似无救的疾病也许将会由针对患者个人基因的药物来治疗。人类也许将可以通过 DNA 培养出来移植所需的器官，从而消除等待配型以及排斥反应等很可能致命的情况。生物假肢也许将会被直接连接到神经系统上，从而提供与真实触感极其相似的感官。机器急救人员以及控制性降温的肢体存活技术将会大幅度延长救援的"黄金时间"。科学家们将有可能找到衰老的真正原因，从而增加人类的寿命，涌现出一大群非常健康并有活力的"老人"。

（9）能源技术。在未来的 30 年里，全球能源需求预计会增长 35%，我们则正在面临着一场能源革命。新的采油技术，如水力压裂以及定向钻将为人类添加大量可开发的油田和气田。而这则会直接颠覆世界石油市场，使美国从世界上最大的石油进口国变成最大的石油生产国。与此同时，可再生能源，如太阳能和风能的价格也许将开始接近于石油。除此之外，新一代的核反应堆设计将远比之前的更安全，也会产生更少的核废料。

（10）食物与淡水科技。在未来的 30 年里，淡水和食物的缺乏将会在世界上制造更多的冲突。目前大约全球 25% 的农地已经由于过度耕作、干旱、污染等原因造成了严重退化。在未来的几十年里，最乐观的预测也指出主食谷物的价格将会提高 30%。如果全球气候变化、需求，以及资源管理的失败按照目前的趋势继续下去，价格提高 100% 也是可能的。在 2045 年，全球超过 40% 的人口将会面临缺乏水源的问题。一切问题的解决方法只有科技。

三、新科技革命的主要特征

在前五次科技革命的基础上，进入了一个新科技革命时代。全球科技创新进入空前密集活跃的时期，新科技革命和产业变革正在重构全球创新版图、重塑全球经济结构。以人工智能、量子信息、移动通信、物联网、区块链为代表的新一代信息技术加速突破应用；以合成生物学、基因编辑、脑科学、再生医学等为代表的生命科学领域孕育新的变革；融合机器人、数字化、新材料的先进制造技术正在加速推进制造业向智能化、服务化、绿色化转型；以清洁高效可持续为目标的能源技术加速发展将引发全球能源变革，空间和海洋技术正在拓展人类生存发展新疆域。信息、生命、制造、能源、空间、海洋等的原创突破为前沿技术、颠覆性技术提供了更多创新源泉，学科之间、科学和技术之间、技术之间、自然科学和人文社会科学之间日益呈现交叉融合趋势。与之前的科技革命有所区别，新科技革命有其自身内在的创新规律和特征。就初步研究而言，新科技革命的特征表现为以下四个方面。

第一，人工智能技术、信息网络技术将在新科技革命中处于主导地位。每次技术革命都会有一项或者几项代表科技发展趋势并推动整体科技发展的主导技术。在新科技革命时代，技术进步和应用将会以数字化、信息化、智能化为其目标之一，人工智能技术、信息网络技术将成为其他技术进步和应用的基础工具。

第二，科技创新将以集成创新或二次创新为主。在新科技革命时代，各个科学领域的技术呈现融合发展之势，大部分科技创新不再是某一学科、某一领域中的某个团队完全独立完成，而是不同领域、不同学科的研究人员共同创造，很多时候甚至需要科学共同体内部与外部之间进行深度交叉融合。因此，当前虽然也会有很多重大科学发现、颠覆式技术发明、原理性主导技术等原始创新成果，但是由于当代科技发展的上述趋势以及信息网络与人工智能技术的固有特点，绝大多数发明创造都将属于集成技术创新或二次创新。

第三，当代科技进步呈现迭代加速发展之势。人工智能技术、信息网络技术是新科技革命的基础工具，而人工智能技术、信息网络技术的基础——

集成电路又遵从"摩尔定律"。所谓"摩尔定律"是由英特尔（Intel）创始人之一戈登·摩尔（Gordon Moore）提出来的。其主要内容是当价格不变时，集成电路上可容纳的元器件的数目，约每隔 18～24 个月便会增加一倍，性能也将提升一倍。换言之，每一美元所能买到的电脑性能，将每隔 18～24 个月翻一倍以上。① 这一定律揭示了信息技术进步的速度。由于集成电路每隔两年左右性能将提升一倍，加之人工智能技术越来越强大的机械学习能力，因此，21 世纪以来，人类科技进步越来越呈现出迭代加速发展的势头，这也成为当代科技革命的最主要特点。

第四，个体发明创造具有明显的"分段式"特点。如前所述，由于当代绝大多数发明创造属于集成技术创新或二次创新，加之当代科技研发工作分工越来越细化，因此，如果从市场全局角度观察每个创新个体的发明创造，则每个创新个体的发明创造通常具有"分段式"的特点，即该个体发明创造仅仅是创新链条中的一部分或"一段"，如果该创新个体要将创新产品推向市场，则需要使用他人的"前段"或"后段"发明创造。

知识产权制度是市场经济和科技发展的产物，科技的发展与知识产权制度的发展相伴相随。当前，我国以及世界其他各国知识产权制度的主要基础仍然是《保护工业产权巴黎公约》（1967 年文本）和《保护文学艺术作品伯尔尼公约》（1971 年文本）。Trips 协议虽然也是全球基础性的知识产权国际公约，但 Trips 协议的基础仍然巴黎公约和伯尔尼公约。在 20 世纪六七十年代，世界尚处于电气技术时代，巴黎公约与伯尔尼公约在此时产生，也主要是为了适应电气技术时代的挑战。而自此至今，各国知识产权保护制度和保护标准基本上都是以巴黎公约和伯尔尼公约为标准，除了在著作权方面有为了适应网络技术的发展而进行的调整之外，其他方面鲜有变化。但是，近年来，我国与世界的科技进步已经从电气时代发展到以信息网络与人工智能为代表的新科技革命时代，在电气时代形成的并适用于电气时代的知识产权制度，必然会在信息网络与人工智能时代遇到种种挑战和困难。特别是在知识产权保护客体方面，需要知识产权制度根据新科技革命的发展要求不断做出调整和完善。

---

① 摩尔定律［EB/OL］. https：//baike. baidu. com/item/摩尔定律/350634？fr = aladdin.

四、知识产权保护客体未来发展变化趋势

1. 专利保护客体

（1）实用新型专利保护客体的扩展问题。科技发展一日千里，很多技术的市场寿命只有几年。而发明专利审查周期就有两三年，专利尚未授权，技术就已经丧失市场价值。同时，由于大多数新技术并非是有固定形状的新产品，不能申请颁发证书较快的实用新型专利。为了适应科技快速发展的新形势，满足企业快速保护其知识产权的新需要，我国有必要对实用新型专利制度进行进一步深入研究，特别是应该考虑实用新型专利的保护客体的扩展问题。可以考虑将实用新型专利保护客体扩展至既包括有固定形状的产品发明，也包括无固定形状的产品发明和方法发明在内的所有发明创造。当然，如果对实用新型专利的保护客体进行扩展，可能就不应再称其为"实用新型专利"了，因为此时的保护客体就不再限于有"型"的发明创造了。另外，实用新型专利申请通常是"小发明""小创造"，因此，对其保护应该适当弱化，比如保护期限可以适当缩短。例如，澳大利亚的"革新专利"（innovation patent）制度，其目的在于保护市场周期短的技术革新，而非突破性创新，主要适用于不符合标准专利保护门槛的革新性设备、物质、方法、基于计算机的发明等，革新专利的保护期为 8 年。我国为了适应科技迅猛发展的趋势，不妨认真研究澳大利亚的革新专利制度，并加以借鉴。

（2）不丧失新颖性的、公开的发明创造。授予专利权的发明创造，应具备新颖性，即在申请日之前原则上该发明创造不为国内外公众所知。但是，考虑到某些特殊原因和特殊政策，根据国际法和国内法的规定，某些发明创造即使因为某些特殊原因而被公开了，但在专利审查时，仍然视为该发明创造未公开，此即不丧失新颖性公开制度。

《保护工业产权巴黎公约》第 11 条第 1 款规定："成员国应按其本国法律对在联盟任何成员国领土内举办的官方的或经官方承认的国际展览会上展出的商品中的可享专利的发明、实用新型、外观设计和商标，给予临

时保护。"①《保护工业产权巴黎公约》第 11 条的规定，其实与巴黎公约的起草和缔结具有直接关系。1873 年，奥匈帝国邀请其他国家参加在维也纳举办的万国发明博览会，但是响应者寥寥，主要是因为当时没有专利保护国际公约，发明者担心其发明在展览会上展出后即丧失新颖性，并进而导致不能在本国或其他国家获得专利保护。正是以此为契机，才导致了有关国家就保护公约产权问题进行国际谈判，并在 1883 年缔结了《保护工业产权巴黎公约》。

《保护工业产权巴黎公约》第 11 条使用的概念是"临时保护"，即"temporary protection"。根据世界知识产权组织的阐释，各国对发明、实用新型、外观设计和商标给予临时保护的方式主要有两种。一是给予优先权保护。比如我国《商标法》第 25 条规定，商标在中国政府主办的或者承认的国际展览会展出的商品上首次使用的，自该商品展出之日起 6 个月内，该商标的注册申请人可以享有优先权。此项规定即是根据《保护工业产权巴黎公约》对有关商标给予临时保护的范例。二是给予不丧失新颖性公开保护。特别是对发明而言，目前各国基本上都是通过给予不丧失新颖性公开保护来履行《保护工业产权巴黎公约》第 11 条所规定的国际义务。②

根据《保护工业产权巴黎公约》最低保护标准原则，该公约第 11 条有关发明创造临时保护的规定是成员国相关规范的最低标准，就专利而言，成员国至少应该对在任何成员国境内举办的官方或经官方承认的国际展览会上展出的发明、实用新型或外观设计给予临时保护。而对于专利申请人在其他情况下展出或公开的发明创造，是否给予临时保护，则由成员国自己进行选择和决定，《保护工业产权巴黎公约》则不加干涉。

2011 年美国总统签署了《美国发明法案》，对美国专利法进行了大幅度修改，其中重要一点就是自 2013 年 3 月 16 日始将美国坚持 200 多年的"先发明"原则修改为"先申请"原则。由于 2011 年《美国发明法案》意在进一步鼓励自主创新，减轻中小企业申请人的负担，所以，美国在《保护工业产权巴黎公约》的基础上，为了配合"先申请"原则的实施，

① LIBRARY W E. Paris Convention for the Protection of Industrial Property [J]. Trademarks, 1979.

② International Bureau of WIPO. WIPO Intellectual Property Handbook：Policy, Law and Use [M]. 2nd ed. WIPO Pub, 2004：249.

建立了独具特色的、极大便利发明人的不丧失新颖性公开制度。2011 年《美国发明法案》第 102 条（a）款将不符合新颖性的发明创造分为两种情况：第一，在有效申请日之前，该申请专利的发明已经被授予专利权，或者在出版物上披露，或者被公开使用、销售，或者以其他方式为公众所知；第二，在有效申请日之前，第三人已就该发明创造向美国专利商标局提出了专利申请并在随后被依法公布、视为公布或者获得了专利授权（以下简称"第三人在先申请"）。

2011 年《美国发明法案》第 102 条（b）（1）款规定，对要求保护的发明而言，在其有效申请日之前 1 年或者更短时间内的下列披露，不属于上述第一种情况，即不破坏该专利申请的新颖性：（A）该披露系由发明人自己或共同发明人做出，或者由直接或间接自发明人或共同发明人处获得该发明主题的第三人所做出；（B）在该披露之前，该发明主题已经被发明人或共同发明人公开披露，或者被直接或间接自发明人或共同发明人处获得该发明主题的第三人公开披露。2011 年《美国发明法案》第 102 条（b）（2）款规定，对要求保护的发明而言，下列披露不属于第 102 条（a）款所规定的第二种情况，即不破坏该专利申请的新颖性：（A）第三人在先申请所披露的发明主题系直接或间接地从发明人或者共同发明人处获得；（B）在第三人在先申请的有效申请日之前，该发明主题已经被发明人或共同发明人公开披露，或者被直接或间接自发明人或共同发明人处获得该发明主题的人所公开披露；或者（C）在要求保护的发明的有效申请日及该日之前，第三人在先申请所披露的发明主题与该要求保护的发明为同一人所有，或者有义务将二者转移给同一人所有。

由此可见，2011 年《美国发明法案》第 102 条（b）（2）款承继原专利法"先发明"原则的一些理念，主要从两个方面在"先申请"原则框架下对在先发明人的利益给予保护。一是，在先发明人在做出发明后，即使有第三人先于在先发明人提出专利申请，那么只要第三人的在先专利申请的发明创造直接或间接来自于在先发明人，就不会影响在先发明人所提出的在后专利申请的新颖性。质言之，在此种情况下，在先发明人的在后专利申请仍然可以获得专利授权。当然，在此种情况下，由于第三人的在先专利申请也可能具备新颖性，第三人在先专利申请亦可能获得专利授权。这样，对同一发明，美国专利商标局可能既向第三人授予专利权，又向在

先发明人授予专利权；如果出现这种情况，在先发明人就需要根据 2011 年
《美国发明法案》第 135 条的规定向美国专利商标局提出权属程序（deri-
vation proceeding），并由美国专利商标局专利审理与上诉委员会决定该发
明创造的专利归属。二是，在第三人的在先专利申请的有效申请日之前，
该发明创造已被在先发明人公开披露，或者由从在先发明人处获得该发明
创造的人进行公开披露，那么在这种情况下，第三人的在先专利申请不破
坏在先发明人在后专利申请的新颖性。当然，在这种情况下，由于在第三
人的在先专利申请的有效申请日之前，该发明创造已经被在先发明人或其
他人公开，因此，第三人的在先专利申请就会丧失新颖性，能够确定不能
获得专利授权。而对于在先发明人的在后专利申请而言，虽然第三人的在
先专利申请不能破坏其新颖性，但是由于在先发明人已经将该发明创造公
开披露，因此，该在先发明人的在后专利申请是否具有新颖性，则应该具
体情况具体分析：如果该在先发明人的公开披露发生于该在先发明人在后
专利申请有效申请日之前的 12 个月之内，则根据 2011 年《美国发明法
案》第 102 条（b）（1）款规定，该在先发明人的在后专利申请亦不因其
在先公开披露而丧失新颖性；如果该在先发明人的公开披露早于该在先发
明人在后专利申请有效申请日之前 12 个月，那么根据 2011 年《美国发明
法案》第 102 条（a）款之规定，该在先发明人的在后专利申请则会丧失
新颖性。

《日本专利法》第 30 条规定，专利申请人在申请日前 12 个月内因科
学实验、期刊发表、网络传播或学术会议而公开其发明创造的，不会导致
其专利申请新颖性的丧失。

我国《专利法》第 24 条规定："申请专利的发明创造在申请日以前六
个月内，有下列情形之一的，不丧失新颖性：（一）在中国政府主办或者
承认的国际展览会上首次展出的；（二）在规定的学术会议或者技术会议
上首次发表的；（三）他人未经申请人同意而泄露其内容的。"该条规定，
即是我国法律所规定的不丧失新颖性公开制度。长期以来，由于我国科技
领域存在着在外文期刊发论文的导向，科研机构和高等学校存在着严重的
重 SCI、EI 而轻科技成果转化的倾向，同时考虑到科研人员确实难以准确
平衡发表论文和申请专利之间的关系，再加之国际学术竞争时效性的加剧
而申请专利需要烦琐的材料准备工作；因此，我国科研人员经常发生先在

国际期刊上发表论文而后丧失在国内申请专利机会的情况。为了既能确保我国科研人员国际学术的竞争力，又能保障科研机构、高等院校对其科技成果申请专利的权利；同时，也为了降低国内中小发明人申请专利的风险，我国有必要考虑和学习美国、日本的相关制度，放宽不丧失新颖性公开的范围，将发明人在一定期限内（如6个月或12个月内）在学术期刊、网络上发表的发明创造也视为不丧失新颖性公开的发明创造。

（3）生物与医学技术的可专利性问题。生物技术和医学技术既是当今时代发展前沿的科学技术，同时由于涉及人类的健康和生命，故也是具有广泛市场应用前景的技术。由于生物、医学技术研发周期长、投入大、市场广，因此，无论发明创造人还是投资人均期望通过申请专利以使其研发成果获得知识产权保护和稳定的市场预期。但是，由于生物、医学技术常常涉及人类健康和伦理等问题，因此经常面临是否属于可专利性客体的问题。以人胚胎干细胞可专利性问题为例，无论是国内还是国外，无论是以前还是现在，均存在严重分歧。从技术的角度，关于人胚胎干细胞的伦理道德争议的焦点主要集中在干细胞的获得和利用两个环节。前一环节的争议主要是如何看待胚胎的问题，包括胚胎的性质、地位、来源等；后一环节的争议包含了人们对治疗性克隆滑向生殖性克隆，包括克隆人、人兽杂交等的担忧。目前对于生殖性克隆，由于其对整个人类社会的道德、法律体系的巨大冲击，国际社会的意见和做法较为一致，即采取严格禁止的态度；而对于人胚胎干细胞的获得及其在治疗或研究方面的应用则存在较多争议。其中，美国最为开放，日本次之，欧洲则较为保守。我国前期对人胚胎干细胞技术的可专利性问题极为严格，而最近几年则有谨慎开放之势。[①] 同时，我国对于人胚胎干细胞的相关科学研究持有明确的支持态度，2005年我国政府在《国家中长期科学和技术发展规划纲要（2006—2020）》中明确指出要大力发展生物技术，其中一个方向就是"基于干细胞的人体组织工程技术"。国家已经投入了巨额资金和资源开展人胚胎干细胞技术的研发，并已经取得了大量的相关研发成果。如果一方面国家投入巨额资源进行干细胞技术研发，而另一方面国家对大多数干细胞技术拒

[①]　唐华东，王大鹏. 对我国人胚胎干细胞专利法律保护的思考［J］. 知识产权，2013（5）：52－57.

绝授予专利权，则会有可能导致我国科技政策和知识产权政策出现不协调、"两张皮"的问题。

（4）商业方法发明和涉及计算机程序的发明创造。当代科技发展的背后，无论是哪个技术领域，均或多或少地可以看到信息技术特别是计算机技术在之背后的推动和影响；当代商业方法或商业模式的创新，如网络购物、网络支付平台、共享单车等，无一不是或多或少地利用了信息网络技术。对于纯商业方法和计算机程序本身，目前仍然不属于我国专利保护的客体，但是我国对商业方法和涉及计算机程序的发明创造的可专利性问题，亦是经历了从严格限制到逐步放宽的过程。2017 年 4 月国家知识产权局对 2010 年颁布的《专利审查指南 2010》进行了修改，特别放宽了涉及计算机程序发明创造的审查标准。该修改进一步明确"计算机程序本身"不同于"涉及计算机程序的发明"，第一次允许采用"介质 + 计算机程序流程"的权利要求的表达方式，将根据计算机程序流程先后顺序以自然语言描述的完整的技术方案纳入到了我国专利保护客体的范围之内。但是，由于商业方法发明和计算机程序发明存在门槛过低的问题，国家知识产权局大幅放宽有关商业方法和计算机程序的发明创造可专利范围，其对我国市场经济发展和专利质量的影响仍然有待于进一步的评估。同时，笔者进一步建议对我国实用新型专利制度进行改造，不妨将那些创造性程度较低的商业方法、计算机程序等"小发明"纳入到实用新型专利的保护客体范围之内，并给予较短期限的保护。

2. 著作权保护客体

（1）著作权保护的客体"著作"名称之辩。国际上，与著作权相对的术语分别是英文"copyright"和法文"droit de auteur"，二者可以分别翻译为"版权"和"作者权"。"版权"（copyright）是英美国家的术语，是从权利内容角度表述有关权利，即禁止翻版、禁止非法复制之意，这个术语可以适用于文字作品、美术作品、建筑作品等所有受保护的客体，均无语病；同时，"作者权"（droit de auteur）是从权利主体角度表述有关权利，亦无语病。而"著作权"则是从权利客体角度表述有关权利，即著作的权利之意。《现代汉语词典》将"著作"解释为"用文字表达意见"。因此，我们将图书、论文称为"著作"没有问题，但是随着当代科技的发展，新的受保护客体不断出现，比如电影、摄影、计算机软件等，如果也称为"电影著作""摄影著作""计算机软件著作"，则明显不符合汉语规则。因此，语言学家吕叔湘先生曾一再指出：把文字著述之外的作品称为"著作"，把与之相应的版权称为"著作权"，是对中国语言文字的不了解。我国知识产权学者郑成思先生亦多次建言将"著作权法"的名称恢复为"版权法"。①

（2）人工智能"作品"与著作权保护。随着人工智能技术的发展，人类通过控制机器人进行绘画、写作和谱曲而获得的"作品"甚至已经可以通过"图灵测试"，有时与人类直接进行绘画、写作或谱曲所创作的作品甚至难分伯仲，因此，人工智能"作品"能否成为著作权保护的客体，已经成为日益受到关注的问题。当前，所谓的人工智能"作品"，仍然只是人工智能软件应用某种算法、规则和模板的结果，与人类为形成作品所需的智力创作相去甚远。② 笔者认为：人工智能软件能够自主地、像人类那样创作作品，至少在可预见的未来仍是难以实现的。但是，人类通过人工智能软件辅助所创作的作品，却极有可能比人类直接创作的作品更能受到市场的欢迎，同时，也有助于人类极大地加速作品的创作效率。而对于此类人工智能"作品"能否作为著作权客体受到保护，不同学者、不同国家却有不同的观点和实践。甚至有些论述在对此问题进行分析时，本身就有些自相矛盾。例如，日本"知识产权战略本部"在其《知识产权推进计划2016》报告中，首先否定了所谓"人工智能创作物"能作为作品受现行日本著作权法保护的可能性，同时又认为人类的创作物和人工智能创作物在外观上通常难以区分。因此，除去明显是人工智能创作物的情形，应当与人类的创作物进行相同的对待。人工智能创作的音乐、小说等内容也应当受到著作权的保护。③ 笔者认为：对于利用人工智能创作的"作品"不必如此自相矛盾，而应仅根据该"作品"是否具有独创性，判断其是否可以受到著作权保护即可。

（3）网络游戏节目、电视综艺节目、体育赛事节目。随着网络信息技术的快速发展，网络游戏节目、电视综艺节目、体育赛事节目的网络直播

---

① 周林. 成思建言录［M］. 北京：知识产权出版社，2012：100 – 110.
② 王迁. 论人工智能生成的内容在著作权法中的定性［J］. 法律科学，2017（5）：148 – 154.
③ 同②.

或转播活动已经成为相关利益主体争夺的一个焦点。由于网络直播或转播行为并不能为我国《著作权法》邻接权所能覆盖，因此，当前由此而产生的一个争议话题就是网络游戏节目、电视综艺节目、体育赛事节目本身是否属于著作权保护客体的问题，亦即这些节目是否构成作品。当前，司法裁判对此问题有着不同的观点和意见；同时，我国学者对于网络游戏节目、电视综艺节目、体育赛事节目应该给予何种程度的保护，亦存在分歧。为了促进网络游戏、电视综艺、体育赛事等文娱活动的健康有序发展，我国亟须从理论上对上述问题进行深入研究，并从法律层面对上述问题加以统筹考虑和解决。

3. 商标权保护客体

（1）商标保护客体的扩展——声音商标与气味商标。为顺应商标注册的国际发展趋势和企业自主创新发展需求，2013 年新修改的商标法将声音商标纳入可申请注册的范围。《商标法》第 8 条规定："任何能够将自然人、法人或者其他组织的商品与他人的商品区别开的标志，包括文字、图形、字母、数字、三维标志、颜色组合和声音等，以及上述要素的组合，均可以作为商标申请注册"。国家商标局亦颁布了《声音商标形式和实质审查标准（试行)》。由于声音商标开放注册时间尚较短，声音商标审查、评审、侵权判断标准尚不清晰，因此，尚需要进一步加强此方面的研究。2006 年 3 月，世界知识产权组织（WIPO）在新加坡主持外交会议缔结的《商标法新加坡条约》亦将其适用范围扩展至嗅觉商标、动作商标及位置商标等标识。我国目前尚不接受嗅觉商标、动作商标和位置商标的注册申请，为了适应市场的需要，我国亦有必要加强相关研究，并在条件成熟时对嗅觉商标、动作商标、位置商标提供商标保护。

（2）三维标志与外观设计、立体作品。三维标志商标、外观设计专利、立体作品（如雕塑作品、建筑作品、工艺美术作品等）均有可能指向同一客体，即富有一定美感的立体创作。简言之，商标法、专利法、著作权法所保护的客体可能是同一个客体。当然，这三部法律所要保护的客体则各有侧重：商标法要保护客体所具备识别商品或服务来源的功能；外观设计专利要保护的是富有美感的新设计；著作权法则是从独创性角度对客体给予保护。同时，对客体所可以拥有的三种知识产权的保护方式、保护期限、权利内容亦各不相同。对同一客体可以有几种形式知识产权进行保护所产生的问题，就是重叠保护的问题。对同一客体进行多种形式的知识产权重叠保护，由于有可能使公众难以对某智力成果的利用产生稳定的预期，故无论是学者还是公众对此问题均颇有分歧。另外，各国的立法对同一客体能否进行多种形式的知识产权重叠保护问题亦不一致。有些国家如英国、澳大利亚，规定对既可以享有版权又进行外观设计登记保护的艺术作品，只能二选其一；而有些国家则可以进行重叠保护。我国对此问题没有明确规定，在司法实践中也造成了一些困惑。例如，在谢某某与叶某某、海宁市明扬食品有限公司著作权权属、侵权纠纷一案中，审理法院认为：因为若允许以享有外观设计专利中的外观设计图片的著作权为由阻碍他人实施已经进入公有领域的专利，显然会有损社会公众的信赖利益，亦与专利法之宗旨相悖，因此，权利人在其外观设计专利权到期后，即便仍然可以享有著作权，且该著作权尚在保护期内，但亦不得以此为由阻碍他人对已经进入公有领域的自由技术的实施。而在乐高诉可高著作权侵权纠纷一案中，审理法院却认为：乐高公司就其实用艺术作品虽然申请了中国外观设计专利，但并不妨碍其同时或继续得到版权法的保护，因此判决被告构成著作权侵权。为了统一适用法律，切实保护权利人和社会公众的合理预期，我国亟须对此问题进行深入研究，并做出适合我国国情的立法选择。

第十七章

生物技术成果的知识产权保护

20世纪70年代以来，随着基因重组技术、细胞和原生质体融合技术、酶（或细胞）的固定化技术、动植物细胞大规模培养技术、现代生物反应器技术以及分离纯化技术的迅速发展，生物技术进入了一个新的发展阶段。生物技术为解决人类面临的食品与营养、资源与能源、环境与健康等重大问题开辟了新的途径，并逐步形成了一批新兴产业。生物技术领域的发明具有投资高、难度大、研发周期长、进入市场慢等特点，投资者具有较大的市场风险。从发达国家的经验看，只有提供充分的知识产权保护，特别是专利保护，才能保证生物技术研发的持续投入和快速发展。[①] 而与此同时，生物技术的研究和保护中，又涉及发明还是发现这一专利法中的基本问题，涉及人的生命和尊严等伦理问题，也涉及公共健康等社会问题。因此，生物技术的成果在知识产权保护方面也存在很多的争议。下面重点介绍基因专利保护和人胚胎干细胞专利保护两个方面的问题。

一、主要国家或地区生物技术成果专利保护概况

（一）美国

由于美国是典型的判例法国家，美国对待生物技术可专利性的态度是在一系列判例的基础上发展起来的。美国关于生物技术可专利性的实践很大程度上是在1980年Diamond案[②]的基础上发展起来的。美国国内成文法

---

① 参见国务院办公厅《生物技术发展政策要点》，国办发〔1988〕18号。
② 447 U. S. 303（1980）.

对可专利主题的规定主要体现在《美国专利法》第 101 条有关可专利主题的规定及审查指南中的审查指导原则。美国联邦最高法院裁判的 Diamond 案在有关生物技术可专利主题的问题上具有里程碑式的影响，该案将《美国专利法》第 101 条的范围解释为"包括阳光下人造的任何东西"。

美国生物技术的专利保护范围包括植物领域、动物领域、微生物领域、遗传物质领域。1930 年美国国会颁布了《植物专利法》，认为"应向农业提供切实可行的，与提供给工业同样的机会来利用专利制度"，否则"育种者将不会有足够的财力激励其从事育种活动"。1952 年的《美国专利法》将专利保护的种类分为三种，即植物专利、外观设计专利和实用专利。

1985 年的哈佛鼠专利是美国第一项动物专利。该专利在美国生物技术专利保护发展过程中是一个里程碑。之后，美国专利与商标局也开始允许对细胞系包括人体的细胞系授予专利权。1873 年，美国专利与商标局授予巴斯德一项有关酵母的专利，这被认为是涉及微生物的首例专利。

在美国，基因的序列、一个基因的部分序列、新的蛋白质产品、有特定纯化程度或最低限度活性的已知的蛋白质、或者包括序列的各种各样的产品都具有可专利性。美国于 1997 年 3 月批准一项基因表达序列片断的专利申请，这是世界上第一个获得专利的基因。2013 年 6 月 13 日，美国联邦最高法院对 Myriad 案做出判决，对基因的专利保护进行了限制。对此，本章第二部分进行了详细探讨。

（二）欧洲

《欧洲专利公约》第 53 条（b）款明确拒绝动植物专利，《欧洲专利审查指南》同样也排除植物的可专利性，这就使得欧洲对转基因动植物的保护一度难以落实。

1998 年 7 月 6 日，欧洲议会和理事会通过了《生物技术发明法律保护指令》，其中规定"动植物品种不授予专利保护，但对于不限于特定品种的动植物本身，包括转基因动植物，可以获得专利权"。欧盟成员国被要求在 2000 年 7 月 30 日在其国内法中实施该指令，1999 年 7 月欧洲专利局执行局作出决定，接受欧盟该指令，把其内容写进欧洲专利公约实施令的第二部分，该指令对生物技术发明进行了定义，生物技术发明指那些专利所涉及的产品由生物材料构成或包含由生物材料的产品发明，或生物材料被生产、加工或使用的方法发明。生物技术的专利保护范围是生物材料、植物或动物、微生物。生物材料指任何包含基因信息并且能够自身复制或用生物方法复制的材料。从自然环境分离出来或者通过人工方法生产出来的生物材料，即使在自然界业已存在，仍然可以获得专利权保护。如果该发明的技术实施范围不限于一个特定的植物或动物品种，则可以获得专利。微生物学的或者其他的技术方法，以及通过这样的方法获得的不同于植物或动物的产品。

（三）日本

日本在特许厅《关于植物品种的审查标准》《特殊领域发明的审查指南》及《向有关微生物的发明授予专利的审查标准》中规定了生物技术的专利范围。

1997 年 4 月 1 日实施的《特殊领域发明的审查指南》的第 2 章是关于生物技术发明的审查指南，它把生物技术领域中的发明分为 4 类：微生物、遗传工程、动物和植物。该审查标准规定：对酵母、霉菌、蘑菇菌类、细菌、放线菌、单细胞、藻类、病毒、原生物等微生物，包括动植物的组织培养物所产生的微生物，涉及这些微生物自身的发明都可以作为专利的对象物质。《特殊领域发明的审查指南》规定微生物发明包括微生物本身有关的发明和与微生物的使用有关的发明等。《特殊领域发明的审查指南》规定，遗传工程是指通过基因重组、细胞融合等方法人工操作基因的技术。与遗传工程有关的发明包括基因、载体、重组载体，转化细胞、融合细胞等发明。基因、片断和片断等发明属于化学物质发明。

日本于 1978 年 7 月 10 日参照《关于保护植物新品种的国际公约》，特别颁布了种苗法，保护新植物品种。所以，在日本同一植物新品种既可以获得专利法的保护也可以得到种苗法的保护。《特殊领域发明的审查指南》规定，植物发明包括植物本身的发明、处理植物的方法发明、与植物局部有关的发明、与植物的使用有关的发明等。

（四）中国

我国《专利法》第 25 条第 1 款第（四）项规定，动物和植物品种不授予专利权。我国专利制度建立以来，一直不保护动物和植物品种。转基因动物或植物是通过基因工程的重组 DNA 技术等生物学方法得到的动物或植物，仍属于动物或植物品种，不能授予专利权。

我国《专利法》于 2008 年修改时增加了第 5 条第 2 款的规定，对违反法律、行政法规的规定获取或者利用遗传资源，并依赖该遗传资源完成的发明创造，不授予专利权。

我国《专利法》第 25 条第 1 款第（一）项规定，科学发现不授予专利权。根据《专利审查指南 2010》第 2 部分第 10 章的规定，人们从自然界找到以天然形态存在的基因或 DNA 片段，仅仅是一种发现，属于"科学发现"，不能被授予专利权。

但是，如果是首次从自然界分离或提取出来的基因或 DNA 片段，其碱基序列是现有技术中不曾记载的，并能被确切地表征，且在产业上有利用价值，则该基因或 DNA 片段本身及其得到方法均属于可给予专利保护的客体。

根据我国《专利法实施细则》第 25 条和《专利审查指南 2010》第 2 部分第 10 章的相应规定，生物材料属于可授予专利的主题，可以得到专利的保护。此处的生物材料不仅包括细菌、真菌、放线菌和病毒，而且包括动植物细胞系、质粒、原生动物和藻类以及遗传物质基因等。

二、基因的专利保护——从 Myriad 案谈起

2013 年 6 月 13 日，美国联邦最高法院就 Ass'n for Molecular Pathology v. Myriad Genetics 案（以下简称"Myriad 案"）做出最终判决[①]，认定 Myriad 对 BRCA1 和 BRCA2 所拥有的 DNA 专利无效，但 cDNA 专利有效。此案不仅对于美国的基因专利保护制度有重大影响，而且也引起了全世界对基因专利保护的反思。

（一）Myriad 案简介

Myriad 公司于 1997 年至 2000 年获得了乳腺癌易感基因 BRCA1 和

---

① Ass'n for Molecular Pathology v. Myriad Genetics，Inc.，569 U. S. 133 S. Ct. 2107（2013）.

BRCA2 相关的 7 个专利授权。其中最具代表性的是 5747282 号专利，其中重要的权利要求是权利要求 1 和权利要求 2。权利要求 1 保护的 BRAC1 的 DNA，保护范围比较大。而权利要求 2 是权利要求 1 的从属权利要求，只保护人工合成的 cDNA。

2009 年，美国分子病理学协会和美国公民自由联盟（ACLU）、非营利组织公共专利基金会（PUBPAT）等组织代表科学家和患者群体在纽约南区联邦法院起诉 Myriad 公司、犹他大学研究基金会和美国专利商标局，指控 Myriad 公司拥有的 BRCA 基因专利是非法的，限制了科学研究，损害了患者对医疗权的获得。案件争议的焦点是 Myriad 公司从人类染色体中提纯并分离的 DNA 基因片断是否具有专利性。2010 年，纽约南区联邦法院做出了一审判决。[1] 法官斯威特（Sweet）判定 Myriad 公司用于申请专利的基因属于自然的产物，不具可专利性。

Myriad 公司提起了上诉，上诉法院联邦巡回上诉法院于 2011 年 7 月做出二审判决。[2] 该判决部分推翻一审判决，判定 Myriad 的 BRCA 基因具有可专利性。美国分子病理学协会等原告不服上述二审判决，向美国联邦最高法院申诉。2012 年 3 月 26 日，联邦最高法院撤销了联邦巡回上诉法院判决，发回重审。同年 8 月 16 日，联邦上诉法院决定维持原判。[3]

2013 年 6 月 13 日，美国联邦最高法院做出最终判决。[4] 联邦最高法院最终裁决 Myriad 公司分离的 BRCA1 和 BRCA2 基因不具备可专利性，但同时也认为人工合成的 cDNA 具备可专利性。根据联邦最高法院的判决，Myriad 公司没有创造出任何东西。Myriad 公司发现了一个重要而且有用的基因，但是从周围的遗传物质中分离出这个基因，并不是一种发明行为。人工构建的 cDNA 虽然与天然 DNA 包含相同的编码信息，但是 cDNA 通常会省略天然 DNA 片段中某些不编码蛋白质的部分，这样的 cDNA 是可以作为专利的。

---

[1] 669 F. Supp. 2d 365（S. D. N. Y. 2009）.

[2] 653 F. 3d 1329（Fed. Cir. 2011）.

[3] 689 F. 3d 1303；2012 U. S. App. LEXIS 17679；103 U. S. P. Q. 2D（BNA）1681.

[4] 569 U. S.（2013）.

（二）美国关于专利适格性的历史发展

1. 美国专利法的规定

根据美国专利法的规定和实践，专利申请人的专利申请要获得专利授权必须符合五个要件：一是属于专利保护的客体；二是具有新颖性；三是具有非显而易见性；四是具有实用性；五是说明书公开充分。[①] 其中，第一个问题被称为专利适格性问题。Lourie 法官在 Myriad 案的重审判决中曾指出："专利适格性"问题是一个门槛测试，而不是判定此发明是否能获得专利。判定发明是否能获得专利是一个对多项其他法定要求的测试。[②] 可见，前面所说的五个条件中，第一个条件是门槛，只有符合这一条件，才涉及判断是否符合其他条件的问题。

美国专利法关于专利保护客体的规定是第 101 条的规定："凡发明或发现任何新颖而实用的方法、机器、产品、物质合成，或其任何新颖而实用之改进者，可按本法所规定的条件和要求获得专利。"这一规定，最早见于 1793 年的专利法，但在 1793 年的专利法中，方法是由技艺来表达的。1952 年的专利法中，才将"技艺"改为"方法"，并沿用至今。但是美国专利法中并没有明确规定不授予专利权的客体。

2. 美国专利判例中不授予专利权的客体

虽然美国专利法中并没有对不授予专利权的客体做出明确规定，但美国的判例已经将某些客体排除在专利保护之外。美国联邦最高法院认为一个产物要成为可专利的客体，必须要它与自然状态下存在显著的不同特征，即一个来自自然的原始材料必须要经过一个过程，使它具有一个新的不同的特征、特性或者用途等，才能成为可专利的客体。[③]

其中最主要是的三种不予保护的客体：自然规律、物理现象和抽象观

---

① WILLIAM B. MCCONNEL. Patenting Isolated Human Enhancer Elements &The Utility Requirement Problem［J］. Law Journal of Science and Technology, 2013（23）: 409.

② 689 F. 3d 1303; 2012 U. S. App. LEXIS 17679; 103 U. S. P. Q. 2D（BNA）1681.

③ Am. FruitGrowers, Inc. v. BrogdexCo., 283U. S. 1, 11（1931）.

念。为什么这三类例外不能授予专利，主要理由是这是人类知识的存货，是所有人可自由使用的，而不是为某人专门保存的。① 在 In Gottschalk v. Benson and Parker v. Flook 案中，法院认为，这三类不能授予专利的原因是它们是科技工作的基本工具。② 其中基因专利涉及是，某些产品是否属于自然规律或自然产品从而不具有专利适格性的问题。

3. 美国关于专利适格性的主要判例

自然产品能否授予专利源于 Ex parte Latimer 案③。原告主张从澳大利亚松针细胞组织中提取的纤维授予专利。专利商标局认为，纤维只是自然产品，就像收割机收割的小麦一样只是从周围环境中剥离出来，不能授予专利权。但在 Parke – Davis & Co. v. H. K. Mulford Co.④ 案中，法院认为提纯的肾上腺素可以授予专利权，因为与自然状态相比，它在商业和医疗上是一种新的东西，即使只是没有任何改变的萃取物，也没有任何规则认为它不能授予专利。这与 Ex parte Latimer 案是矛盾的。学者认为，从自然界中提取的产品能否授予专利，关键是看其是否存在"有用的差别"，这是影响自然产品给予专利保护的主要原因。如果一个从自然状态中剥离的产品使之比自然状态下更有用，仍可以获得专利。⑤ 之所以如此，是因为"美国专利法当时还没有明确的自然产品的归类，作为区别于新颖性、实用性和创造性的问题"。

后来的两个案件法院都没有授予专利权。在 General Electric Co. v. De Forest Radio Co. 案⑥中，法院认为纯钨只是一种发现，而不是发明了其特点。在 In re Merz 案⑦中，法院认为天青石做成的蓝色颜料不能授予专利。

Funk Brothers 案⑧是其后影响较大的一个案件。该专利权利要求保护

---

① 这一理由最早在 1948 年的 Funk Bros 案中阐述，并在后来的案件中被引用。
② Gottschalk v. Benson, 409 U. S. 63, 67 (1972).
③ 1889C. D. 123, 46O. G. 1638 (Comm'r Pat, 1889).
④ 189 F. 95 (S. D. N. Y. 1911).
⑤ BEAUCHAMP C. Patenting Nature: A Problem of History [J]. Starford Technology Law Review, 2013 (16): 257, 271 –273.
⑥ 28F. 3d 641, 643 –48 (3d Cir. 1928).
⑦ 97 F. 2d 599 (C. C. P. A. 1938).
⑧ 333 U. S. 127 (1948).

的是一种豆科植物接种菌，由选自特定种系的相互间不存在抑制作用的菌株组成。而在此之前，提取来自一种根瘤菌的接种菌是现有技术。几种根瘤菌组合在一起被认为相互有抑制作用。专利权人发现了相互不具有抑制作用的根瘤菌，并组合在一起申请了专利。美国联邦最高法院认为，专利权人并不是创造了细菌相互间的不抑制作用。不存在抑制作用的特征，就像"太阳的热量、导电性或金属的质量"，是"大自然的杰作"，因此不具备可专利性。选择的几个品种为一个产品的组合是最新发现的自然原理的一个应用，也不是具备可专利性的技术改进，因为没有任何一个细菌品种获得了不同的特性或用途。这一案件被认为是专利适格性的重要案例，但这时适格性问题仍不是一个独立的问题，最高法院是在创造性的术语下进行讨论的。[1]

Merck & Co. V. Olin Mathieson Chemical Corp. [2] 案涉及维生素 B12 活性成分。在专利申请之前多年，人们就发现食用肝脏有助于治疗恶性贫血。Merck 公司的两名员工致力于肝脏中抗贫血成分的研究，并成功提取了称为维生素 B12 的物质，于 1952 年申请了专利维生素 B12，1955 年获得授权。Merck 公司指控 Olin mathieson 公司侵犯其专利权。Olin mathieson 公司提出了专利无效的反诉。一审法院认为，维生素 B12 活性成分是包含牛肝脏中提取的维生素 B12 的物质，它与牛等反刍动物肝脏中的成分是一样的，是多年来一直就存在的。二审法院认为，维生素 B12 的物质在牛体中只是很少的量，也可以产自某种微生物。作为自然酵素，没有任何使用价值、治疗价值和商业价值，直到转化成专利产品。《美国专利法》第 101 条的规定，并没有把"新的和有用的组合物"的自然产品排除在专利保护之外。那些受专利保护的有形物在某种意义上说也是自然之物，因为其基本原材料来自自然。维生素 B12 属于自然物质，但是是不为人知的，该专利要求保护的并非是天然形态的维生素 B12，而是利用微生物人工合成的高纯度的维生素 B12，同时揭示了维生素 B12 生产加工过程，揭示了维生素 B12 的功效。因此，法院判定 Merck 公司的专利有效，应给予保护。

---

① HOLMAN C M. Patent Eligibility Post – Myriad：A Reinvigorated Judicial Wildcard of Uncertain Effect [J]. The George Washington Law Review, 2014, 82 (6).

② 253 F. 2d 156 (4th Cir. 1958).

对于自然物质来说，自然物质也能成为适格的专利客体，满足专利授权条件，也能被授予专利权。

Charkrabarty 案是美国专利法历史上关于专利适格性的里程碑式的案件。该案中，查卡拉巴提（Charkrabarty）就一种转基因的微生物申请了专利。美国联邦最高法院认为，专利法在规定专利保护客体时，使用了"任何"一词，表明专利保护的客体例如"产品""物质合成"具有最广泛的含义。国会的立法意图是用发明专利来保护"阳光下人所制造出来的一切东西"。专利法也没有将有生命的物质排队在发明专利保护的范围之外。所有的人造的东西，不论是有生命的还是无生命的，都属于专利法保护的客体。就该案的转基因微生物来说，它是一种人造的产品，而非自然存在的东西，因而属于专利保护的客体。因为"权利要求主张的并不是迄今未知的自然现象，而是非天然存在的产品或化合物，是具有'与众不同的名称、特征及用途'的人类智慧的结晶。"对于美国专利局所提出的，引用宗教界和科学界人士的看法，即进行基因发明的研究，有可能产生严重危害人类自身的结果，例如造成污染、传播疾病，导致基因多样性的丧失等。联邦最高法院认为，是否授予微生物以专利权，并不影响科学家的相关研究。在个别人就特定的研究结果寻求专利保护之前，已经有大量的研究工作存在。无论法律是否给予专利保护，科学家的探索不会停止。有关微生物的研究结果是否应当获得专利保护，完全是一个立法解决的问题。法院的任务仅仅是确定，在国会制订的法律中，某一具体术语的含义是什么。国会可以通过立法修改第 101 条，对微生物不提供专利保护，但在国会做出那样的修改前，法院只能认定申请人发明的微生物属于专利保护的对象。①

对于该案判决有的法官持反对意见。但国会立法并没有否定这一判决，并且通过设立联邦巡回上诉法院，便进一步肯定了这种做法。②

---

① 李明德. 美国知识产权法［M］. 2 版. 北京：法律出版社，2014：42 - 43.

② HOLMAN C M. Patent Eligibility Post – Myriad：A Reinvigorated Judicial Wildcard of Uncertain Effect［J］. The George Washington Law Review，2014，82（6）.

（三）美国基因专利的发展及 **Myriad** 案的影响

1. 美国的基因专利保护及审查标准

Chakrabarty 案之后，在联邦巡回上诉法院的主导下，专利保护客体大幅扩张，最著名的是计算机实施的方法、金融方法和商业方法，最后到了生物技术领域。专利局运用 Chakrabarty 一案的推理，判定植物和动物都可以受到发明专利的保护。[①] 而基因正是在这种背景下受到专利保护的。

基因是核酸中的贮存遗传信息的遗传单位，是贮存有功能的蛋白质多肽链或 RNA 序列信息及表达这些信息所必需的全部核苷酸序列。[②] 人类基因已成为重要的战略性资源，未来的基因诊断、基因治疗技术都将建立在基因序列的基础之上，因此科学界、生命科学技术公司都在极力争夺基因资源的桥头堡。

基因资源转化为权利主要靠专利制度。基因能否授予专利，即基因是否具有专利适格性，首先一个问题是基因是发明创造还是科学发现。如果基因是发明创造，当然应当授予专利；但是，如果基因是科学发现，则不能用专利保护。因此，关于基因属于发明创造还仅是科学发现，基因专利的支持者与反对者的意见截然相反。

基因专利的支持者认为：基因是有机化合物。当把基因从它所在的染色体上分离并提纯后，它们就符合作为化学化合物申请专利的条件，这也是专利保护所及的程度。基因专利的反对者认为：基因是天然存在的，不是任何人的发明，因而不应由任何人所拥有。两种对立的观点困扰着专利法理论和实务界。但这并没有阻碍基因被授予专利的进程。在 Chakrabarty 案确立的原则的指导下，在美国强专利保护的趋势中，加上《美国拜杜法案》刺激了大学和科研机构在生物医药领域的研发和保护欲望，对基因给予专利保护成为自然而然的事。

1995 年 7 月 14 日，美国专利局公布了《实用性审查指南》，该指南为生物技术和制药工业确立了同其他领域一样的实用性标准。该实用性审查

---

① HOLMAN C M. Patent Eligibility Post – Myriad：A Reinvigorated Judicial Wildcard of Uncertain Effect［J］. The George Washington Law Review，2014，82（6）.

② 李迪，张晓铃. 有关基因专利的研究［J］. 法制与社会，2007（1）：294 – 296.

指南实质上降低了此前美国专利局对生物技术发明专利的实用性标准。先前要求申请人必须指出能够应用于产业的具体用途，才能满足实用性要求，而现在只需普通技术人员合理预期一项技术值得进一步的研究和发展，即认为只要一项发明方案在本领域普通技术人员看来是可信的或者其实用性是显而易见的，既可达到实用性条件。

2001 年 1 月 5 日美国专利与商标局公布了新的《专利申请实用性判断指南》，该指南的草案于 1999 年 12 月公布，已经过一年的公众评议并作了最后的修订。该指南适用于所有技术领域的专利申请实用性判断，但重点是为解决新兴技术领域中尚未被充分了解的新材料（如基因）的专利申请引发的实用性判断问题。美国生物技术产业组织认为该指南将促进有关基因发明专利的申请。新指南为 DNA 序列专利申请确立的实用性审查准则是：除非新颖的 DNA 序列的具体生物学功能或者它与具体的人体状况的关系被公布，否则，这类序列发明不能获得专利权。该指南要求，申请必须要公开一个具体的、实质的、可信的用途。在新的审查指南指导下，美国专利局开始使用三步法判断发明的实用性：第一，发明是否具有具体的实用性；第二，发明是否具有实质的实用性；第三，发明是否具有可信的实用性。新的审查指南对实用性的审查规则规定更为具体、更易于实践操作，而且规定的标准也比 1995 文本严格。在实际操作中，美国法院和专利商标局对基因专利实用性的标准进行了比较宽泛的解释，使大部分的基因专利申请很容易满足这一标准。

美国联邦最高法院 Myriad 案的判决，改变了对基因专利的审查和授权标准，使适格性问题成为基因专利审查的一个首要的问题。案件判决的当天，美国专利商标局就向审查员发布了备忘录，称 Myriad 案将从根本与改变核酸有关技术的审查方针，完全来自于自然存在的核酸及片段，不管是不是提取的，将不再授予专利。① 2014 年 3 月 4 日，美国专利商标局颁布了关于自然物质包括自然法则、自然现象和自然产品的专利性审查指南②，新指南规定，要求保护的自然物质必须实质地（significantly）或明显地

---

① USPTO. Memorandum［EB/OL］.（2013 - 06 - 13）. http：//www. uspto. gov/sites/default/files/patents/law/exam/myriad_20130613. pdf.

② USPTO：2014 Interim Guidance on Patent Subject Matler Eligibility.［EB/OL］.（2014 - 12 - 16）. https：//www. govinfo. gov/content/ptg/FR - 2014 - 12 -16/pdf/2014 - 29414. pdf.

（markedly）区别于自然存在的物质，才能授予专利。这种区别必须是结构上的明显区别，而不是功能上的区别。上述规定，被吸收到美国专利商标局 2014 年 12 月颁布的《专利客体适格性临时指南》。

2. 欧洲和日本基因的可专利性

美国不仅仅扩大本国专利的保护范围，也非常希望其他国家在新技术保护方面采取宽松的标准。而很多国家和地区为了自身生物技术发展的需要，也对生物技术专利采取了比较宽松的标准。

自 20 世纪 80 年代以来，欧共体委员会一直在寻求在生物技术的专利性方面制订指令。欧共体委员会认为，对于这种专利的保护，不同的成员国之间存在较大差异，并且总体来说比美国和日本更弱。指令的目的在于加强对生物技术专利的保护，并澄清哪些可以得到专利保护。1998 年 6 月16 日，欧盟部长理事会通过了欧共体生物技术专利指令草案，1998 年 7 月30 日，该指令生效。生物技术专利指令的目的之一就是：所有成员国对生物发明提供有效和统一的保护，并通过保护刺激欧洲生物工程领域的投资，增强针对美国和日本的竞争力。[①] 指令明确指出，为该指令之目的，新的、有创造性，而且能够在工业上应用的发明应具有可专利性，即使它们涉及由生物材料组成或含有生物材料的产品，或者涉及一种使生物材料得以复制、产生或应用的方法。[②] 指令明确，从自然环境中分离的或通过技术手段产生的生物材料可以成为发明的客体，即使它曾在自然界中存在。[③] 对于基因的可专利性，指令序言部分指出，未说明功能的单纯 DNA序列不包含任何技术信息，因此属于不具有可专利性的发明，[④] 为了适用于工业上应用从而符合专利性标准，当基因序列或部分基因序列用于生产蛋白质或其中某部分时，有时有必要指明生产了哪种蛋白质或某种蛋白质的哪个部分，或指明其可实现什么功能。[⑤]

面对有关生物技术和生命科学的专利基本上被美国企业垄断的局面，

① 李明德. 欧盟知识产权法［M］. 北京：法律出版社，2010：376.
② 《欧共体生物技术专利指令》第 3（1）条。
③ 《欧共体生物技术专利指令》第 3（2）条。
④ 《欧共体生物技术专利指令》序言第（23）条。
⑤ 《欧共体生物技术专利指令》序言第（24）条。

从 1999 年开始，日本政府就开始实施与美国、欧盟等国家进行基因专利争夺的战略方针。日本专利厅甚至还效仿美国的做法，制定了一系列新方针，将拥有特定用途的片段也纳入到了专利制度保护的范围之中。日本把蛋白质、基因、片段等与基因相关的发明看作化合物，在工业实用性上的要求与其他化合物没有实质性的差别。这些化学物质，只要能从申请文件公开的内容中预见到它们的具体用途，就具备了专利法要求的实用性条件。日本特许厅于 1997 年 4 月 1 日实施的《特殊领域发明的审查指南》中第二章是关于生物技术领域发明的审查指南。生物技术发明的审查指南只是较为笼统地指出，只是发现不是创造，不具有实用性的发明不能在产业上应用，不具有实用性。例如，仅仅是对自然界中存在的微生物、植物以及动物的认识，由于没有创新而只是发现实用性没有在说明书中描述或不能推知的基因、载体、重组载体、转化细胞、容和细胞、重组蛋白质和单克隆抗体等发明不具有实用性。

3. 我国基因专利的审查标准

我国《专利审查指南 2010》规定的基因专利的审查标准是："无论是基因或是 DNA 片段，其实质是一种化学物质。这里所述的基因或 DNA 片段包括从微生物、植物、动物或人体分离获得的，以及通过其他手段制备得到的。……人们从自然界找到以天然形态存在的基因或 DNA 片段，仅仅是一种发现，属于专利法第二十五条第一款第（一）项规定的'科学发现'，不能被授予专利权。但是，如果是首次从自然界分离或提取出来的基因或 DNA 片段，其碱基序列是现有技术中不曾记载的，并能被确切地表征，且在产业上有利用价值，则该基因或 DNA 片段本身及其得到方法均属于可给予专利保护的客体。"① 上述规定，在 2001 年版和 2006 年版的审查指南中，就已经有类似的陈述。

可以看出，欧盟、日本和我国对于基因专利审查的标准，与美国 Myriad 案之前美国的标准基本相同，即通过实用性标准模糊了发明与发现的区别，使基因专利的授权关注点集中在实用性问题上，而不是适格性或者是不是科学发现这一问题上。

---

① 参见《专利审查指南 2010》第二部分第十章第 9.1.2.2 条的规定。

（四） 总结和分析

美国一直是基因专利保护的积极推动者。随着美国在全球生物技术领域领先的优势日渐扩大，美国对基因专利采取了相对比较宽松的标准，使基因专利申请比较容易获得专利保护。这便于美国生物技术企业在世界范围内进行"圈地运动"，排挤竞争对手，扩大竞争优势。这无疑是符合生物领域中暂时领先的市场主体的利益的，在世界范围内也是美国国家利益的体现。为了刺激生物技术方面的投资，促进本国生物技术研究和发展本国的产业，很多国家和地区如欧盟和日本等也都采取了与美国相似的政策，对基因专利采取了比较宽松的标准，大量的基因专利被授权。据估算，美国已经授予了41%的人类基因以专利权。①

但是，专利保护是一把"双刃剑"，基因专利授权刺激了生物技术发展的同时，也引起了人们的担忧。反对基因专利的最主要理由是基因专利会阻碍科学研究和妨碍公共利益。就 Myriad 公司的 BRCA 专利而言，反对的理由主要是：一是它延缓了乳腺癌等遗传病方面的创新，二是限制了对基因检测及其他健康产品的使用。② 在质疑和反对声音越来越强烈的背景下，美国最高法院终于在 Myriad 案中对基因专利"踩了刹车"。最初，人们普遍认为 Myriad 案将重挫美国的基因工业，对基因专利以至生物技术产业带来根本性的变革。在 Myriad 判决之后，Myriad 公司以及其他生物技术公司的股价曾大幅下挫。

但两年多来，美国并没有制订限制基因专利的法律，而 Myriad 案对美国基因工业的影响并没有当初人们认为的那样大，宣告基因不能授予专利并不像最初想的那么可怕。联邦最高法院判决后，Myriad 公司仍在发展，2013 年年收入比 2012 年增加了 23%，并扩大经营领域。Myriad 公司以及其他生物工程公司在纳斯达克的股价回复到原来的水平。并且，Myriad 公司认为它在这一案件中取得胜利。这是因为，在基因工业中，真正挣钱的

---

① ROSENFELD J A, MASON C E. Penasive Sequerue Cover the Entire Human Genome [J]. Genome, 2013, 27 (5).

② RINEHART A S. Myriad Lessons Learned [J]. S. J. Quinney College of Law research paper, 2015 (87): 1–40.

是合成基因和有关方法的权利要求，而这些权利要求并没有被认定不能授权。①

美国有学者认为，针对 Myriad 案，联邦最高法院恰当地实现了专利法的目标，通过促进科学进步同时对科技基本工具的不正当限制进行制约，找到专利法这把"双刃剑"的平衡点。Myriad 案的判决，是科学、公众健康、个人医疗的巨大胜利，而它只是通过打了一下生物工业的手腕来实现的。②

在美国已经给基因专利踩刹车减速的情况下，其他国家并没有立即效仿。其中的原因可能是，其他国家授予的专利数量远比美国少，基因专利所带来的问题并不突出。另外，如何在基因专利审查和授权的过程中找到一个恰当的平衡点，还要等待更多的经验。因此，如何确定授予基团专利的恰当标准，还需要进行进一步的探索和研究。

三、人胚胎干细胞的专利保护

人类胚胎干细胞是从囊胚期胚胎内细胞团分离获得的具有发育多能性的一类细胞，可分化为组成生物体的各种细胞，这种特性在治疗帕金森症和老年痴呆症，组织器官移植和再生医学等领域有着广阔的医疗前景。人类胚胎干细胞能否被授予专利权，涉及是否符合伦理标准的问题，对此，美国、日本、欧洲和我国的做法不尽相同。

（一）城户常雄的人胚胎干细胞专利申请案

日本人城户常雄就涉及人胚胎干细胞的发明创造在不同的国家申请专利。该专利申请在美国、日本等很快获得了专利授权，在欧洲专利局经过修改也获得了授权，但我国专利复审委员会和北京知识产权法院都认定不能授予专利权。该案体现了不同的国家和地区对于人胚胎干细胞专利审查标准的差异，其中最主要的是是否违反社会公德这一伦理障碍。

2011 年 1 月 12 日，城户常雄在美国提出"获得和维持易于在体外分

---

① BOLYARD E J. Association For Molecular Pathology V. Myriad Genetics, Inc.: Progress By Principles [J]. Social Science Electronic Publishing, 2015.

② 同①.

化成少突胶质细胞谱系细胞的纯化或富集的哺乳动物神经干细胞群和或神经祖细胞群的培养方法"专利申请，并于 2012 年 1 月 12 日提出了 PCT 国际申请。说明书记载从 12 和 15 周胎儿脊髓中分离神经细胞，还记载"本发明使用的分离的细胞从 8~24 周孕龄，优选为 12~18 周孕龄的胎儿脊髓中获得。"说明书还提到，该申请所述神经干细胞的获取是通过美国先进生物科技资源公司（Adcanced Bioscience Resources）获得。可见，该专利申请涉及人胚胎干细胞的可专利性问题。该专利申请在一些国家和地区很容易获得了授权。例如，2014 年 11 月 21 日在日本获得授权。[①] 2015 年 3 月 31 日在美国获得专利授权。[②] 另外，该专利申请在澳大利亚、新西兰和中国台湾地区也很快被授予专利权。

该专利申请在欧洲专利局经过修改权利要求和说明书后最终也获得了授权。2014 年 8 月 25 日，欧洲专利局审查部门发出审查意见通知，认为专利申请不符合授权条件，其中一项理由是不符合《欧洲专利公约》第 53 条（1）项的规定。[③] 申请人对权利要求 1 等进行了修改，主要增加了"其中所述细胞来自不是人胚胎的哺乳动物胎儿"的限定。[④] 2019 年 2 月 28 日，欧洲专利局决定授予欧洲专利。

该专利申请进入中国后，国家知识产权局审查部门于 2016 年 9 月 1 日以该申请不符合《专利法》第 5 条第 1 款等理由，驳回了专利申请。申请人提起复审，同时修改了权利要求书和说明书，权利要求 1 中增加"其中所述可扩增的人神经细胞是在不违反社会公德的情况下获取的"限定。2017 年 12 月 25 日，专利复审委员会主要以修改超范围为由，维持了原审查决定。[⑤] 城户常雄不服，向北京知识产权法院起诉。北京知识产权法院于

---

① 日本授权专利的权利要求 1 的内容与前述专利申请的内容基本相同。参见日本特许 5649745 号。https：//www. j - platpat. inpit. go. jp/web/tokujitsu/tkbs/TKBS_GM301_Detailed. action。

② 美国授权专利的权利要求 1 的内容与前述专利申请的内容基本相同。参见美国专利 8993320 号。

③ 参见欧洲专利局的审查意见通知，通知中还提到了关于胚胎和胎儿的区分标准。EPR. EP2663638［EB/OL］. https：//register. epo. org/application? number = EP12701024&Ing = en&tab = doclist.

④ 参见申请人城户常雄的代理人雷内·J. 拉格恩（Rene J. Raggers）提交欧洲专利局的答复审查意见。EPR. EP2663638［EB/OL］. https：//register. epo. org/application? number = EP12701024&lng = en&tab = doclist.

⑤ 参见国家知识产权局专利复审委员会 136341 号审查决定。

2018 年 12 月 21 日判决驳回诉讼请求。① 法院判决的主要理由也是修改超范围，判决中也对是否违反社会公德进行了阐述："在中国境内，涉及人胚胎的工业或商业目的的应用，是违反社会公德的，是不能被授予专利权的。而根据本申请实施例 1、4、5 中所记载的内容，本申请权利要求中涉及的人神经细胞，其是从人胎儿脊髓中获得的。根据本申请原申请文件记载的上述信息可以确认，本申请所述的人神经细胞的获得使用了人胚胎，且本申请的目的是在工业或商业上应用所述人神经细胞，因此，属于'人胚胎的工业或商业目的的应用'的情形，进而可以确定，其是违反中国境内社会公德的。"判决还认为，从受精后的第 1 周到第 38 周，都属于胚胎学上的胚胎发育时期。因此，该申请中从人胚胎中获取的细胞属于对人胚胎的工业或商业应用。根据该申请原申请文件所记载的内容，人神经干细胞均来自于人胎儿，而通篇未见原申请文件表述可以从其他已经成熟建系的人胚胎干细胞中获得上述人神经干细胞。

（二）主要国家或地区人胚胎干细胞专利授权中的伦理障碍比较

从城户常雄的上述专利申请在不同国家的审查情况可以看出，对于人类胚胎干细胞专利授权的条件，不同的国家存在差异。其标准的差异主要在于伦理障碍的不同。由于获取人类胚胎干细胞的过程不可避免地需要使用人类胚胎，并且绝大多数方法都会破坏人类胚胎；虽然人类胚胎不等同于人，但其作为人类生命的一个阶段，仍然具有特殊的道德地位。这种伦理障碍成为各国针对人类胚胎干细胞技术专利授权考虑的关键问题。

1. 美国的标准

美国政府对是否使用联邦资金资助人胚胎干细胞研究的态度摇摆不定，不过对于私人资金或其他非联邦基金资助的人类胚胎干细胞研究管制十分宽松。② 美国专利法并没有与公序良俗和道德有关的条款，也没有针对人类胚胎干细胞发明制定特别的制度。只在第 102 条、第 103 条和第 112 条笼统地规定了专利客体审查的三个条件，即新颖性、非显而易见性

---

① 参见北京知识产权法院（2018）京 73 行初 6088 号判决。

② 肇旭. 解读美国人类胚胎干细胞研究现行法律与政策［J］. 武汉科技大学学报（社会科学版），2010（12）.

和实用性，只要一项发明符合这三个实质性审查要件，就可以被授予专利权。事实上，已有多件涉及人胚胎干细胞发明专利在美国获得了授权。其中包括人胚胎干细胞本身、培养人胚胎干细胞的培养基、分化人胚胎干细胞成其他细胞谱系的方法等。例如，威斯康星校友研究基金会（Wisconsin Alumni Research Foundation）获得了人胚胎干细胞的三个基础专利的授权（专利号为 US 5843780，US 6200806 和 US 7029913）。这三项专利的保护范围很大。按照美国的标准，对于城户常雄的专利申请，美国专利商标局不会从公序良俗的角度进行审查，所以很容易就获得了授权。

2. 日本的标准

《日本专利法》第 32 条规定，"有害于公共秩序、善良风俗或者公共健康的发明"不授予专利权。其中，"公共秩序"和"善良风俗"，一般称为公序良俗，与我国专利法中的"社会公德"具有相似的含义。在日本专利审查实务中，如果权利要求中明确撰写包含了破坏人胚胎的步骤，则不予授权；而对于使用现有技术中已经建系的已有人胚胎干细胞株的专利申请可以获得授权。[①] 可见，社会公德是日本对人胚胎干细胞专利授权的一个限制条件，但其适用范围非常有限。这样，城户常雄的专利申请，因没有直接涉及对人胚胎的破坏，在日本没有增加对于来源的限制，就顺利获得了授权。

3. 欧洲的标准

欧洲对于人类胚胎干细胞的研究的规制一直持谨慎态度，对人类胚胎干细胞专利授权伦理审查的主要依据是《欧洲专利公约》第 53 条（1）款和《欧洲专利公约实施条例》第 28 条（3）款的规定。根据上述规定，如果发明违反"公共秩序"或道德，或者是"针对工业或商业目的的人类胚胎的利用"的，则不授予专利权。欧洲法律并没有对其中的一些概念给出统一界定，但从一些案例的认定结果可以发现欧洲对于人类胚胎干细胞相关发明专利申请有所松绑的迹象。主要表现是关于人胚胎范围的界定缩小

---

① 唐华东，王大鹏. 对我国人胚胎干细胞专利法律保护的思考［J］. 知识产权，2013（5）：54 – 59.

了，但其他标准还相对较严格。

（1）关于人胚胎的界定。

1999 年欧洲专利局在爱丁堡大学专利案中对"人类胚胎"采取广义解释，不仅排除了使用人类胚胎于工业或商业目的的可专利性，摧毁人类胚胎取得人类胚胎干细胞也不能获得专利保护。①

2011 年欧盟法院在 Brüstle v. Greenpeace e. V. 案的初步裁决中，对人类胚胎干细胞相关发明可专利性标准在三个方面进行了明确。"人类胚胎"概念应尽可能地进行广义解释，不仅包括每一粒受精发育的胚胎，同样也适用于未受精但植入了成熟人类细胞的细胞核的或通过孤雌生殖的方式进行刺激而分裂并继续发展的人类卵子。因为受精启动了人的发展程序，所以每一个人类卵子自受精开始便应作为该项意义的人类胚胎看待。为科学研究目的而使用人类胚胎也属于人胚胎的工业或商业目的的使用。同时法院明确，如果一项发明需要事先破坏人类胚胎才能制造出产品，或需要以破坏人类胚胎干细胞的方式获得原材料才能实施，即使在权利要求书中没有描述人类胚胎的利用也不能获得授予专利权。②

在 2014 年国际干细胞公司一案中，欧盟法院缩小了"人类胚胎"概念的范围。欧盟法院认为，如果孤雌生殖的胚胎体不具备发育成为一个完整个体的潜能，那它就不应该作为人类胚胎排除在专利授权范围之外。所以法院对其早先在 Brüstle 一案中关于孤雌生殖刺激的非受精人卵子的裁决进行了限定，认为被刺激的卵子必须具有"发展成为人的固有能力"才能获得专利，而不仅仅是在于是否启动了发育过程。这一限定允许了那些只具备多能性而不具备全能性的孤雌生殖人类胚胎干细胞的相关发明的可专利性。③

（2）关于使用市场上销售的人胚胎干细胞系申请专利的问题。

欧洲专利局上诉委员会 2014 年 2 月在 T 2221/10 决定中认为，利用最初通过导致人类胚胎破坏的过程获得的公众可获得的人胚胎干细胞系的发明，被排除在可专利性之外。该案中专利申请权利要求的明确措辞故意避

① 陈英铃. 人类胚胎干细胞专利与胚胎保护 [J]. 科技法学评论, 2006, 3 (1).

② Judgment in Case C‐34/10 Oliver Brüstle v Greenpeace e. V.

③ AURÉLJE, MAHALATCHIMY, EMMANUELLE, et al. The Impact of European Embryonic Stem Cell Patent Decisions on Research Strategies [J]. Nature Biotechnology, 2015 (33): 41‐43.

免了通过使用人体胚胎来破坏 HES 细胞的步骤。根据一个实施方案，可以使用市场上销售的 HES 细胞系将本发明付诸实践。上诉人辩称，使用商业或其他公开可用的 HES 细胞系的方法并未排除在可专利性之外，因为为了实施这些方法，不需要对人类胚胎进行从头破坏。上诉委员会驳回了上诉人的理由，因为本发明所依赖的商业上可获得的 HES 细胞系最初是通过涉及破坏人类胚胎的方法产生的。①

（3）关于专利申请中的免责声明。

欧洲专利局上诉委员会在 2013 年 4 月的 T 1836/10 决定中认为，在引入免责声明后，在工业上应用的分离胚胎干细胞的方法中使用人胚胎作为基础材料的权利要求的主题被认为是"用于工业或商业用途"，被排除在可专利性之外。该案中权利要求 1 涉及一种在不破坏胚胎的情况下分离多能胚胎干细胞的方法。该方法中使用的基础材料是胚泡。为了避免排除可专利性，申请人在权利要求 1 中包括免责声明。如果使用的胚泡是人类，则该免责声明不包括干细胞的工业或商业用途。上诉委员会认为，免责声明并未以任何方式限制权利要求的主题，因为所公开的干细胞未来可能的使用甚至不在权利要求的范围内。因此，免责声明是不允许的。②

4. 中国的标准

我国《专利法》中的公序良俗条款是第 5 条第 1 款，"对违反法律、社会公德或者妨害公共利益的发明创造，不授予专利权"。同时，在《专利审查指南（2010）》中规定了"人胚胎的工业或商业目的的应用""人类胚胎干细胞及其制备方法"，以及"出于各个形成和发育阶段的人体，包括人的生殖细胞、受精卵、胚胎及个体"均属于《专利法》第 5 条第 1 款的违反社会公德的情形，不能被授予专利权。③ 上述规定虽然并没有明

---

① European Patent office. T2221/10（Culturing stem cells/TECHNION）of 4.2.2014［EB/OL］.（2014 – 02 – 04）. https：//www. epo. org/law – practice/case – law – appeals/recent/t102221eu1. html#q%20embryonic%20stem%20cell.

② European Patent office. T1836/10（Gewinnung von embryonalen stammzellen/WÜRFEL）of 9.4.2013［EB/OL］.（2013 – 04 – 09）. https：//www. epo. org/law – practice/case – law – appeals/recent/t101836du1. html#q1836%2F10.

③ 参见《专利审查指南 2010》第二部分第 1 章第 3.1.2 节、第 10 章第 9.1.1.1 节和9.1.1.2 节。

确指出人类胚胎干细胞相关发明违反社会公德，属于不可授予专利权的主题，但在审查实践中，我国专利审查部门对于人类胚胎干细胞相关的专利保护实际实行的是严格的排除专利授权的标准。2015年在一项名为"重编程分化细胞和从重编程的细胞产生动物和胚胎干细胞的高效方法"专利申请案中，专利复审委员会认为"人胚胎"包括从受精卵开始到新生儿出生前任何阶段的胚胎形式，包括卵裂期、桑椹期、囊胚期、着床期、胚层分化期的胚胎等，并且"人胚胎"的来源包括任意来源的胚胎，因而人卵裂球属于人胚胎形式，复审请求人所述的植入前的胚胎、从捐献者体内采集卵细胞后准备当作医学垃圾废弃的受精卵或早期胚胎收集而得到的胚胎以及捐献者不想要的极早期胚胎（如通过人工流产废弃的极早期胚胎）也均属于上述范畴，对于不必破坏人类胚胎，但必须使用人胚胎的方法，由于其仍然要使用人胚胎作为原料进行生产，因此仍然属于人胚胎的工业或商业目的的应用。① 从上述对"人类胚胎"及"工业或商业目的的应用"的解释适用来看，我国对于人类胚胎干细胞专利授权的标准非常严苛。在城户常雄案中，专利复审委员会和北京知识产权法院仍沿用了这种严格的标准。

5. 比较与分析

从以上考察可以看出，美国没有使用伦理标准判断人胚胎干细胞专利授权。因此，美国的人胚胎干细胞专利授权中基本没有伦理障碍。日本虽然使用"公序良俗"标准审查人胚胎干细胞专利，但其适用范围非常窄，影响有限。欧洲和我国则较多地适用"社会公德"审查人胚胎干细胞专利。欧洲和我国的标准有相同的地方。例如，即使使用市场上销售的细胞系，如果最初是通过涉及破坏人类胚胎的方法产生的，也不能授予专利权；免责声明并不能表明符合社会公德标准。但我国的标准与欧洲的标准也存在区别，欧洲"人类胚胎"的范围比我国窄。中国认为"从受精后的第1周到第38周"都属于胚胎，而不是胎儿；而欧洲专利局认可12～24周妊娠期就属于胎儿。这样，因社会公德标准而排除的范围，欧洲比我国要小。

---

① 参见国家知识产权局专利复审委员会第91797号专利复审决定书。

由于伦理障碍的程度差异，城户常雄的同一专利申请，在美国、日本、欧洲和我国命运各异。其在美国和日本等国的授权比较容易；在欧洲的专利申请，通过将生物材料的来源限定于人类胎儿而不是人类胚胎也获得了专利授权；而在中国的专利申请，虽然限定为"在不违反社会公德的情况下获取"，仍认为不能获得专利授权。

可见，就人胚胎干细胞专利申请而言，伦理障碍在我国最为严格。这就造成了人胚胎干细胞专利申请在我国授权最为困难。

(三) 目前我国人胚胎干细胞专利审查中伦理标准带来的问题

1. 相关法律规定不明确，给专利申请人带来困扰

我国与人类胚胎干细胞相关的规定，在专利法及实施细则中并没有具体规定。《专利审查指南 2010》中规定："人胚胎的工业或商业目的的应用"不能被授予专利权，但是没有规定"人胚胎"和"工业或商业目的的应用"的含义。审查指南中的标准是客观的，实践中给出了一个比较严苛的标准，如对于人胚胎的范围，我国认为从受精卵开始到胎儿出生前的任何阶段都是胚胎，而欧洲的认定范围并没有这么宽。欧洲专利局区分了胚胎和胎儿，不能授予专利权的是来源于胚胎的干细胞，而不包括来源于胎儿的干细胞。而对于建立人胚胎干细胞系为对象进行使用，则不涉及直接破坏胚胎，其是否仍属于人胚胎的工业和商业目的的应用，目前尚存在不同意见。

2. 研究规范与专利授权标准不一致，使很多研究成果不能得到保护

2003 年，科技部与卫生部联合发布了《人胚胎干细胞研究伦理指导原则》。该指导原则对我国干细胞研究采用了国际上普遍接受的伦理准则。例如，其中第 6 条规定"利用体外受精、体细胞核移植、单性复制技术或遗传修饰获得的囊胚，其体外培养期限自受精或核移植开始不得超过 14 天"，即通过技术手段培育的 14 天以内的胚胎是允许用于科学研究的，但是这些科研成果不能得到专利授权的保护。

3. 与社会对再生医学的需求不符合，我国人口健康领域面临挑战

我国是世界人口第一大国，因创伤、疾病、遗传和衰老等造成组织器

官缺损或功能障碍的人数居世界之首，仅靠人体器官移植远不能满足巨大的临床需求。人胚胎干细胞技术在再生医学方面的应用为解决这一问题带来曙光，能够应对这一人口健康领域的挑战。而专利保护标准过严，限制了专利授权和应用，也抑制了相关研究工作的开展。

4. 与我国人胚胎干细胞研究的现状不协调，不利于我国干细胞行业的发展

我国陆续颁布了干细胞及转化的多项政策，连续投入经费，对干细胞及转化研究给予了大力支持，推动我国干细胞的发展。通过 973 计划、863 计划、支撑计划、重大新药创制、国家自然科学基金、中国科学院战略先导专项等一系列科技计划的资助，我国在干细胞研究及转化应用的关键科学问题、重大关键技术、创新产品、人才队伍、基地建设等方面都取得了明显的进展，已能在国际竞争中拥有一席之地，尤其是在细胞重编程、多能性建立及其调控等研究领域取得了众多有国际影响力的重大成果，在特色动物资源平台、疾病动物模型等方面已处于国际领先水平。[①] 但是干细胞技术的研发有很高的不确定性，研发周期长，安全性要求高而成功率低，需要大量的资金投入。所以长远来看，没有专利制度保护难以保证研发资金回收，从而保证干细胞技术的可持续创新。

（四）人类胚胎干细胞发明专利审查的伦理分析

针对我国人类胚胎干细胞发明专利授权中的严格标准和所带来的问题，我们有必要分析是否必须采取如此严格的标准。这需要对人类胚胎干细胞相关发明的伦理争议进行分析。围绕人类胚胎干细胞相关发明可专利性的伦理争议实际上包含了两个层次的问题：第一，专利审查中伦理审查的必要性。第二，人类胚胎干细胞发明是否属于违反社会公德。

西方国家为了促进生物技术的发展，在专利法理论界与实务界出现了"去伦理化"主张，认为专利法应保持单纯的技术色彩，伦理判断缺乏具体标准，而且因为其复杂性、地域性及动态性而难以统一，如果立法没有

---

① 生物谷. 干细胞领域国家政策方面的十年汇总趋势［EB/OL］.（2018 – 09 – 25）. https://new. qq. com/omn/20180929/20180929A0GCJ1. html.

规定某一生物技术发明不具有可专利性，应避免在执法和司法过程中以主观的道德判断认定专利申请是不合格的专利主题。① 随着科技的发展和知识产权的不断扩张，许多新的领域不断发展成为知识产权的客体。专利规范中的伦理审查一方面为知识产权的扩张确立了伦理边界，另一方面伦理审查也规范和约束主体的市场行为。② 伦理审查逐渐成为专利审查的内容，日本和欧洲专利制度中都有伦理审查的内容。但同时，美国等国家仍不接受伦理审查。

在以生物技术为主题的专利申请大量涌现的今天，不论是基因序列、转基因动物还是人类胚胎干细胞，都关乎生命的本质。在立法上，抽象而富有弹性的公序良俗条款的设置将伦理观念和道德标准巧妙地引入专利规范中，捍卫着人类尊严和道德底线。但是随着时间的推移和社会进步，公序良俗的内涵在基于一定的历史文化背景和地域下不断发生变化。在人类胚胎干细胞专利审查中，不同国家存在不同程度的伦理障碍。不论是美国和日本比较宽松的审查标准，还是欧洲由严到宽的审查标准，以及我国较为严格的标准，都是国家文化背景、宗教信仰、科技发展等多种因素交织的综合考量。

人类胚胎干细胞相关发明的授权中，伦理障碍主要体现在人类胚胎干细胞的获取和利用两个方面。受精卵在卵裂 5～7 天后进入胚泡期，胚泡细胞外层可发育成胚胎的支持组织，如胎盘，而胚泡内部的细胞将来可发育成胚胎的各种组织。通过将胚泡内部的细胞分离出来，在体外培养，可以获得人类胚胎干细胞。③ 反对人类胚胎干细胞研究的人认为，卵子受精那一瞬间就是一个生命的开始，提取人类胚胎干细胞需要破坏人类胚胎，而人类胚胎被认为是人，则破坏人类胚胎就等于是扼杀生命，因此不管人类胚胎干细胞研究的最终目的如何，这种不尊重生命的行为是不能被接受的。支持人类胚胎干细胞研究的人认为，早期胚胎仅仅是细胞生命，不能完全等同于人的生命，对这类细胞的操作只是改变了细胞的命运，不涉及对人类尊严的侵犯。还有人认为，伦理道德是维护人类的尊严，一个

---

① 杜珍媛. 生物技术专利法律原则的伦理分析进路——以罗尔斯的正义论为视角 [J]. 山东科技大学学报（社会科学版），2016（18）：7-12.

② 彭立静. 伦理视野中的知识产权 [M]. 北京：知识产权出版社，2010.

③ 向静. 人类干细胞研究的法律规制与医学实践 [M]. 北京：群众出版社，2016.

"人"必须具有自我意识并且处于社会中，才构成一个完整的"人"，才是值得被尊重的对象。另外，任何从人类胚胎获得干细胞的方法、步骤都涉及人胚胎的工业或商业目的的应用，所以对于人类胚胎是人还是物的定位直接决定了人类胚胎干细胞相关发明是否违背伦理道德。

其实胚胎是人类发育的一个阶段，处于具有完全伦理地位的"人"和没有伦理地位的"物"之间，早期只是一团细胞的胚胎和后期开始显现人的特征的胚胎虽然都不具有完全的人的伦理地位，但也应该区别对待。所以完全将人胚胎的地位等同于人，而且只要从人类胚胎中提取干细胞，就被认为是人胚胎的工业或商业目的的应用，被认为违背伦理道德而不授予专利权保护这样会使得人类胚胎干细胞的巨大的医疗价值无法发挥出来，导致许多人无法得到救治。

（五）完善我国人胚胎干细胞专利审查中伦理标准的建议

我国人胚胎干细胞专利审查中的标准，影响着我国人胚胎干细胞领域的研究及转化，使得人类胚胎干细胞的巨大的医疗价值无法发挥出来。而从伦理道德的角度分析，生物伦理并未要求我国采取如此严格的标准。因此，从我国对胚胎干细胞研究的现状和我国的实际需求出发，从谋求技术发展和参与国际竞争的角度考虑，我们应当借鉴国外的做法，适当放宽人胚胎干细胞专利授权中的伦理限制。具体建议如下。

1. 专利授权中的伦理审查与科学研究中的伦理准则一致

专利授权中伦理审查的正当性已经毋庸置疑，但如何确定伦理审查的标准是需要探讨的问题。专利授权中的伦理审查应当基于社会公德的一般概念，具体内容随技术的发展而变化，且应当与科学研究中的伦理准则具有一致性。二者的不一致往往体现在科研中的伦理准则已经放松，而专利授权中的伦理审查仍比较严格，我国人胚胎干细胞专利授权中伦理审查就是这种状况。这违背了我国《专利法》"鼓励发明创造，推动发明创造的应用，提高创新能力，促进科学技术进步和经济社会发展"的立法宗旨。我们应该在鼓励创新，在促进科技进步的基础上，将科学研究的伦理准则适用于专利授权中。可以在专利审查部门建立专门的伦理审查委员会，对于涉及敏感的专利申请主题进行伦理审查，统一设立一种判断是否违背社会公德的标准，考虑普通公众是否认为人类胚胎干细胞技术的研究是违背伦理道德的。

2. 限制人胚胎的范围

科研规范从生物学角度将 14 天前的胚胎作为可以研究的对象，且胚胎只能通过以下四种方式获得：①体外受精时多余的配子或囊胚；②自然或自愿选择流产的胎儿细胞；③体细胞核移植技术所获得的囊胚和单性分裂囊胚；④自愿捐献的生殖细胞。[①]而我国在专利审查中将受精卵到新生儿出生前的阶段都认定为胚胎。建议在专利审查中采用与科研规范相同的标准，如果发明创造是利用未经过体内发育的受精 14 天以内的人胚胎分离或者获取干细胞的，则不能排除在专利保护之外。另外要进一步区分人类胚胎干细胞的发育潜能，对于利用具有发育成完整个体潜能的全能性人类胚胎干细胞的相关发明不能获得专利授权。

3. 允许从商业途径获得的胚胎干细胞获得专利

我国近年来的胚胎干细胞建系技术发展迅速，自主建立的干细胞系越来越多。对于使用现有细胞株的人类胚胎干细胞下游技术，专利审查中不应对胚胎干细胞的来源追溯，不论是利用商业途径获得的干细胞，还是科研中建立的细胞株，都不属于人胚胎的工业或商业目的的应用。

4. 对"免责声明"进行具体分析

专利申请人有时在申请中加入的"免责声明"，即声称胚胎干细胞的获取和使用不违反社会公德。对这一声明，如果一律承认其效力，认可专利申请符合社会公德要求，则会使专利授权中的伦理审查形同虚设。但一律不承认其效力，也可能使一些符合社会公德的发明得不到保护。笔者认为，对于专利申请中的"免责声明"应进行具体分析。如果说明书中披露了不违反社会公德的获取和使用方式，使本领域技术人员可以在不违反社会公德的情况下实施该技术，可以承认免责声明的效力，可以授权专利权。

---

① 参见《人胚胎干细胞研究伦理指导原则》第 5 条的规定。

（六）总结

干细胞技术的发展不仅是各国科技发展的需要，也是颠覆传统医学方法，治疗重大疾病的新希望。当前人类胚胎干细胞研究已经由基础性研究阶段进入了临床试验研究阶段，需要专利法为其保驾护航。

人类胚胎干细胞的研究触及生命伦理的问题和知识产权伦理的问题。一方面是治疗人类疾病、减轻人类痛苦和尊重人类生命的矛盾，另一方面是保护个人专利权和维护社会公共利益的矛盾。

人类胚胎干细胞的获取需要破坏人类胚胎，但并非来源于胚胎任何阶段的胚胎干细胞都是人类生命的损害，毕竟早期胚胎只是一群细胞团，其伦理地位不能完全等同于一个人。另外，对于"人"的界定，不同国家有着不同的看法，有的单纯考虑生物学属性，但有的会考虑社会属性、人的意识等问题。总之将精子和卵子结合后的到娩出前的人类胚胎等同于人看待是不合理的，也与大部分国家所认同的科研伦理规范不一致。将利用发育14天内的胚胎获得的人类胚胎干细胞及发明创造纳入专利法的保护范围不涉及对人类生命的摧毁，也不涉及人类生命的商业化问题，是不违背伦理道德的。这样的选择给予了胚胎一定程度的尊重，维护了生命的神圣性，同时也给予发明人专利权，激励创新，促进干细胞产业的发展，才能让人类胚胎干细胞治疗方法早日走入千家万户，改善人类健康水平。

补记：2019年9月23日，国家知识产权局公布了《关于修改〈专利审查指南〉的公告》（局公告第328号），有涉及人胚胎干细胞的修改，在第二部分第一章第3.1.2节中对"人胚胎的工业或商业目的的应用"增加了排除性规定："但是，如果发明创造是利用未经过体内发育的受精14天以内的人胚胎分离或者获取干细胞的，则不能以'违反社会公德'为理由拒绝授予专利权。"同时在第9.1.1.2节中明确"人类胚胎干细胞不属于处于各个形成和发育阶段的人体"。基于本书前面的分析，笔者赞同这一修改。这一修改将会使得我国的专利授权规定与科研规范形成统一，并且使得人类胚胎干细胞本身及制备方法获得专利授权成为可能，有利于以人类胚胎干细胞为原料的下游技术的进一步研究。但同时，这一修改只是部分解决了我国人胚胎干细胞专利授权中的突出问题。在人胚胎干细胞专利保护方面，我国还有很多需要研究和解决的问题。

　　面对迅猛发展的胚胎干细胞研究，伦理问题确实是一个亟待解决的问题，把发育 14 天内的胚胎研究放宽限制是现有法律框架下找到的一个维持人类生命伦理与科技进步的平衡点，但是随着诱导多能干细胞研究的不断深入，越来越多的能够替代胚胎干细胞且不涉及伦理道德问题的新技术出现，伦理问题也可能不再成为阻碍。这一领域的研究虽然还有很长的道路要走，但是颠覆传统医学方法的新的治疗方式的出现一定是大势所趋。

第十八章

人工智能生成物的法律保护

　　人工智能生成物的法律保护问题主要涉及两个方面：一是人工智能"作品"的著作权保护问题。随着人工智能技术的发展，人类已经可以通过控制人工智能系统进行绘画、写作和谱曲。人工智能创作的"作品"甚至已经达到与人类直接进行绘画、写作或谱曲所创作的作品难分伯仲的境地。因此，人工智能"作品"能否成为著作权保护的客体，已经成为人们日益关注的问题。二是人工智能辅助完成的发明创造的可专利性问题。在需要大量计算、分析的科技领域，如医药、化学、生物技术等领域，已经开始引入人工智能技术进行辅助创新。通过人工智能系统辅助创新完成的发明创造是否可以授予专利权、专利权应该属于谁，亦是世界知识产权组织密切关注的一个热点问题，需要学界进一步加强对该问题的研究。同时，数据是人工智能的"饲料"，如何保护和利用与人工智能相关的数据，亦是人工智能时代需要认真思考的问题。

一、人工智能数据的法律保护

1. 数据、大数据与数据的利用和保护

　　数据是人工智能发展的基石。没有数据，人工智能就相当于没有了"粮食"，高度依赖于"机器学习"的人工智能就很难"智能"起来。数据随着科学技术的发展而不断在内容和数量上快速发展。近几十年来，随着信息网络技术的快速发展，采集、处理、积累的数据越来越多，数据量增速越来越快，"大数据"时代悄然来临。

　　人工智能技术的发展，一方面有助于数据的收集、处理和分析，另一

方面人工智能技术应用本身也产生了越来越多的数据。在人工智能时代，有效保护和充分利用数据，对于我国经济与社会的发展均具有极为重要的意义。例如，在 2019 年 5 月第三届世界智能大会期间，天津市面向全球启动了"大数据应用场景建设计划"，并对外发布了 100 个大数据应用场景，鼓励社会各界对数据资源进行深度分析、挖掘和开发利用，充分释放数据的商用、民用、政用价值，邀请大数据领域的知名企业、科研机构等围绕应用场景建设目标提出解决方案，推进应用场景落地。该 100 个应用场景分为"数治天津""智慧民生""数字经济"和"网信强基"四个部分，发布了如未来天津"数字孪生"与"城市智脑"、城市安全数据 AI 与 VR 演练、智慧能源小镇、基于 VR 与 AR 的数字消费体验、基于区块链技术实现全域质量提升、5G 网联无人机等。① 又如，2018 年 3 月 17 日，英国《观察家》曝光了剑桥分析公司未经授权访问 5000 万份脸书（Facebook）个人资料，通过数据分析有针对性地影响选民，协助了特朗普赢得 2016 年美国总统大选，引起了轩然大波。剑桥分析公司成立于 2013 年，主要办公地点位于英国伦敦和美国纽约，拥有员工 100 余名。其母公司是英国"战略通讯实验室（SCL）"，一家致力于为全球政府、军事机构提供数据分析和策略的公司，而剑桥分析公司是战略通讯研究室从事选举事务的部门，该公司与英国、美国及俄罗斯三国有千丝万缕的关系。此次事件关键人物之一科根（Aleksandr Kogan）在英国剑桥大学从事心理分析研究工作，其在剑桥分析的资助下开发了数据搜集应用"this is your digital life"。科恩通过使用性格测试工具对脸书用户进行数据搜集，并很快吸引 32 万人填写问卷，而每人平均有 160 个脸书朋友，其得以轻而易举取得多达 5000 万个用户数据。其中 3000 万用户数据充分，可以建立心理模型，分析并预测用户的个人性格、政治立场等。科根取得数据后，向脸书声称只作学术用途，脸书也没作核实，最终他却将资料卖给剑桥分析公司。② 通过上述两个案例，可以看到数据对人工智能发展的重要意义和人工智能对个人信息保护的严峻挑战。因此，在人工智能时代，国家的法律政策既要为数据、特别是个人信息数据和国家安全数据提供适当和必要的保护；同时，还必须重

---

① 王惠绵. 天津发布百个大数据应用场景释放数据多维度价值［EB/OL］.（2019 - 05 - 17）. http://www.ce.cn/cysc/tech/gd2012/201905/17/t20190517_32114771.shtml.

② 曹伟. 剑桥分析大起底［J］. 中国信息安全, 2018（04）: 14 - 15.

视数据的利用和共享，以便经济和社会的发展。

2. 公共数据的共享、开放和保护

政府等公共部门既是数据保护与利用的政策制定者，又是公共大数据的持有者。如何安全、高效地利用公共数据，涉及公共数据的共享、开放和保护等问题。2015 年 8 月，国务院专门印发了《促进大数据发展行动纲要》（国发〔2015〕50 号），明确提出要大力推动政府部门数据共享，稳步推动公共数据资源开放。

其一，该纲要要求加强顶层设计和统筹规划，明确政府各部门数据共享的范围边界和使用方式，厘清各部门数据管理及共享的义务和权利，依托政府数据统一共享交换平台，优先推进国家人口基础信息库、法人单位信息资源库、自然资源和空间地理基础信息库等国家基础数据资源，以及金税、金关、金财、金审、金盾、金宏、金保、金土、金农、金水、金质等信息系统跨部门、跨区域共享。加快各地区、各部门、各有关企事业单位及社会组织信用信息系统的互联互通和信息共享，丰富面向公众的信用信息服务，提高政府服务和监管水平。结合信息惠民工程实施和智慧城市建设，推动中央部门与地方政府条块结合、联合试点，实现公共服务的多方数据共享、制度对接和协同配合。

其二，该纲要要求在依法加强安全保障和隐私保护的前提下，稳步推动公共数据资源开放。推动建立政府部门和事业单位等公共机构数据资源清单，按照"增量先行"的方式，加强对政府部门数据的国家统筹管理，加快建设国家政府数据统一开放平台。制定公共机构数据开放计划，落实数据开放和维护责任，推进公共机构数据资源统一汇聚和集中向社会开放，提升政府数据开放共享标准化程度，优先推动信用、交通、医疗、卫生、就业、社保、地理、文化、教育、科技、资源、农业、环境、安监、金融、质量、统计、气象、海洋、企业登记监管等民生保障服务相关领域的政府数据集向社会开放。建立政府和社会互动的大数据采集形成机制，制定政府数据共享开放目录。通过政务数据公开共享，引导企业、行业协会、科研机构、社会组织等主动采集并开放数据。

近年来，为了促进社会与经济的发展，我国政府部门不断探索、调整和优化公共数据公开。以北京市为例，该市目前已推出北京市政务数据资

源网（www. bjdata. gov. cn）。该网站将北京市政务部门提供的、可向社会开放的政务数据资源进行了整合，为数据产品开发者提供下载调用服务。开发人员可将网站上发布的政府数据资源应用到相关的产品开发中，以提高数据产品的用户体验和服务质量。截至 2019 年 1 月底，该网站发布了北京市 56 个政府部门的 1260 类数据集，总计约 7731 万条数据。其中，完全开放的数据集为 1196 类，数据记录总数超过 260 万余条，主要来自 54 个单位；定向授权开放的数据集是 64 类，共有 7471 万条数据记录，主要来自 9 家单位。公开数据主要来自教育、科技、司法、人社、环境保护、民政、国土和公安等 56 个部门。涵盖 20 个主题，包括生活服务、企业服务、美食餐饮、医疗保健、旅行住宿、运输服务、消费购物等。[①]同时，北京市联合百度、方正国际、九州联宇、医行华夏等企业，协同开展公共信息资源开放，政务数据资源开发利用成效初现。涌现了一批与生活密切相关的 APP，内容涉及教育、文化、健康、交通、旅游等领域。另外，为做好政府数据开放有关工作，北京市政府印发了《关于做好通过北京市政务数据资源网向社会开放政务数据相关工作的通知》，要求各部门积极梳理数据资源，编制公共信息资源开放目录，发布全市开放的公共数据资源。北京市政府制定了《北京市政务数据资源网数据下载与使用指引》，为公众介绍如何下载和使用数据，引导数据资源的正确使用。北京市在全国率先探索公共数据资源开放，取得了良好的成绩，但相对美、日、法等国数据开放程度和社会未来应用需求，仍存在开放数据的范围不广、开放数据的可利用率不高、开放数据价值挖掘不够、开放数据用户参与度低等问题。为此，需要进一步强化公共数据资源开放组织领导、建立健全公共数据资源开放制度、增强社会治理数据开放程度、加大政府财政经费支持投入力度，并引导社会积极开发利用开放数据，繁荣数字经济，有效激活创新创业的热情与活力。[①]

3. 个人信息数据的保护与利用

个人信息通常是指，与识别或可识别的自然人相关的所有信息，包括

---

① 贾映辉，王伟玲. 北京市公共数据资源开放政策和路径思考［J］. 互联网经济，2019（03）：64 - 67.

但不限于自然人之姓名、出生年月、证件号码、指纹、婚姻、家庭、教育、职业、医疗、基因、健康检查、犯罪前科、联络方式、财务情况、社会活动、上网记录、地理位置等。① 个人信息随着科技进步而不断丰富、发展和变化。在 1876 年美国人 A. G. 贝尔发明电话机之前，电话号码不可能成为一个人的个人信息；而在电子邮件系统发明之前，电子邮箱信息显然也没有必要作为个人信息给予保护。当前，随着信息网络技术、人工智能技术的发展，与自然人安宁、安全有关的个人信息越来越丰富，如上网记录、地理位置、发布或浏览的信息等内容均有可能成为一个自然人的标识性信息。这些信息一方面涉及个人的安宁、安全和尊严，另一方面又有可能具有重要商业价值。在人工智能时代，无论是对于个人、信息收集者、信息使用者而言，这些信息均有可能具有显著的实用价值。因此，如何有效保护和利用个人信息数据，是人工智能技术的健康发展和商业利用所面临的重要课题。

我国涉及个人信息保护的法律主要是《网络安全法》，该法于 2016 年 11 月 7 日由全国人大常委会审议通过，自 2017 年 6 月 1 日起施行。《网络安全法》明确了网络运营者对个人信息进行保护的基本原则，即网络运营者应当对其收集的用户信息严格保密，并建立健全用户信息保护制度。另外，该法对网络运营者收集、使用个人信息的规则进行了明确。

2017 年 3 月 15 日经全国人民代表大会表决通过并于 2017 年 10 月 1 日生效的《民法总则》亦对个人信息保护问题做出了规定。该法第 111 条规定："自然人的个人信息受法律保护。任何组织和个人需要获取他人个人信息的，应当依法取得并确保信息安全，不得非法收集、使用、加工、传输他人个人信息，不得非法买卖、提供或者公开他人个人信息。"

全国人大常委会于 2015 年 8 月 29 日通过了《中华人民共和国刑法修正案（九）》，加强对侵犯个人信息行为的刑事打击力度。修改后的《刑法》第 253 条之一规定："违反国家有关规定，向他人出售或者提供公民个人信息，情节严重的，处三年以下有期徒刑或者拘役，并处或者单处罚金；情节特别严重的，处三年以上七年以下有期徒刑，并处罚金。违反国家有关规定，将在履行职责或者提供服务过程中获得的公民个人信息，出

---

① 任龙龙. 个人信息民法保护的理论基础［J］. 河北法学，2017，35（04）：181 – 192.

售或者提供给他人的，依照前款的规定从重处罚。窃取或者以其他方法非法获取公民个人信息的，依照上述规定处罚。单位犯上述之罪的，对单位判处罚金，并对其直接负责的主管人员和其他直接责任人员，依照各该款的规定处罚。"另外，《刑法》第 286 条之一还进一步规定，网络服务提供者不履行法律、行政法规规定的信息网络安全管理义务，经监管部门责令采取改正措施而拒不改正，致使用户信息泄露，造成严重后果的，处三年以下有期徒刑、拘役或者管制，并处或者单处罚金。同时，为了更准确地适用法律，最高人民法院、最高人民检察院《关于办理侵犯公民个人信息刑事案件适用法律若干问题的解释》（法释〔2017〕10 号）进一步明确，并对侵犯公民个人信息犯罪的构成要件进行了具体规定。

与此同时，我国亦非常重视个人信息保护的规范化建设。2012 年，由工业和信息化部主管，中国软件评测中心牵头，并联合多家单位制定了《信息安全技术公共及商用服务信息系统个人信息保护指南》（标准号 GB/Z 28828—2012）。该标准明确要求，处理个人信息应有特定、明确和合理的目的，并在个人信息主体知情的情况下获得个人信息主体的同意，在达成个人信息使用目的之后删除个人信息。同时，该标准还将个人信息分为个人一般信息和个人敏感信息，并提出默许同意和明示同意的概念。对于个人一般信息的处理可以建立在默许同意的基础上，只要个人信息主体没有明确表示反对，便可收集和利用。对于个人敏感信息，则需要建立在明示同意的基础上，在收集和利用之前，必须首先获得个人信息主体明确的授权。另外，标准还提出了处理个人信息时应当遵循的八项基本原则，即目的明确、最少够用、公开告知、个人同意、质量保证、安全保障、诚信履行和责任明确原则。[①] 2017 年，国家标准化管理委员会又先后颁布了两个个人信息安全推荐性标准，分别是《信息安全技术——个人信息安全规范》（GB/T 35273—2017）和《信息安全技术——移动智能终端个人信息保护技术要求》（GB/T 34978—2017）。以《信息安全技术——个人信息安全规范》为例，该标准分别从个人信息安全基本原则、个人信息收集、个人信息保存、个人信息使用、个人信息的委托处理、共享、转让、公开披

[①] 季上平. 首个个人信息保护国标 2 月 1 日起实施 [EB/OL]. (2013 – 01 – 21). http：//www. chinapeace. gov. cn/2013 – 01/22/content_6455730. htm.

露、个人信息安全事件处置等多个方面对个人信息保护与利用问题做出了明确的规范性指引，对于市场主体正确地保护和利用个人信息具有重要的参考作用。

二、人工智能作品的法律保护

2017 年，由微软开发的机器人"小冰"创作的诗集《阳光失了玻璃窗》正式出版。① 这一本机器人的"创作物"引发了诸如"小冰来了，这个时代是否还需要诗人"的讨论，一时间，诗人、小说家也纷纷感叹职业生涯受到的挑战。而 2019 年，微软又宣布，"小冰"拥有了一个全新的身份——画家，其化名"夏语冰"，参加了中央美术学院的毕业展览。目前，人工智能技术已悄然拿起自己的"笔"，走入文学和艺术领域。与此同时，人工智能技术在新闻撰写领域亦有广泛应用，其生成物的数量也与日俱增。例如，美联社、腾讯等纷纷运用人工智能技术，进行实时新闻的播报。面对实践中出现的新问题，法律若想予以回应，应首先回答两个方面的问题：其一，人工智能的生成物是否符合《著作权法》中的作品特征？其二，若第一个问题条件满足，应如何设计权利主体的归属方案？

诚然，部分学者认为，作品的作者应为人，起码也应为法律拟制的法人。因此，上述学者将其作为否定人工智能生成物具有版权的理由。然而，从外观来看，部分人工智能生成物的外观和人类创作的作品外观可能并无二致，直接从创作主体进行否定可能会导致法律在保护优秀"作品"时的缺位，从而使人工智能生成物进入公有领域，供他人肆意利用，不利于文学艺术领域内的创新。

根据 2018 年中国电子技术标准化研究院发布的《人工智能标准化白皮书》，人工智能是指利用数字计算机或者数字计算机控制的机器模拟、延伸、和扩展人的智能，感知环境、获取知识并使用知识获得最佳结果的理论、方法、技术及应用系统②。由此，可以得知，人工智能技术的发展

① 极客公园网. 微软小冰"全面开花"办起了个人画展，还模仿李玉刚唱歌［EB/OL］. http://www.geekpark.net/news/242071.

② 百度网. 中国《人工智能标准化白皮书 2018》发布完整版［EB/OL］.（2018-01-19）. https://baijiahao.baidu.com/s?id=1589996219403096393&wfr=spider&for=pc.

目标是通过不断强化学习能力，模拟人的智能，其通常先由开发者开发出一套相关算法，再由训练师"喂"以海量的数据，后其运用自身的逻辑推理运算能力找出数据之中的规律进行"学习"，再进行相应的"创作"。所以，讨论配备人工神经网络的人工智能技术进行"创作"的生成物是否具有"独创性"，核心是要解决一个问题，即是否能够认定由算法驱动，以海量数据为基础的生成物符合"作品"的构成要件。

据李开复博士的论述，人工智能分为四波浪潮：互联网智能化（Internet AI）、商业智能化（business AI）、实体世界智能化（perception AI）、自主智能化（autonomous AI）。目前，我们正处于弱人工智能时代，也即人工智能技术仍首先需要人类先将数据"贴上标签"，再将其与特定的行为连接起来，后进行数据的海量灌溉，教会其进行学习。① 事实上，人工智能技术系通过为计算机建立模拟神经网络，让其模拟人类思考的能力；系用算法程序来对生物学概念进行量化。其对于数据可以进行编排、运算，并可以不断聚焦于相关性更高的数据上，自主学习的能力实际上在不断地增强，并可能不断趋进"深度学习"的能力。②

目前，在弱人工智能时代，人工智能系统并无自己独立的意识和独立的行动能力。所谓的人工智能智能"作品"仍然首先需要由自然人为人工智能系统确定创作的主题、采集数据的范围、甚至创作的思路和作品框架，人工智能系统才能从指定的数据范围内采集数据、进行深入学习进而形成"作品"。由此可见，在人工智能系统"创作作品"过程中，其实并不能离开人的主观判断、选择和智慧。因此，从这个意义上来讲，人工智能系统主要仍是人进行创作的辅助工具，进而人工智能"作品"也就是人的作品，只不过是相对于传统的作品创作辅助工具（如字典、工具书等）而言，人工智能系统对人的创作的帮助更大而已。因此，笔者认为，至少在弱人工智能时代，讨论人工智能作品是否具有可版权性，与传统作品的可版权性问题并无本质区别。

随着人工智能技术的发展，人工智能系统对人进行创作的辅助作用越来越强，人工智能系统对作品的独创性贡献也越来越大，因此，关于人工

---

① 李开复. AI・未来［M］. 杭州：浙江人民出版社，2018：128－133.

② 李宗辉. 人工智能生成发明专利授权之正当性探析［J］. 电子知识产权，2019（1）：12－21.

智能作品权属问题也逐渐引起某些讨论。在 2016 年，欧盟委员会法律事务委员会甚至提交动议，建议赋予机器人"电子人"的身份①。但是，从客观上来讲，尽管人工智能生成物在某些条件下可以满足作品的构成要件，直接赋予人工智能著作权人的身份却是不可行的。虽然人工智能是在模仿人类大脑的神经网络，但其却始终不是人，无法享有权利和承担义务，更无法受到《著作权法》给予作品创作者的激励。同时，考虑到在当前弱人工智能时代，人工智能系统在本质上仍是人创造作品的辅助工具，因此，笔者认为当前的人工智能作品著作权仍应属于利用人工智能系统进行创作的人或单位。

三、人工智能辅助发明的法律保护

从美国学者科扎（Koza）提出"Invention Machine"的概念以来②，以遗传编程、人工神经网络、机器人科学家技术为代表的自动生成发明方案类人工智能技术加快了进行发明创造的脚步③。20 世纪 90 年代，史蒂芬·泰勒便带领想象引擎公司推出"创造力机器"这一智能机器模型，用以识别和生产信息。据史蒂芬·泰勒本人的言论，自这一研究成果问世后，其又发明了包括横刷毛牙刷等很多物品。④ 另外，日本的设计师利用遗传编程类人工智能技术，为子弹头列车设计了新的鼻锥，这不仅提升了列车的空气动力学性能，更降低了列车的噪音水平。⑤ 不难看出，随着计算机运行速度的加快以及数据的爆发式增长，人工智能技术的学习能力正在不断增强，保护人类的发明创造的专利法也可能因此受到冲击与挑战。一个新的法律问题由此引发——人工智能辅助发明是否应受到专利法的保护?

---

① KHOURY A H. Intellectualproperty rights for "hubots": on the legal implications of human – like robots as innovators and creators ［J］. Cardozo Arts and Entertainment Law Journal, 2017, （35）: 635 – 668.

② 季冬梅. 人工智能发明成果对专利制度的挑战——以遗传编程为例 ［J］. 知识产权, 2017 （11）: 5.

③ 朱雪忠, 张广伟. 人工智能产生的技术成果可专利性及其权利归属研究 ［J］. 情报杂志, 2018, 37 （2）: 69 – 75.

④ 李宗辉. 人工智能生成发明专利授权之正当性探析 ［J］. 电子知识产权, 2019 （1）: 12 – 21.

⑤ 王正中. 论人工智能生成发明创造的权利归属——立足于推动发明创造的应用 ［J］. 电子知识产权, 2019 （2）: 21 – 30.

需要说明的是，此处言及的人工智能辅助发明与人工智能计算机基础程序为两个概念，后者的发明者为人，属于传统的发明创造，满足专利权"三性"的人工智能计算机基础程序已经被授予专利权，不是本部分讨论的主要对象。本部分所要讨论的，系人工智能计算机基础程序从发明的客体，转换为发明的主体，通过组合人工神经网络来进行"头脑风暴"，运行不断被优化的算法、响应不断被填充的数据，自我刺激而输出的创造物。[①] 由于此类创造物并非由人类直接发明，而是由人类发明的人工智能技术迭代产生，因此，在给予《专利法》的保护时，其面临着诸多障碍。目前，主要的障碍主要有二：第一，人工智能辅助发明是否为专利权的客体？第二，若给予其专利法的保护，发明人与专利权人的头衔是否应该授予？

1. 人工智能辅助发明的可专利性

根据《专利法》第 22 条，授予专利权的发明和实用新型，应当具备新颖性、创造性和实用性。因此，分析人工智能辅助发明是否具备可专利性，应该从上述三个要件出发。

（1）实用性。实用性，是指该发明或者实用新型能够制造或者使用，并且能够产生积极效果，实用性这一要件的成立需要技术的重复再现性。实质上，其为人工智能辅助发明提供专利法保护的一大阻碍。即使人工智能技术发展到具有高度自主性的阶段，其仍然无法摆脱其为"人工的智能"的命运。也就是说，当其学习能力不断加强，得到的结果越来越趋近完美时，其赖以"思考"的人工神经网络仍然需靠前期算法的支撑，其作出的活动为机器的思考，而并非人类的思考。[②] 人工智能技术虽然在处理、筛选信息方面的能力远远高于自然人[③]，其却因为内部的神经网络限制，无法作出价值判断，虽然训练者会通过对数据进行分类，帮助其养成一定的思考偏向性，但真正的价值判断，实质上是只有人类才能够做出的。因

---

① RAMALHO A. Will robots rule the（artistic）world?: a proposed model for the legal status of creations by artificial intelligence systems [J]. Journal of Internet Law, 2017,（21）: 1 – 22.

② 邓建志，程智婷. 人工智能对专利保护制度的挑战与应对 [J]. 南昌大学学报（人文社会科学版），2019, 50（2）: 15 – 24.

③ 吴汉东. 人工智能时代的制度安排与法律规制 [J]. 法律科学（西北政法大学学报），2017, 35（5）: 128 – 136.

此，人工智能机器在进行发明时，其往往难以判断何为积极的效果，其总是通过不断地筛选、学习、组合，找到优化的方案，却难以判断方案本身对社会是否是有益的。

考察人工智能技术辅助发明是否具有实用性，还应分析其重复再现性——只有可以重复再现的发明，才能够被批量生产，真正对人们的生活产生有益的效果。目前，人工智能技术的应用并非可视化的化学、物理实验，其可解释性是较差的，即虽然训练者输入程序化的算法与海量数据供人工智能机器学习和使用，但其结果产生机制实质上是封闭的，我们或许可以预测到其产生的结果，但却无法完全窥见其结果产生的规律。因此，在规律不明的情况下，是否能够认定人工智能的辅助发明具有重复再现性，这是一个值得商榷的问题。

根据《专利审查指南2010》，发明或者实用新型专利申请是否具备新颖性，只有在其具备实用性后才予以考虑。因此，若人工智能辅助发明进入专利的审查阶段，实用性可能是阻碍其获得专利授权的一大障碍。

（2）新颖性。新颖性，是指该发明或者实用新型不属于现有技术且不存在任何抵触申请。考量人工智能辅助发明是否具有新颖性，实质上是一场人工智能机器与专利审查员的"赛跑"过程，也是一场人工智能机器与人类大脑的博弈。现有技术，指的是能够被公众所获取的技术。自然人进行发明创造，会考量其所能获知的现有技术，并初步分析其发明相对于其所能获知的技术方案具有多少创新点。随着电脑运算速度每两年一次的增长①，被海量数据"喂饱"的人工智能机器搜寻、筛选、组合数据信息的速度不断加快，在完成发明创造时，其因此能够轻易地符合新颖性的要求，且事实上可以比自然人接触到更深层的数据，找到数据之间的隐形联系，这会导致两个问题。

其一，根据《专利审查指南2010》，审查员进行专利新颖性的审查时，要以相关文件为基准进行单独比对。然而，在人工智能机器进行发明的过程中，其参考的现有技术方案众多，且由于其"思维"过程与人脑的思维过程存在差别，程序对于人类不透明，因此，我们往往无法获知其进行推导的全过程。届时，审查员在进行相关文件的查找、比对时可能会面临这

---

① 刘毅. 人工智能的历史与未来［J］. 科技管理研究，2004（6）：121-124.

样的问题：这一份比对文件是否完全与人工智能辅助发明的领域相关？是否可以通过这一份比对文件来进行单独权利要求的比对，以此判断人工智能辅助发明的"新颖性"？

其二，若给予人工智能辅助发明以专利法的保护，也就是承认其发明符合新颖性的标准。然而，人脑的运算速度远不及机器的运算速度，人脑的开发程度也并未达到一个较为全面的阶段，因此，两个主体在满足"新颖性"方面的难易程度是不同的。如果按照现行的"新颖性"标准，可能会导致大量人工智能辅助发明获得专利权，各巨头公司在多领域内争相布局，形成新一轮的"专利丛林"。届时，自然人发明创造的空间可能也会因为不符合新颖性的标准而受到压榨，而那时构成现有技术丛林的，可能大部分均为人工智能辅助发明，其又会构成"现有技术"挤压自然人发明创造的授权空间，这无形中影响了人类智慧的展现。

按照《专利审查指南2010》，一件发明专利申请是否具备创造性，只有在该发明具备新颖性的条件下才予以考虑。因此，若以上分析的两个要素，即实用性、新颖性都在一定程度上阻碍专利授权的话，那么评判创造性是有一定困难性的。

（3）创造性。创造性，是指与现有技术相比，发明具有突出的实质性特点和显著的进步。根据《专利审查指南2010》，发明有突出的实质性特点，是指对所属技术领域的技术人员来说，发明相对于现有技术是非显而易见的。因此，审查员在进行创造性的判断时，应该以"本领域技术人员"的视角分析该申请是否为显而易见的。同样，用人脑来检验、判断机器发明的特征实质上是难以做到完全公正、客观的，因为以"本领域技术人员"的视角，无法近距离接触到机器发明的本质，更无法掌握跨领域的技术知识，从而可能导致部分垃圾专利的授权。

诚然，将人工智能审查技术引入到专利审查领域中来，那么上述的很多问题或许都可以得到缓解。以机器的思维来贴近机器的思维，以机器的运算速度来匹配机器的运算速度，或许能够做到数据上的对称、平衡。但是，由于专利审查系统不可能完全被人工智能"审查员"所支配，实质审查的过程中仍有部分价值判断需要人为作出。因此，考虑专利的效用之时，为人工智能辅助发明授予专利权或许仍然会受到阻碍。

2. 人工智能辅助发明的权利归属

我国《专利法实施细则》第13条规定："专利法所称发明人或者设计人，是指对发明创造的实质性特点做出创造性贡献的人。"以比较法的视野来看，专利保护态度开放的美国强调，阳光下由'人'创造出来的一切事物受到法律保护"。[①] 因此，为人工智能衍生的发明授权面临的最大困难其实并非是客观标准的满足，而是与现行《专利法》理念的冲突。

莎士比亚曾言："人是宇宙的净化，万物的灵长。"按照《专利法》的理念，只有人脑进行思维的活动方能称得上是"思考"的过程，也唯有人类进行的发明创造系智慧的体现。即使人工智能辅助发明可以突破专利法"三性"审查的重围，可以获得专利权的授权；但是，至少在"弱人工智能"时代，由于人工智能系统仅仅是人类进行发明创造的辅助工具，人工智能系统本身也无法成为权利人。

---

① Senate Report No. 1979, 82d Cong, 2d Sess. (1952).